D1657079

Felix Blindow

Carl Schmitts Reichsordnung

Acta humaniora

Schriften zur Kunstwissenschaft
und Philosophie

Felix Blindow

Carl Schmitts Reichsordnung

Strategie für einen europäischen Großraum

Akademie Verlag

Die Deutsche Bibliothek – CIP-Einheitsaufnahme

Blindow, Felix:
Carl Schmitts Reichsordnung : Strategie für einen europäischen
Großraum / Felix Blindow. – Berlin : Akad. Verl., 1999
(Acta humaniora)
Zugl.: Berlin, Freie Univ., Diss., 1997

ISBN 3-05-003405-X

© Akademie Verlag GmbH, Berlin 1999
Der Akademie Verlag ist ein Unternehmen der R. Oldenbourg-Gruppe.

Das eingesetzte Papier ist alterungsbeständig nach DIN/ISO 9706.

Alle Rechte, insbesondere die der Übersetzung in andere Sprachen, vorbehalten. Kein Teil dieses Buches darf ohne schriftliche Genehmigung des Verlages in irgendeiner Form – durch Photokopie, Mikroverfilmung oder irgendein anderes Verfahren – reproduziert oder in eine von Maschinen, insbesondere von Datenverarbeitungsmaschinen, verwendbare Sprache übertragen oder übersetzt werden.

Druck und Bindung: Druckhaus „Thomas Müntzer“ GmbH, Bad Langensalza

Printed in the Federal Republic of Germany

Inhalt

Vorwort

Die folgende Arbeit ist in einer Zeit entstanden, in der die Beschäftigung mit Schmitt größer ist als je zuvor. War schon ein deutlicher Anstieg der wissenschaftlichen Produktion nach Schmitts Ableben bemerkbar, so trug die Auswertung des umfangreichen[1] Nachlasses dazu bei, neue Fakten an das Licht zu befördern. Neben wichtigen Briefen und ganzen Briefwechseln wurden vor allem die tagebuchartigen Aufzeichnungen Schmitts der Jahre 1947-1951 veröffentlicht, die wichtige Einblicke in das Werk geben. Schmitts Schrift zur *völkerrechtlichen Großraumordnung* wurde 1991 neuaufgelegt, und Günter Maschke hat 1995 einen umfangreichen Band mit Arbeiten von Schmitt aus den Jahren von 1916-1969 herausgegeben, der vor allem auch zur Reichs- und Großraumproblematik wichtige Texte versammelt.

Obwohl der Nachlaß nicht für eine allgemeine Benutzung freigegeben ist, erhielt ich vom Nachlaßverwalter Prof. Dr. Dr. h.c. Joseph H. Kaiser (Freiburg) die Erlaubnis, die Briefwechsel Schmitts mit Giselher Wirsing, diversen Völkerrechtlern, welche sich mit dem Problem der Großraumordnung auseinandersetzten, und mit den Publizisten aus dem Umkreis von Wilhelm Stapel einzusehen. Hierfür möchte ich mich an dieser Stelle herzlich bedanken.

Diese Arbeit wurde 1997 vom Fachbereich Philosophie und Sozialwissenschaften I der Freien Universität als Dissertation angenommen. Sie ist für die Veröffentlichung an einigen Stellen geringfügig verändert worden, neu erschienene Literatur fand weitestgehend Berücksichtigung. Für die geduldige Betreuung der Arbeit danke ich Herrn Prof. Dr. Wilhelm Schmidt-Biggemann, ferner Herrn Prof. Dr. Herfried Münkler für mannigfaltige Hilfestellung und Herrn Prof. Dr. Karlfried Gründer für anregende Gespräche.

---

[1] Der Nachlaß füllt 80 Regalmeter und ist damit einer der größten Nachlässe in Deutschland überhaupt. Er umfaßt u.a. fast 19 000 Briefe.

Einleitung

Die Welt zerdacht. Und Raum und Zeiten
und was die Menschheit wob und wog,
Funktion nur von Unendlichkeiten -
die Mythe log.

Der Reichsbegriff von Carl Schmitt blieb in der - inzwischen fast unübersichtlich gewordenen[2] - Forschungsliteratur eher im Hintergrund. Das mag daran liegen, daß sich für den Geisteswissenschaftler zuallererst die Frage nach der Aktualität gerade eines Denkers stellt, der immer einer ‚konkreten Lage' gerecht zu werden versuchte[3], will er nicht rein historisch oder biographisch arbeiten. Eine Antwort auf das ‚Was bleibt?' kann aber im Falle des ‚Reiches' nur heißen: Nichts[4]. Andererseits ist zu fragen, ob die Schmittsche Großraumtheorie nicht zwangsläufig um einiges verkürzt dargestellt wird, läßt man ‚Reich' ‚Reich' sein und wertet die Schmittsche Konzeption lediglich als völkerrechtliche Präfiguration der globalen amity line nach 1945, der Aufteilung der Welt in eine östliche und eine westliche Hemisphäre. Carl Schmitt war eben nicht nur Staats- und Völkerrechtler, sondern vor allem ein politischer Denker, der vom theologischen Sinngehalt politischer Begriffe wußte und diesen nicht preisgeben mochte. Der Reichsbegriff hat neben der völkerrechtlichen eine politisch-theologische Relevanz. Im folgenden soll versucht werden, dieser Tatsache Rechnung zu tragen; die Politische Theologie wird bewußt nicht ausgeklammert. Dabei soll vorweg angemerkt werden, daß, falls überhaupt von einem ‚katholischen Grundmotiv'[5] bei Schmitt die Rede sein kann, dieses sich nicht in einer religiösen Haltung - im Sinne einer „romantisch-subjektiven Gefühligkeit"[6] - offenbart[7]; die berühmte Schrift *Römischer Katholizismus*

---

[2] Siehe die Literaturliste am Ende des Buches.

[3] Was ein Jurist zwangsläufig versuchen muß; dieser Umstand, den dieser Beruf mit sich bringt, kann Mißgriffe freilich begünstigen: „Ich bin überhaupt nicht auf die Idee gekommen, die Verfassung anzutasten. Im Gegenteil, ich stand konsequent auf dem Boden der Verfassung und kämpfte gegen ihre Verfälschung. .. In meinem ganzen Leben bin ich immer vom Bestehenden ausgegangen. Ich bin Berufsjurist, nicht Berufsrevolutionär. .. Mit dem 23. März, dem Tage des Ermächtigungsgesetzes, war dann allerdings eine neue Legalität gesetzt, der ich als Jurist mich unterzuordnen hatte.": Carl Schmitt im Gespräch mit Klaus Fritzsche am 19. 7. 1967, zitiert nach: Fritzsche 1976, S. 396.

[4] Von ganz wenigen Ausnahmen einmal abgesehen scheint dies - auch unter Berücksichtigung der Wiedervereinigung - allgemein Konsens zu sein. Andreas Koenen jedoch will eine aktuelle „Renaissance der Reichsideologie" wahrgenommen haben, was umso erstaunlicher ist, da diese „weitgehend unbemerkt von Wissenschaft und Publizistik" Raum in „sonstigen Diskursen" (?) gefunden haben soll. Ein Lob solcher Hypersensibilität! Siehe Koenen 1995 b , S. 53.

[5] Davon geht z.B. Heinrich Meier, siehe Meier 1994, aus.

[6] Maschke 1989, S. 564.

und politische Form, welche eine größere Anziehungskraft auf Theologen als auf Juristen ausübte, - für Schmitts Freund Hans Barion, einen Kanonisten, war die Lektüre gar das Erweckungserlebnis[8] - verrät es schon im Titel, es geht Schmitt um die politische Form des Katholizismus, seine vermeintliche Fähigkeit zur Repräsentation[9], kurz: die ‚Sichtbarkeit'[10] der Kirche. Theologie ja, aber die des Politischen. Schmitt ist in erster Linie Jurist[11]; Staats-, Verfassungs- und Völkerrechtler (die *Politische Theologie* ist schließlich in erster Linie eine Auseinandersetzung mit der Lehre der Souveränität), aber er ist eben kein Anhänger der positiven Rechtsschule, infolgedessen strikt gegen eine ‚reine' Rechtslehre. Theologie ist für Schmitt relevant als das Arcanum des jus publicum europaeum. Im Ausnahmefall, der ja eine besondere, weil enthüllende Fähigkeit hat, ist Schmitt auf seiten der Verteidiger von Autorität und Staatsräson[12] um jeden Preis, des Großinquisitors[13] oder der ‚Herodesse'; kurz, der Antipoden des Messias:

> „Mit jedem neugeborenen Kind wird eine neue Welt geboren. Um Gottes Willen, dann ist ja jedes Kind ein Aggressor!

---

[7] Ich will natürlich keineswegs in Frage stellen, was alle Welt weiß, nämlich daß Carl Schmitt ein tief gläubiger Katholik war; nur ist damit noch nicht geklärt, was Schmitt unter ‚katholisch' versteht. Berücksichtigt man aber, das bei Schmitt Rudolf Sohms Diktum, daß die katholische Kirche wesentlich Juridifizierung des Christentums ist („das ganze Wesen des Katholicismus beruht darin, daß er die Rechtsordnung als notwendig für die Kirche {und zwar als notwendig für das geistliche Wesen derselben} bejaht": Sohm 1970, S. 2) geradezu den Charakter eines Leitmotives hat (siehe z. B. 1984 RK, S. 49), so wird klar, daß Religion für Schmitt primär in ihrer politischen Form Relevanz hat.

[8] Böckenförde, W. 1984, S. 6.

[9] „Die Kirche aber [ist] eine konkrete, persönliche Repräsentation konkreter Persönlichkeit. Daß sie im größten Stil die Trägerin juristischen Geistes und die wahre Erbin der römischen Jurisprudenz ist, hat ihr noch jeder zugegeben, der sie kannte. Darin, daß sie die Fähigkeit zur juristische Form hat, liegt eines ihrer soziologischen Geheimnisse. Aber sie hat die Kraft zu dieser wie zu jeder Form nur, weil sie die Kraft zur Repräsentation hat. Sie repräsentiert die civitas humana, sie stellt in jedem Augenblick den geschichtlichen Zusammenhang mit der Menschwerdung und dem Kreuzesopfer Christi dar, sie repräsentiert Christus selbst, persönlich, den in geschichtlicher Wirklichkeit Mensch gewordenen Gott. Im Repräsentativen liegt ihre Überlegenheit über ein Zeitalter ökonomischen Denkens.": 1984 RK, S. 31f.

[10] Siehe 1917 b.

[11] Siehe 1991 G, S. 17: „Ich habe immer als Jurist gesprochen und geschrieben und infolgedessen eigentlich auch nur zu Juristen und für Juristen."

[12] Der Begriff der Staatsräson taucht das erste Mal bei Francesco Guicciardini auf, der die Tötung der gefangenen Pisaner zwar für unchristlich, aber für „ragione e uso degli stato" gerechtfertigt hielt: Francesco Guicciardini: *Dialogo e Discorsi del Reggimento di Firenze*, Bari ^{2}1932, S. 163.

[13] Siehe Taubes 1987, S. 15: „in einem stürmischen Gespräch in Plettenberg 1980 sagte mir Carl Schmitt, wer nicht einsehe, daß der ‚Großinquisitor' schlechterhin recht hat gegenüber all den schwärmerischen Zügen einer jesuanischen Frömmigkeit, der habe weder kapiert, was Kirche heißt noch was Dostojewski.. ‚durch die Gewalt der Problemstellung gezwungen, eigentlich vermittelt' habe". Siehe auch 1991 G, S. 243: „Hobbes spricht aus und begründet wissenschaftlich, was Dostojewskis Großinquisitor tut: die Wirkung Christi im sozialen und politischen Bereich unschädlich machen; das Christentum ent-anarchisieren, ihm aber im Hintergrunde eine gewisse legitimisierende Wirkung zu belassen und jedenfalls nicht darauf zu verzichten."

> Ist es auch, und darum haben die Herodesse Recht und organisieren den Frieden."[14]

Carl Schmitt hat sich, das steht außer Zweifel, irgendwann nach dem 30. Januar 1933 für eine Zusammenarbeit mit den neuen Machthabern entschieden, ja mehr noch, versucht, sich als *der* nationalsozialistische Staats- und Verfassungsrechtler zu profilieren. Definiert man ‚Nazi' als Funktionsträger während des NS, dann war Schmitt sicherlich ein solcher. Für die ideengeschichtliche Forschung ist dies aber wenig befriedigend, muß doch für diese eher die Ideologie des NS im Vordergrund stehen. Was ist *die* NS-Ideologie? Ist das Ideengut von Hitler selbst kaum mehr als ein Konglomerat aus dem Fundus der politischen Vorstellungen des Wien des Fin de sieclè[15], so gibt es auch noch starke Abweichungen der Auffassungen innerhalb der NS-Führungsriege, von jenen innerhalb der zweiten Garnitur ganz zu schweigen. Ist es deswegen schwer, eine ‚linientreue' Definition der nationalsozialistischen Ideologie zu erarbeiten, so muß doch festgehalten werden, daß ein Mangel an völkischem und biologistischem Gedankengut oder Rhetorik sehr schnell Verdacht erregte. Schmitts Schriften haben aber gerade in Bezug auf diesen Punkt offensichtliche Defizite, und dies ist ihm auch immer wieder vorgeworfen worden.

[14] 1991 G, S. 320.
[15] Hierzu sehr aufschlußreich: Hamann 1996.

1. Teil
Auf dem Weg zum Reich
Der ‚Kronjurist' bis zu seinem Sturz

I. Abkehr vom Dezisionismus: Das konkrete Ordnungs- und Gestaltungsdenken

Mit seiner Schrift *Über die drei Arten des rechtswissenschaftlichen Denkens* markiert Carl Schmitt eine Zäsur, die mit der politischen korrespondiert und prägend für sein gesamtes weiteres Denken sein sollte. Die Einführung des konkreten Ordnungs- und Gestaltungsdenkens in den rechtswissenschaftlichen Diskurs fällt in die Zeit eines euphorischen politischen Gestaltungswillens[16], dessen Schmitt sich ebenso wie viele andere[17] nicht entziehen konnte und wollte. Wie der protestantische Publizist Wilhelm Stapel überliefert hat, sah Schmitt in Hitler 1933 geradezu

> „de[n] charismatischen Führer, de[n] homo a deo vocatus, in dem metaphysische Kräfte aufbrechen..“[18]

„Wie viele andere“[19] ließ sich Schmitt im Frühjahr 1933[20], nach eigenen Angaben Ende April 1933, als Parteimitglied einschreiben[21] und gehört damit zu jenen Unzähligen, für welche die PGs mit den niedrigeren Nummern[22] nur Verachtung und das böse Wort der

---

[16] Hans Barion z.B. spricht von einer „Hochflut politischer Schriftstellerei“: Barion 1984, S. 453.

[17] Rückblickend schreibt er am 16. 9. 1948 in seine tagebuchartigen Aufzeichnungen: „Erkenne die Gesellschaft, in der Du Dich im Frühjahr 1933 befandest: Karl Eschweiler, M. Heidegger, W. Ahlmann. Ein überschwenglicher Aufbruch!“: 1991 G, S. 188; siehe auch ebd. S. 197.

[18] Keßler 1967, S. 219 und ebd. Anm. 2.

[19] Schmitt im Gespräch mit Dieter Groh und Klaus Figge, in: Over 1975, S. 89-109; 106.

[20] Sein Schüler Günther Krauss erinnert sich: „Im Frühjahr traf ich ihn zufällig, und zwar, wenn ich nicht irre, in Köln auf der Strasse. Seine Empfehlung, der Partei beizutreten, war so nachdrücklich, dass sie mir als Befehl galt“: Krauss 1990 a, S. 59.

[21] Entgegen der Behauptung des französischen Soziologen Raymond Arons, der Schmitt über Julien Freund kennenlernte: „Carl Schmitt gehörte zu keiner Zeit der Nationalsozialistischen Partei an. Als Mann von hoher Bildung konnte er kein Anhänger Hitlers sein und war es tatsächlich auch nie.“: Aron 1985, S. 418.

[22] Schmitts Mitgliedsnummer laut Noack 1993, Seite 178: 298 860, laut Bendersky 1983, Seite 204: 2 098 860. Ich habe diese Angaben nicht überprüft; jedoch scheint mir Bendersky zuverlässiger zu sein, erstens da (siehe die folgende Fußnote) die Mitgliedszahl der NSdAP die Millionengrenze zu diesem

‚Märzgefallenen' parat hatten[23]. ‚Wie viele andere' drückt aber auch einen gewissen Hang zum Sich-treiben-lassen aus, den Schmitt selbst einmal wie folgt umschrieb:

> „Ich habe eine merkwürdige Art von Passivität. Daß ich für meine Person in den Ruf gekommen bin, Dezisionist zu sein, ist mir eigentlich unverständlich."[24]

Darüberhinaus kann man Schmitt einen Mangel an Ehrgeiz ganz gewiß nicht nachsagen; die Möglichkeit, aktiv in die Politik einzugreifen, mag schon der Hauptgrund für den Umzug von Bonn zur Handelshochschule nach Berlin 1928 gewesen sein. Seine Geltungssucht beförderte die Illusion, er könne der Nazi-Politik seinen Stempel aufdrücken[25]; Schmitt, so Joseph W. Bendersky,

> „continued his prodigious work under the double illusion that he could exert at least some influence in legal affairs and at the same time remove suspicion about his loyalty."[26]

Ähnlich äußert sich George Schwab:

> „Schmitt felt that in granting the government an enabling act of an unprecedented nature, the Reichstag had recognized Hitler as a leader who could cure Germany's ills. Furthermore, he also reasoned that, since the new government had the support of a considerable segment of the people as well as of the Reichstag, by joining the party he would be able to steer the National-Socialist system in a direction which, he hoped, would be superior to the bankrupt Weimar system."[27]

Zeitpunkt weit überschritten hatte, und zweitens die Biographie von Noack vor Fehlern strotzt; siehe z.B. die Angaben bei Koenen 1995 a, S. 20, FN 124. Noack stellt zudem Behauptungen auf, die leicht zu irreführenden Schlußfolgerungen führen können, so schreibt er (auf Seite 137) Schmitt habe ab Anfang der dreißiger Jahre „vorwiegend" in Organen der ‚Konservativen Revolution' geschrieben; ein Blick in die Schmitt-Bibliographien von Piet Tommissen genügt, um dies zu widerlegen.

[23] Der Andrang war so groß, daß mit dem 1. Mai 1933 eine Aufnahmesperre in Kraft trat, nachdem mehr als 1,5 Millionen Neuzugänge innerhalb von drei Monaten registriert wurden: siehe Fest 1993, S. 575. Die Aufnahmesperre war motiviert durch die Ansicht Hitlers, daß die Dynamik einer nationalen Revolution nur durch eine Minderheit gewährleistet bleibe: „Mit einer Zehnmillionenpartei kann man keine Revolution mehr machen": Hitler zitiert nach: Zitelmann 1991, S. 463.

[24] Verortung 1990, S. 5.

[25] Diese Naivität Schmitts wird besonders in dem Verhör deutlich, welches der Stellvertretende Chefankläger der Nürnberger Prozesse, Robert W. Kempner, mit Schmitt führte:

> „Schmitt: .. I was from 1935 to 1936 head of the professional organization.
> I felt superior at that time. I wanted to give the term National Socialism my own meaning.
> Kempner: Hitler had a National Socialism and you had a National Socialism.
> Schmitt: I felt superior.
> Kempner: You felt superior to Adolf Hitler?
> Schmitt: Intellectually, of course.": Siehe Bendersky, 1987 b, S. 91-129; 106.

[26] Bendersky 1997 a, S. 44.

[27] Schwab 1970, S. 105.

Ernst Wolfgang Böckenförde erinnerte sich, daß

> „mir Carl Schmitt [sagte]: ,Es war mein Irrtum, daß ich glaubte, man könnte 1933 etwas stiften.' "[28]

Anlaß für diesen Irrglauben, so Schmitt laut Böckenförde, war der erfolgreiche Abschluß des Reichskonkordates vom 20. Juli 1933: Endlich sei damals eine „einzigartige Machtzusammenballung"[29] vorhanden gewesen, welche den Staat als „geschlossene Einheit"[30] und völkerrechtliches Subjekt der römisch-katholischen Kirche gegenübertreten lassen konnte. Durch die Lateranverträge von 1929 ist die völkerrechtliche Souveränität des Papstes bestätigt und der Vatikan als ,Stato della Città del Vaticano' als völkerrechtliches Subjekt etabliert worden. Die Äußerung Schmitts, die Böckenförde überliefert hat, ist insofern aufschlußreich, da sie indirekt die Genese des konkreten Ordnungsdenkens aus der Lehre der institutionellen Garantien bestätigt:

In der *Verfassungslehre* von 1928 verweist Schmitt auf die nötige Unterscheidung von Grundrechten und institutionellen Garantien. Im Gegensatz zu jenen sind diese wesentlich begrenzt, bestehen nur innerhalb eines Staates und betreffen eine

> „rechtlich anerkannte Institution, die als solche immer etwas Umschriebenes und Umgrenztes, bestimmten Aufgaben und bestimmten Zwecken Dienendes ist."[31]

Schmitt zieht damit einen klaren Trennungsstrich zwischen dem Status des Staates und dem der einzelnen Rechtsinstitute, die nicht „vor ihm und über ihm"[32] Bestand haben können und sollen.

> „Der moderne Staat ist eine geschlossene politische Einheit und seinem Wesen nach der Status, d.h. ein totaler, alle anderen status innerhalb seiner selbst relativierender status. Er kann innerhalb seiner selbst keinen vor oder über ihm gegebenen und deshalb gleichberechtigten öffentlich-rechtlichen Status anerkennen, ebensowenig Zwischenglieder, die über ihm oder selbständig neben ihm in seine Sphäre hineinragen. .. Wenn eine Kirche, wie die römisch-katholische Kirche, vor- und überstaatliche Rechte für sich beansprucht, so kann das zu einem Vertrag zwischen Staat und Kirche führen. Der Vertrag ist dann kein staatsrechlicher sondern ein völkerrechtlicher Akt, und der Staat tritt als geschlossene Einheit der Kirche als solcher gegenüber."[33]

---

[28] Aussprache zu dem Referat *Konkretes Ordnungsdenken* von Joseph H. Kaiser, in: Complexio 1988, S. 336.

[29] Ebd.

[30] 1970 VL, S. 174.

[31] 1970 VL, S. 170f.

[32] 1970 VL, S. 173.

[33] 1970 VL, S. 173f. (siehe auch: ebd. S. 49: „Das Wort ,Staat' bezeichnet die Besonderheit dieses modernen politischen Gebildes besonders treffend, weil es den sprachlichen und gedanklichen Zusammenhang mit dem Worte ,Status' angibt. Denn der umfassende Status politischer Einheit relativiert und absorbiert alle anderen Statusverhältnisse, insbesondere Stände und Kirche. Der Staat, d.h. der politische Status, wird also der Status im absoluten Sinne.")

Für den Staatsrechtler aus Plettenberg erweist der Staat seine Totalität, die Absolutheit seines status an dieser Stelle in hohem Maße durch die Absolution von kirchlicher Macht. Die römisch-katholische Kirche ist mitnichten zufällig als Exempel gewählt, zwischen den Zeilen steht Schmitts Auseinandersetzung mit dem Problem der potestas indirecta, welche schon im Frühwerk über den *Wert des Staates und die Bedeutung des Einzelnen* von 1914 eine Rolle spielt; der potestas indirecta, heißt es in diesem Frühwerk, liege in

> „allen Fällen .. die Furcht vor einem Mißbrauch der tatsächlichen Gewalt des Staates zugrunde, ein Mißtrauen gegen die faktische Bosheit oder Schwäche der Menschen und der Versuch, ihr zu begegnen. Immer aber ist aber auch der methodische Irrtum der gleiche. Kein Gesetz kann sich selbst vollstrecken, es sind immer nur Menschen, die zu Hütern der Gesetze aufgestellt werden können, und wer selbst den Hütern nicht traut, dem hilft es nichts, ihnen wieder neue Hüter zu geben.“[34]

Wenn bei Schmitt von der potestas indirecta die Rede ist, hat er stets die postreformatorischen Antipoden Hobbes und Bellarmin im Sinn: Im *Leviathan* Hobbes‘ von 1651 findet sich eine detaillierte Auseinandersetzung mit Bellarmins fünfbändigem *De Summo Pontifice*[35]. Die Weisungsgewalt des Papstes über die christliche Lehre[36] begründet für den jesuitischen Kardinal, wie übrigens schon bei Francesco de Vitoria[37], eine indirekte Einflußmöglichkeit auf die Staatsgewalt[38] analog zur Unfähigkeit eines Gesetzes, sich selbst auszulegen oder handzuhaben - ein Argument, welches Schmitt gegen den Normativismus ins Feld führt - kann sich auch die heilige Schrift nicht selbst interpretieren. Die Unfehlbarkeit päpstlicher Urteile („Infallibility of his Judgments“[39]) verbürgt die Autorität in politischen Fragen: Veritas facit legem.

Hobbes stellt aber schon das Interpretationsmonopol des Papstes in Frage, damit grundsätzlich auch den Anspruch des Papstes auf die potestas indirecta, die, wie Otto Brunner bemerkt, „eine letzte Entscheidungsbefugnis ‚ratione peccati‘ “[40] enthalte. Papst und Souverän verhalten sich wie „Schoolmaster“[41] und „Master of Family“[42]: Der

---

[34] 1914 WS, S. 82f.

[35] Hobbes 1991 a, S. 378-402.

[36] Hierzu kursorisch Sohm 1970, Bd. II, S. 110ff.

[37] Siehe Arnold 1934, S. 320-322 sowie Reibstein 1957, 1. Bd., S. 285. Bei Vitoria wird die potestas indirecta aber „wenig glücklich“ (Höffner 1972, S. 330) potestas temporalibus genannt: „Dico quod in Papa nulla est potestas, quae ordinetur ad finem temporalem, quae est mere temporalis potestas.“: Vitoria, *De potestate Ecclesiae.*

[38] Zum Beispiel im Fall fürstlicher Apostasie; siehe Arnold 1934, S. 344.

[39] Hobbes 1991 a, S. 383ff.

[40] Brunner 1984, S. 143. Anschaulich ist die Darstellung des Versuches der Wahrnehmung einer potestas indirecta in temporalibus ratione peccati durch Innozenz III. bei Kempf 1954, S. 265ff.

[41] Damit umgeht Hobbes geschickt das Transzendenzverhältnis, das der Auffassung des Papstes als Hirten zugrundeliegt (und das Bellarmin verteidigen will: siehe Arnold 1934, S. 350.). Zu diesem transzendentalen Verhältnis siehe auch 1933 SBV, S. 41.

[42] Hobbes 1991 a, S. 379.

zum Oberlehrer degradierte vicarius[43] ist den Menschen gegenüber auf seine Überzeugungskraft beschränkt,

> „and leave it to them to consider, whether they shall embrace, or reject the Doctrine taught."[44]

Der Souverän eines christlichen Staates hingegen ist als eigentlicher - weil familienväterlicher - Nachfolger Abrahams weisungsberechtigt über Schrift und Staatsgewalt[45] (‚cuius regio, eius religio'[46]):

> „For hee hath the same place in the Common-wealth, that Abraham had in his own Family. .. For God spake onely to Abraham; and it was he onely, that was able to know what God said, and so interpret the same to his family: And therefore also, they that have the place of Abraham in a Common-wealth, are the onely Interpreters of what God hath spoken."[47]

Der Philosoph aus Malmesbury kehrt die Argumentation Bellarmins, des „Theologe[n] der Gegenreformation"[48], um: Auctoritas, non veritas, facit legem. Direkte und absolute Gewalt ist Hobbes Antwort auf die Fragen nach dem „unvermeidlichen" Quis interpretabitur? und dem „unaufhörlichen" Quis judicabit?[49]. Nur der Souverän kann das göttliche Gesetz für sich reklamieren[50], sei es natürlich oder positiv[51]; dementsprechend steht ihm die Hoheitsgewalt über die ecclesia zu[52].

---

[43] Die Formel vom Papst als vicarius christi hatte sich mit dem Pontifikat Innozenz III. endgültig durchgesetzt, sie ist in dessen Schriften „ein häufig wiederkehrendes, vielfach variiertes Leitmotiv": Kempf 1954, S. 280.

[44] Hobbes 1991 a, S. 379.

[45] Leo Strauß bemerkt, daß Hobbes sich gezwungen sieht, „die Autorität der Schrift selbst anzuzweifeln und von der Autorität des Staats abhängig zu machen.": Strauß 1930, S. 81.

[46] In dem Aufsatz *Die vollendete Reformation* von 1965 schreibt Schmitt, die Antithese des Hobbes zum römisch-kirchlichen Entscheidungsmonopol erscheine „als die im Feuer des konfessionellen Bürgerkrieges gereifte Frucht einer Epoche, für die das jus reformandi - vom Mittelalter her gesehen - zum höchsten Regal, zugleich aber - von dem (eben dadurch entstehenden) modernen Staat her - zu einem Souveränitätsrecht geworden war.": 1965 a, 169f. Im *Nomos der Erde* bezeichnet Schmitt die Formel cujus regio, ejus religio als „etwas krude[] und primitiv[] .. aber doch sehr deutlich": 1988 NE, S. 99.

[47] Hobbes 1991 a, S. 323f.

[48] 1941 b 379.

[49] 1963 BdP, S. 122.

[50] Für Hobbes kann der Papst dies nur für sich behaupten, wo er auch bürgerlicher Souverän ist: „so neither hath the Pope his de Iure Divino, except onely where hee is also the Civill Souveraign.": Hobbes 1991 a, S. 393.

[51] Hobbes 1991 a, S. 379 und 399.

[52] „the asserting of the Supreme Ecclesiasticall Power to Christian Souveraigns": Hobbes 1991 a, S. 378. In England war seit Heinrich VIII. und der Etablierung der Ecclesia Anglicana diese Hoheitsgewalt Wirklichkeit. 1534 hatte das Parlament die ‚Suprematsakte' verabschiedet, in der es heißt, der König »justly and rigtfully is and ought to be Supreme Head of the Church of England«. Jakob I. ,

Die beiden großen Theoretiker der Souveränität, Bodin und Hobbes, haben sich beide im Kampf gegen die Autorität der römischen Kirche bewähren müssen, um das Politische zu behaupten. Reinhart Koselleck spricht gar von einer „Personalunion"; Bodin und Hobbes zählten „in gleich hervorragender Weise zu den Bibelkritikern wie zu den ‚Politikern' "[53]. Der moderne Staat ist theoretisch in einem politisch-theologischen Diskurs manifestiert worden.

Das institutionelle Rechtsdenken Schmitts, das als eigenständiger Typus neben dem dezisionistischen und normativistischen erstmalig im November 1933 im Vorwort zur zweiten Auflage der *Politischen Theologie* auftaucht[54], soll der konkreten Situation des Gelingens der Etablierung eines Staates, der als ‚geschlossene Einheit' der Kirche gegenüberzutreten wieder in der Lage ist, gerecht werden. Der erfolgreiche Abschluß des Reichskonkordates sei für Schmitt, so erinnert sich Böckenförde, im alten Staat nicht möglich gewesen:

> „Was wäre im Weimarer Reichstag losgewesen? Alles hätte sich verbündet, die ultramontane Frontstellung wäre wieder da gewesen. Jetzt aber, 1933, wurde es widerspruchslos hingenommen."[55]

Katholische oder zum Katholizismus konvertierte Theologen haben immer Probleme mit Schmitts Ablehnung der potestas indirecta gehabt:

> „die Polemik gegen die potestas indirecta hat nur dann einen Sinn, wenn man darauf verzichtet, ein Christ zu sein und sich für das Heidentum entschieden hat."[56]

Schmitt ist aber eben primär Etatist, als solcher notwendig Verteidiger direkter, staatsmonopolistischer Gewalt. In der Schrift *Der Hüter der Verfassung* von 1931 werden die indirekten Gewalten unter den Begriff ‚Pluralismus' subsumiert:

> „Der Pluralismus bezeichnet die Macht mehrerer sozialer Größen über die staatliche Willensbildung"[57].

Schmitts Aversion gegen die potestas indirecta ist auch dadurch zu erklären, daß diese das Verhältnis von Schutz und Gehorsam unterminiere; die potestas indirecta verlange „Gehorsam .., ohne schützen zu können"[58]

„our most wise King James", (Hobbes 1991 a, S. 138.) schließlich verlangte seine Anerkennung als Haupt der anglikanischen Kirche vom Papst: siehe Arnold 1934, S. 301.

[53] Koselleck 1992, S. 88.

[54] 1985 PT, S. 8.

[55] Böckenförde, in: Complexio 1988, S. 336.

[56] Brief Erik Petersons an Carl Schmitt vom 13. 8. 1938; zitiert nach: Nichtweiß 1994 b, S. 57.

[57] 1985 HV, S. 71.

[58] 1982 L, S. 127. „Es gehört zum Wesen der indirekten Gewalt, daß sie die eindeutige Übereinstimmung von staatlichem Befehl und politischer Gefahr, von Macht und Verantwortung, Schutz und Gehorsam, trübt und .. alle Vorteile und keine Gefahr der politischen Macht in der Hand hat.": ebd. S. 117.

Die Wechselbeziehung von Schutz und Gehorsam sei aber für das Politische fundamental:

> „es gibt keine Über- und Unterordnung, keine vernünftige Legitimität oder Legalität ohne den Zusammenhang von Schutz und Gehorsam. Das protego ergo obligo ist das cogito ergo sum des Staates“[59]

Ahnherr dieses Interaktionsmodells von Schutz und Gehorsam ist wiederum Hobbes: „Die ‚Relation von Schutz und Gehorsam‘ ist der Angelpunkt der Staatskonstruktion des Hobbes“[60]. Jedoch könnte sich Schmitt auch auf die Tradition der französischen Gegenrevolution berufen:

> „Jede Regierung schwört jedem Kinde, das unter ihrer Befehlsgewalt ins Dasein tritt: Schutz, Verteidigung und Gerechtigkeit; und umgekehrt verspricht das Kind: Gehorsam, Hilfe und Treue bis in den Tod. - Vernichtet dieses Prinzip, die Gesellschaft zerfällt.“[61]

Später, 1938, identifiziert Schmitt den Parlamentarismus nebst sozialer Interessenorganisationen als die modernen indirekten Gewalten:

> „Die alten Gegner, die ‚indirekten‘ Gewalten von Kirche und Interessenorganisationen, sind in diesem Jahrhundert in moderner Gestalt in Parteien, Gewerkschaften, soziale Verbände, mit einem Wort als ‚Mächte der Gesellschaft‘ wiedererschienen.“[62]

Schon in der Weimarer Zeit ist bei Schmitt die Suche nach einem substantiellen Ordnungsprinzip ständig präsent. Rückblickend erklärt Schmitt die Wahrung der Institutionen, „die noch Träger einer geschichtlichen Substanz und Kontinuität sein können“[63], zum Sinn der Lehre der institutionellen Garantien. Das Nebeneinander staatlicher Institutionen und privater Interessenverbände läßt den Dezisionismus jedoch zu Anfang der dreißiger Jahre in den Vordergrund rücken. In dem oben zitierten Abschnitt aus der *Verfassungslehre* über die Lehre der institutionellen Garantien warnt Schmitt vor

---

[59] 1963 BdP, S. 53.

[60] 1982 L, S. 113. In der *Conclusion* des *Leviathan* schreibt Hobbes: „And thus I have brought to an end my Discourse of Civill and Ecclesiasticall Government, occasioned by the disorder of the present time, .. without other designe, than to set before mens eyes the mutuall Relation between Protection and Obedience; of which the condition of Human Nature, and the Laws Divine, (both Natural and Positive) require an invioable observation.“: Hobbes 1991, S. 491.

[61] Joseph de Maistre, *Œuvres complètes* XI, Lyon 1884 ff., S. 483f.

[62] 1982 L, S. 116. Schon 1930 schreibt Schmitt: „Wenn der ‚irdische Gott‘ von seinem Throne stürzt und das Reich der objektiven Vernunft und Sittlichkeit zu einem ‚magnum latrocinium‘ wird, dann schlachten die Parteien den mächtigen Leviathan und schneiden sich aus seinem Leibe jede ihr Stück Fleisch heraus.“: 1930 c,133. Weiter heißt es, „daß Argumente und Gesichtspunkte, die sonst den Sozialphilosphen der römisch-katholischen Kirche oder anderer Kirchen .. dazu dienten, den Staat gegenüber der Kirche zu relativieren, nunmehr im Interesse eines gewerkschaftlichen oder syndikalistischen Sozialismus vorgebracht werden.“: ebd. S. 135.

[63] 1985 VA, S. 385.

> „den staatsauflösenden Konsequenzen einer parlamentarischen Beute - und Gefolgschaftspraxis“[64].

Die Nationalsozialisten gingen 1933 mit großer Energie daran, ihre politische Ordnung durch die Zerschlagung der privaten Interessenverbände und Einheit durch souveräne Macht herzustellen; auf eben die Weise, die Schmitt insgeheim in seiner dezisionistischen Lehre propagierte. Das konkrete oder institutionelle Ordnungsdenken stellt insofern, da es die Kategorie der Entscheidung nicht wirklich abschafft, sondern eher in den Hintergrund treten läßt, keinen echten Bruch dar, wohl aber eine Zäsur, die einer konkreten gesellschaftlichen Machtkonzentration entsprechen soll. Ernst Rudolf Huber, ein Bonner Schüler Schmitts, bemerkt zu Recht

> „daß der Hobbes'sche Dezisionismus im konkreten Ordnungsdenken ‚aufgehoben' ist in dem bekannten Doppelsinn der Hegelschen Dialektik“[65],

und Günter Meuter erklärt süffisant, das konkrete Ordnungsdenken sei „gleichsam ein Dezisionismus, der im Drüben fischt.“[66] In seinem *Leviathan* - Buch von 1938 äußert sich die Abkehr vom bloßen Dezisionismus dadurch, daß Schmitt Hobbes (heiden?-) christianisiert, ihm ein Streben nach Ordo unterstellt, das in einer tiefen Frömmigkeit wurzele. Schmitts Abkehr vom Hobbes'schen Dezisionismus ist zudem ein Abgesang an eine personalistische Rechtsauffassung. Bei Hobbes ist - die ständige Frage nach dem Quis judicabit? impliziert dies - Herrschaftsgewalt streng personalistisch aufgefaßt[67]:

> „For Subjection, Command, Right, and Power are accidents, not of Powers, but of Persons.“[68]

Die Dezision ist „immer persönlich“[69]; es war die Rechtstheorie und - methodik die für Schmitt einzig der Situation der Weimarer Verhältnisse Anfang der dreißiger Jahre adäquat war - in Form der kommissarischen Diktatur des Reichspräsidenten nach Artikel 48 der Weimarer Reichsverfassung. Der Sieg der Nationalsozialisten schließlich mache den Weg frei für ‚überpersönliche' Lösungen[70]. Die besondere Dignität der katholischen Repräsentationsfähigkeit[71] erforderte eben - wenn man den Abschluß des

---

[64] 1970 VL, S. 172.

[65] Huber 1941 b, S. 8.

[66] Meuter 1994, S. 214.

[67] Armin Adam spricht treffend von einem „Personalismus aus dem Geiste der Jurisprudenz“: Adam 1992, S. 34.

[68] Hobbes 1991 a, S. 396.

[69] 1934 3A, S. 13.

[70] Siehe hierzu auch unten das Kapitel II. im dritten Teil.

[71] „Dadurch, daß das Amt vom Charisma unabhängig gemacht ist, erhält der Priester eine Würde, die von seiner konkreten Person ganz zu abstrahieren scheint.“: 1984 RK, S. 24. Schon der Cusaner hatte ausdrücklich zwischen Amt und Person des Priesters unterschieden: „Opertet autem, quod sacerdotium consideratur *aut prout est de corpore fidelium,* et ita se habet pure passive in particularibus personis,

Reichskonkordates als einen Katalysator für Schmitts ‚Konversion‘[72] ansehen kann - einen ebenbürtigen Verhandlungspartner. Lediglich die Akzentuierung hat sich streng genommen in den zehn Jahren von 1923-1933 für Schmitt bei dieser Aussage über das Verhältnis von Staat und Kirche verschoben. Lag die Betonung 1923 in der Schrift *Römischer Katholizismus und politische Form* noch bei der Kirche, die „als gleichberechtigte Partei mit dem Staat verhandeln“[73] können muß, so war für Schmitt der liberalistisch-neutrale Staat 1933 in einer derart schwachen Position, daß der Abschluß des Reichskonkordates Signalwirkung für seine Option eines totalen Staates ‚aus Stärke‘ haben konnte, ja vielleicht mußte. Der neuzeitliche Staat erlangt für den katholischen Staatsrechtler Dignität durch seine Neutralisierungsleistung in der geschichtlichen Lage blutigster konfessioneller Konflikte, wobei diese Leistung für Schmitt der Moraltheologie zuzurechnen ist[74], versäumte aber auch im Laufe seiner Entwicklung zum Gesetzgebungsstaat die Grundlegung einer substanzhaften, allgemeinen Legitimität. Diesen Nachholbedarf meinte Schmitt mit nationalsozialistischer Schützenhilfe decken zu können, in der Errichtung eines ‚echten‘, ‚totalen‘ Staates, da die römische Kirche

> „den politischen Staat, eine ‚societas perfecta‘ und nicht einen Interessen-Konzern neben sich voraussetzt. Sie will mit dem Staat in der besonderen Gemeinschaft leben, in der zwei Repräsentationen sich als Partner gegenüberstehen.“[75]

Dieser Zusammenhang wird von Lutz Berthold ähnlich gesehen:

> „Der Staat könne aber nur dann ein konkordatswürdiger Partner sein, wenn er auch wirklich die Kraft zur Repräsentation und zum Erhalt der sittlichen Ordnung aufbringe.“[76]

Die modernen indirekten Gewalten nahmen dem Staat seine Würde als societas perfecta, indem sie ihn nötigten, als pluralistischer Staat (oder aus anderer Perspektive: als totaler Staat aus Schwäche, und, wie Schmitt böse bemerkt, somit „agnostischer“[77] Staat) zu fungieren; der Staat erscheint, so schreibt Schmitt im *Begriff des Politischen*, als

---

quia sacerdotes ut privatae personae de corpore fidelium existentes ab aliis sacerdotibus publicam personam gerentibus ligantur et solvuntur, *aut se habent ut ministri dei typum Christi gerentes,* et sic sanctificant et conficiunt sacramenta gratiam conferentia et sanctificantia.“: Nicolaus de Cusa, *Opuluscum contra Bohemorum errorem.*

[72] So die Wortwahl bei Quaritsch 1991.

[73] 1984 RK, S. 50.

[74] Siehe 1942 a sowie Schnur 1994.

[75] 1984 RK, S. 42. Die Defintion des Staates als societas perfecta entspricht der aristotelischen Tradition, siehe Aristoteles, *Politik*, 1252 b.

[76] Berthold 1993, S. 293.

[77] Siehe 1930 c, S. 136. Siehe auch: 1963 BdP, S. 87: „stato neutrale ed agnostico“.

> „Pluralität von societates perfectae[78] .., deren ‚Perfektheit' allerdings durch ihre große Anzahl sehr problematisch wird."[79]

Erst der mit dem vollen Monopol direkter Gewalt ausgestattete Staat ist als ‚perfekte' Organisation, d.h. als solche, die „in ihrem Bereich souverän und autark"[80] ist, der Kirche als Vertragspartner angemessen.

Neben der Lehre der institutionellen Garantien ist Schmitts konkretes Ordnungsdenken vor allem vom institutionellen Rechtsdenken Maurice Haurious, dem, wie Schmitt einmal bemerkt, „Meister unserer Wissenschaft"[81], und Santi Romanos geprägt - ein weiterer Beleg für den großen Einfluß der geisteswissenschaftlichen Produktion aus dem romanischen Sprachraum[82]. In den Tagebuchaufzeichnungen der Nachkriegszeit und in der Bekenntnisschrift *Ex Captivitate Salus* werden sowohl Hobbes als auch Hauriou zu ‚Brüdern'[83]. Konkreter Gegner des konkreten Ordnungsdenkens wie des institutionellen Rechtsdenkens ist der Normativismus, dem Schmitt vorhält, daß

> „ein Gesetz sich nicht selbst anwenden, handhaben oder vollstrecken [kann]; es kann sich weder selbst interpretieren, noch definieren, noch sanktionieren; es kann auch nicht - ohne aufzuhören eine Norm zu sein - selbst die konkreten Menschen benennen oder ernennen, die es interpretieren oder handhaben sollen."[84]

Vor jeder Regel, so präzisiert Romano den Einwand, stehe ein ‚soziales Ich', eine manifestierte Gemeinschaftsbekundung, die eine Normierung erst ermögliche:

> „die Rechtsordnung, so umfassend verstanden, ist ein Ganzes, das sich teilweise nach Normen bewegt, aber vor allem die Normen selbst bewegt, ähnlich wie Figuren auf einem Schachbrett. So sind diese Normen eher Objekt und Mittel der Tätigkeit der Rechtsordnung, anstatt Element ihrer Struktur zu sein."[85]

Noch bevor sich Recht als Norm äußere, fährt Romano fort, sei es „Organisation, Struktur und Grundlage"[86] der Gesellschaft, sprich institutionell, und Hauriou bemerkt:

---

[78] In dem Aufsatz *Staatsethik und pluralistischer Staat* bekräftigt Schmitt die These der historischen Parallelität der dualistischen Lehre der ‚societates perfectae' mit der pluralistischen Staatslehre von Cole und Laski: die Auffassung, Staat und Kirche seien gleichermaßen societates perfectae, biete „einer Erweiterung zum Pluralismus viele Argumente"; beide bilden eine „geistesgeschichtliche Allianz": 1930 c, S. 137.

[79] 1963 BdP S. 42 Anm. 13.

[80] Ebd.

[81] 1988 NE, S. 183.

[82] Ibi namque Romanum imperium est, ubiqumque Romana lingua dominatur!

[83] „Diese beiden Namen aus dem Zeitalter der konfessionellen Bürgerkriege sind für mich zu Namen von lebendigen und gegenwärtigen Menschen geworden, zu Namen von Brüdern, mit denen ich über Jahrhunderte hinweg in eine Familie hineingewachsen bin.": 1950 ECS, S. 64.

[84] *Über die drei Arten des rechtswissenschaftlichen Denkens*, in: Seminar 1977, S. 373.

[85] Romano 1975, S. 23; Romano merkt zu dem letzten Satz an: „Dieser meiner Bemerkung stimmt C. Schmitt, *Über die drei Arten des rechtswissenschaftlichen Denkens*, Hamburg 1934, S. 24 zu."

[86] Romano 1975, S. 32.

„Es sind die Institutionen, welche die Rechtsnormen schaffen, aber nicht die Rechtsnormen, welche die Institutionen schaffen."[87]

Hauriou hält als Elemente des Gründungsvorgangs einer Institution (die sich in dieser selbst wiederfinden) fest: eine Leitidee (‚une idée de l'ordre sociale à réaliser' oder ‚idée directrice'[88]), Macht (‚une force organisée') und eine übereinstimmende Bekundung von Gemeinsamkeit (‚une manifestation de communion')[89]. Diese Dreigliederung entspricht dem Aufbau des neuen Staates nach dem Schema Staat - Bewegung - Volk.[90]

II. Der ‚Totale Staat' Eine Konzeption zwischen Reichstheologie und Parteidiktatur

a) Der Begriff des ‚totalen Staates'

Im Hintergrund der Einführung der rechtswissenschaftlichen Figur des institutionellen Rechtsdenkens, in dessen Mittelpunkt stets der Staat steht, der, wie ich oben versucht habe darzulegen, seinen Primat gegenüber den gesellschaftlichen indirekten Mächten behaupten soll, findet die Debatte um den Begriff des totalen Staates statt: Der Begriff ist, was oft übersehen wird, originär rein diagnostisch[91], keineswegs programmatisch und wurde 1931 durch den „epochemachende[n]"[92] Artikel *Die Wendung zum totalen*

[87] Hauriou 1965, S. 65.

[88] Siehe Voegelin 1991, S. 79f. Voegelin bezieht sich auf Haurious Buch *Précis de droit constitutionnel* (2. Auflage 1929).

[89] Hauriou 1965, S. 64. Siehe auch ebd. S. 35 f.: „Jede verbandsmäßige Institution weist, wie wir wissen, drei Elemente auf: 1. die Idee des in einer sozialen Gruppe zu schaffenden Werks; 2. die im Dienst dieser Idee stehende organisierte Macht, um die Idee zu verwirklichen; 3. die Gemeinschaftsbekundungen, die innerhalb der sozialen Gruppe mit Bezug auf die Idee und ihre Verwirklichung erfolgen."

[90] 1934 3A, S. 55.

[91] In einem Brief Schmitts an den Sprachwissenschaftler Jean Pierre Faye vom 5.9.1960 heißt es rückblickend, die Formel vom ‚totalen Staat' habe sich 1931 (*Der Hüter der Verfassung*) als „reine Wirklichkeits-Analyse, ohne jedes ideologische Interesse, ohne politische Zielsetzung" ergeben; sie sei Ausdruck einer „rein analytisch-deskriptiven .. Betrachtungsweise": zitiert nach: Maschke 1988 a, S. 110 Anm. 80. Der Brief ist nun vollständig abgedruckt in: 1995 CS-AM, S. 417-419. Weiter behauptet Schmitt, die Formel habe sich ihm aus der völkerrechtlichen Analyse des Kriegsbegriffes, über die Formel vom ‚totalen Krieg' ergeben. Das scheint mir äußerst fraglich, 1. da dieser Sachverhalt in der Schrift *Der Hüter der Verfassung* keine Rolle spielt, und 2. Schmitts Auseinandersetzungen mit einem geänderten Kriegsbegriff im Völkerrecht erst ab 1936 publizistisch faßbar sind. Sie führten schließlich zur Schrift *Die Wendung zum diskriminierenden Kriegsbegriff.*

[92] Bentin 1972, S. 108.

Staat von Schmitt einem breiteren Publikum vorgestellt[93]. Der liberale Gesetzgebungsstaat sei, so konstatiert Schmitt, aus Schwäche total geworden; „dialektisch[]“[94] habe er sich vom neutralen Staat durch die wachsende Bedeutung des gesellschaftlichen Sektors, der nach der Schmittschen Logik der Totalität des Politischen unterworfen ist, zum ‚totalen‘, d.h. die Grenze von Gesellschaftlichem und Politischem aufhebenden, entwickelt. Der ökonomische Bereich überschattet für Schmitt die anderen gesellschaftlichen Sachgebiete:

> „In der Wendung zum Wirtschaftsstaat liegt die auffälligste Veränderung gegenüber den Staatsvorstellungen des 19. Jahrhunderts.“[95]

Diese dialektische Entwicklung wird in *Der Hüter der Verfassung* mit den Drei-Stadien Comtes[96] in Zusammenhang gebracht und zudem als Negation der Hegelschen Unterscheidung von Staat und Gesellschaft[97] verstanden:

> „Die gewaltige Wendung läßt sich als Teil einer dialektischen Entwicklung konstruieren, die in drei Stadien verläuft: vom *absoluten* Staat des 17. und 18. Jahrhunderts über den *neutralen* Staat des liberalen 19. Jahrhunderts zum *totalen* Staat der Identität von Staat und Gesellschaft.“[98]

Auch wenn Schmitt den berühmt-berüchtigten Terminus von Ernst Jünger der ‚totalen Mobilmachung‘, welcher ebenfalls aus dem Jahre 1931 stammt und zur Charakterisierung kriegswirtschaflicher Verhältnisse benutzt wurde, heranzieht[99], so ist der Begriff des totalen Staates wohl eher[100] aus der konkreten Auseinandersetzung mit rein wirt-

---

[93] In dem schon erwähnten Brief Schmitts an Jean Pierre Faye vom 5.9.1960 heißt es über die Formel vom ‚totalen Staat‘, sie sei vor 1931 „nicht geläufig, weder im allgemeinen Bewußtsein, noch in der wissenschaftlichen Fachliteratur“ gewesen: zitiert nach: Maschke 1988 a, S. 110 Anm. 80.

[94] 1931 c, S. 152.

[95] 1931 c, S. 154.

[96] Siehe unten S. 131.

[97] Siehe unten FN 161.

[98] 1985 HV, S. 79.

[99] 1931 c, 152. (Siehe auch: 1985 HV, S. 79.)

[100] Der Zugang zur Denkweise Jüngers war Schmitt de fond en comble versperrt; ihm fehlte sowohl dessen Faible zum Mythisch-Agonalen (siehe 1933 BdP, S. 10 Anm.: „Der große metaphysische Gegensatz agonalen und politischen Denkens“), ebenso Jüngers Hang zur ‚typologischen‘ Sicht. ‚Totale Mobilmachung‘ bei Jünger ist nur zu verstehen, wenn die nationalbolschewistische Perspektive berücksichtigt bleibt: Im Typus des ‚Arbeiters‘ versinnbildlicht Jünger einen weltgeschichtlichen Umschwung, zu dessen Phänomenologie auch die ‚totale Mobilmachung‘ gehört. Schmitts Beitrag zu der Festschrift zu Jüngers 60. Geburtstag ist zwischen den Zeilen auch gegen Jüngers Hang zur mythologischen Geschichtsbetrachtung im Sinne einer ‚ewigen Wiederkehr des Gleichen‘ gerichtet: „Die Einmaligkeit der geschichtlichen Wahrheit ist das uralte Arcanum der Ontologie“; so zitiert Schmitt affirmativ Walter Warnach: siehe 1955 a, S. 148. Auch Armin Mohler, der die Idee der ewigen Wiederkehr ins Zentrum seiner Dissertation über die ‚Konservative Revolution‘ gestellt hatte, bekam Schmitts Idiosynkrasie zu spüren: „Ihre Ablehnung dieser Idee hat mich da recht unsicher gemacht.“: Brief Armin Mohlers an Carl Schmitt vom 5. 10. 1948; in: 1995 CS-AM, S. 33.

schaftspolitischen Erwägungen, vor allem von Johannes Popitz, dem Juristen und späteren preußischen Finanzminister[101], erwachsen.[102] Popitz und Schmitt standen „seit 1929“[103] in engem Kontakt. Als Konsequenz dieses Kontaktes hielt Schmitt Vorträge vor dem ‚Langnamverein‘[104] der rheinischen Industriellen, in denen die Formel vom ‚totalen Staat‘ eine Schlüsselfunktion hatte: In den ‚Mitteilungen‘ des Langnamvereins erschien z.B. 1932 der Aufsatz *Gesunde Wirtschaft im starken Staat*, der den Punkt markiert, an dem Schmitts Diagnose des totalen Staates aus Schwäche in eine Option für den totalen Staat aus Stärke umschlägt. Etwas verändert[105] wurde er Anfang 1933 unter dem Titel *Weiterentwicklung des totalen Staates in Deutschland* republiziert. Während der totale Staat aus Schwäche

> „total in einem rein quantitativen Sinne, im Sinne des bloßen Volumens, nicht der Intensität und der politischen Energie“[106]

sei, könne der totale Staat aus Stärke „Freund und Feind unterscheiden“ und erweise sich als einzig „echte[r]“[107] Staat. Nicht von ungefähr weist Schmitt auf den faschistischen Staat hin, der als ‚stato totalitario‘[108] den befürworteten neuen Staat präfigurie-

---

[101] Popitz wurde als Widerständler am 2. Februar 1945 hingerichtet. Sein Versuch, Himmler im August 1943 für einen Umsturz zu gewinnen (der Kontakt kam durch Carl Langbehn zustande) gehört zu den paradoxesten Kapiteln in der Geschichte des Widerstandes gegen Hitler: siehe Höhne o. J., S. 486. Zu Popitz‘ Rolle im Widerstand ausführlich Hoffmann 1985.

[102] Hans Joachim Lieber meint, Schmitts „Option für den totalen Staat“ orientiere „sich an gewissen totalitären Elementen des Rousseauschen Denkens“. Wie er darauf kommt, ist mir aber ein Rätsel. (Vorwort von Hans Joachim Lieber zu Fijalkowski 1958, S. XI.)

[103] 1985 VA, S. 8. Diese Aufsatzsammlung ist Popitz gewidmet; die Auseinandersetzung mit Popitz zieht sich durch das ganze Buch. Die selbständige Publikation Schmitts *Der Hüter der Verfassung* entstand teilweise „in Gemeinschaftsarbeit“: Bentin 1972, S. 126.

[104] Eigentlich der ‚Verein zur Wahrung der gemeinsamen wirtschaftlichen Interessen in Rheinland und Westfalen‘. Dieser Verein war eine der bedeutendsten wirtschaftlichen Interessenvertretungen vor 1945.

[105] Aber nicht unwesentlich, da der Vortrag nicht ohne seine zeitliche Verortung - die Lage nach dem ‚Preußenschlag‘ - verstanden werden kann. Laut Schmitt sollte der Aufsatz „die nochmalige Auflösung des Reichstages durch Schleicher vorbereiten“: Brief Carl Schmitts an Armin Mohler vom 23. 09. 1948, in: 1995 CS-AM, S. 32.

[106] 1933 b, S. 361.

[107] Ebd.

[108] Bentin merkt zum Begriff ‚stato totalitario‘ an: „Das Wort ‚totaler Staat‘ soll zuerst Mussolini gebraucht haben. Giovanni Gentile führte den ‚stato totalitario‘ als Staatsbegriff des Faschismus in der italienischen Enzyklopädie ein.“: Bentin 1972, S. 105. Schmitt und Gentile haben sich persönlich gekannt. Ein Brief Gentiles an Schmitt vom November 1930 ist in Schmittiana III 1991, S. 125f. abgedruckt. Der Begriff ‚stato totalitario‘ scheint erst relativ spät als Ausdruck der dogmatischen Fixierung (siehe Nolte 1995, S. 308ff.) zum offiziellen Begriff des italienischen Faschismus erhoben worden zu sein. Das Wort ‚totalitär‘ taucht bei Mussolini anscheinend erstmals in der Formel ‚feroce volanta totalitaria‘ (‚unerbittliche totalitäre Wille‘; Rede vom 22.6.1925) auf (siehe Petersen 1978, S. 109.). Die berühmte Formel Mussolinis ‚Tutto nello Stato, nienti al di fuori dello Stato, nulla contro lo Stato‘ (‚Alles innerhalb des Staates, nichts außerhalb des Staates, nichts gegen den Staat‘) seiner

re[109]. Bereits 1929 hatte Schmitt in dem Aufsatz *Wesen und Werden des faschistischen Staates* seine Sympathie für den faschistischen Staat Italiens nicht verschwiegen[110]; der faschistische Staatsapparat, der hier noch als „autoritär“[111] bezeichnet wird, ist Ausdruck des Willens zum Primat des Politischen über das Ökonomische:

> „Eine Suprematie des Staates gegenüber der Wirtschaft ist nur mit Hilfe einer geschlossenen, ordensmäßigen Organisation durchführbar. Sowohl der Faschismus als auch der kommunistische Bolschewismus bedarf zu seiner Überlegenheit über die Wirtschaft eines solchen ‚Apparates‘.“[112]

Carl Schmitt trifft sich hier - von einer politologischen Perspektive her argumentierend - mit Popitz, der den totalen Staat aus einer hauptsächlich finanztechnischen Problemlage heraus - in concreto Schwierigkeiten in der Gemeindefinanzierung[113] - propagiert; Popitz‘ totaler Staat

Rede vom 28.10.1925 wird in der Totalitarismusforschung als Bekenntnis zum ‚totalen Staat‘ gewertet: Siehe Bracher 1978, S. 89. Jens Petersen behauptet, der Begriff des Totalitären stamme nicht von den Faschisten, sondern den antifaschistischen Oppositionsgruppen. (Petersen 1978; siehe auch Petersen 1996.) Im Italienischen wird übrigens nicht zwischen ‚total‘ und ‚totalitär‘ unterschieden, da ‚stato total‘ nur ‚ganzer Staat‘ heißen würde. Dies ist der Grund für die Varianten in der Übersetzung wie auch die oft verwirrende Nicht-Unterscheidung von ‚total‘ und ‚totalitär‘ in der deutschen Literatur.

[109] Siehe 1933 b, S. 361.

[110] Schmitt gehörte schon zur Weimarer Zeit zu den Bewunderern Mussolinis, siehe z.B. das Zeugnis von Wilhelm Neuß: „Ich entsinne mich eines Gesprächs, in dem er mir sagte, daß seiner Ansicht nach Mussolini der Mann sei, dessen Leben das Wertvollste sei für die europäische Menschheit. Wenn er von dessen Tod hören würde, so würde ihn das um Europas willen mehr erschüttern, und noch tiefer bewegen, als wenn ihm ein naher Verwandter stürbe.“: Wilhelm Neuß zitiert nach Complexio 1988, S. 92. Zu Schmitts Einfluß in Italien siehe Staff 1991. Schmitt hatte in der Nazizeit sogar ein Gespräch mit Mussolini: „.. Schmitts Besuch bei Mussolini im Jahre 1935. Mussolini fragte ihn, wo der Geist Hegels heute regiere. In Moskau, Berlin oder Rom? Natürlich machte Schmitt dem Italiener ein Kompliment, zumal das Auswärtige Amt von Schmitt erwartete, daß er etwas für die Annäherung Hitlers an Mussolini tat.“: Ernst Hüsmert im Gespräch mit Ingeborg Villinger, in: Verortung 1990, S. 56. [Hüsmert irrt bei der Datierung des Treffens; es fand am 15. April 1936 statt und war durch Carlo Costamagna vermittelt worden: siehe Maschke 1987, S. 99 und die Schilderung der Begegnung an Jean Pierre Faye: 1995 CS - AM, S. 418. Gleichzeitig nahm Schmitt eine persönliche Tradition wieder auf, jene der österlichen Rompilgerschaft. Auch besuchte er Erik Peterson: siehe Nichtweiß 1994 a, S. 732.] Schmitt hat dieses Gespräch in einen Aufsatz, der kurz nach dem Besuch erschien, eingearbeitet: „Der Kampf um Hegel, die Frage, ob er noch lebt oder ob er gestorben ist, ob der lebendige Hegel heute in Rom, in Berlin oder gar in Moskau residiert, sind für das faschistische Italien zugunsten Roms entschieden.“: 1936 f, Sp 620.

[111] 1929 a, 113.

[112] Ebd. S. 112.

[113] Bentin 1972, S. 130f. Gerade die privatrechtliche Form der Gemeindefinanzierung ermögliche, so Popitz, einen Verlust staatlicher Kontrollmöglichkeiten und sei deutlicher Ausdruck einer zunehmenden ‚Polykratie‘, d.h. die Tendenz in der öffentlichen Wirtschaft, einer Zersplitterung in zahlreiche

> „ist in solch abstrakter Höhe angesiedelt, daß ihm ganz selbstverständlich alle notwendigen Eingriffsmöglichkeiten gesichert bleiben müssen, die gesellschaftlich-private Sphäre durch den ständigen Vorbehalt staatlichen Zugriffs zumindest potentiell politisiert und beherrschbar und dabei die Wirtschaft wieder der Suprematie des Staates unterworfen wird.“[114]

Diesem Anliegen einer Suprematie des Staates blieb Popitz Zeit seines Lebens treu. Sein *Vorläufiges Staatsgrundgesetz* von 1939 ist ganz von ihm geprägt[115].

Die Theorie des totalen Staates entsprang einer wesentlich ökonomischen Debatte, wird von Schmitt aber auch auf ihre technische - in diesem Fall insbesondere die medientechnische - Seite hin ausgeleuchtet:

> „Auf die neuen technischen Mittel, Film und Rundfunk, .. muß jeder Staat selbst die Hand legen. Es gibt keinen noch so liberalen Staat, der über das Film- und Lichtspielwesen und den Rundfunk nicht mindestens eine intensive Zensur und Kontrolle für sich in Anspruch nimmt. Kein Staat kann es sich leisten, diese neuen technischen Mittel der Nachrichtenübermittlung, Massenbeeinflussung, Massensuggestion und Bildung einer ‚öffentlichen‘, genauer: kollektiven Meinung einem anderen zu überlassen.“[116]

Auch in Bezug auf den medientechnischen Fortschritt ist die Entwicklung hin zum totalen Staat für Schmitt zwangsläufig. Daß die Totalität der technischen Bilder jedoch einmal so weit gedeihen würde, daß Politik nur stattfindet, sofern sie bildwürdig ist, hätte sich selbst Carl Schmitt in seinen schlimmsten Alpträumen nicht ausmalen können.

Der wirtschaftstheoretische Background der Schmittschen Theorie des ‚totalen Staates‘, die Begriffsentwicklung aus einer zuerst rein diagnostischen Sicht - nämlich der Wahrnehmung einer Krise der Staatlichkeit insgesamt und einer Unangemessenheit eines Staatsverständnisses des 19. Jahrhunderts - ist es, die sie von den im Anschluß an Schmitt entstandenen Theorien, zum Beispiel jener von Forsthoff, trennt. Der totale Staat ist schlichtweg Realität, nichts, das auf revolutionärem Wege erst zu errichten wäre[117]:

---

und autonome Träger zu unterliegen. Zu Schmitts Rezeption von Popitz‘ ‚Polykratie‘-Modell siehe 1985 HV, S. 91-94.

[114] Bentin 1972, S. 131.

[115] Das *Vorläufige Staatsgrundgesetz* Popitz‘ ist abgedruckt bei Hassel 1964, S. 336-344.

[116] 1933 b, S. 186. Siehe auch: 1933 c, S. 368f.

[117] Es ist deshalb auch sicher unzuläßig, Schmitts Theorie des totalen Staates in die Nähe des von den Nationalsozialisten während der Weimarer Republik propagierten ‚neuen Staates‘ zu rücken, wie dies Karl Dietrich Bracher (Bracher 1984, S. 56.) tut. Zudem ist der dem Aufsatz *Weiterentwicklung des totalen Staates* zugrundeliegende Vortrag Schmitts vor dem ‚Langnamverein‘ nicht von den Vorgängen um den ‚Preußenschlag‘ zu trennen (siehe FN 105), und hier ging es Schmitt gerade darum, den verfassungsfeindlichen Kräften den Zugang zur Macht zu versperren. Schmitt hat Bracher einmal böse als „Rückverfertiger der geschichtlichen Vergangenheit“ bezeichnet: 1995 CS-AM, S. 268.

> „Es gibt einen totalen Staat. Man kann den ‚totalen Staat' mit irgendwelchen Empörungs- und Entrüstungsschreien als barbarisch, sklavisch, undeutsch oder unchristlich von sich weisen, die Sache selbst ist damit nicht aus der Welt geschafft."[118]

Ernst Forsthoff, wie Ernst Rudolf Huber[119] ein Bonner Schüler Schmitts, bindet den Begriff des ‚totalen Staates', wie er in dem gleichnamigen Buch[120] darlegt, das kurz nach der Machtübertragung in der Hanseatischen Verlagsanstalt, dem „institutionellen Rückgrat der Konservativen Revolution"[121] erschien, weniger an die Entwicklung des ökonomischen Sektors denn an direkt verfassungstheoretische Probleme. Wie Schmitt davon ausgehend, daß der Staatsbegriff des 19. Jahrhunderts ad absurdum geführt worden sei und man versuchen müsse, einer neuen Lage gerecht zu werden, da es

> „zu den fundamentalen Anforderungen an das politische Denken [gehört], daß es konkret sei"[122],

kennzeichnet Forsthoff den liberalen Gesetzgebungsstaat als der Totalität des Politischen inadäquates Instrumentarium:

> „So entwickelte sich unter der Weimarer Verfassung ein Verfassungszustand, der gekennzeichnet ist durch die Totalität des Politischen ohne den totalen Staat."[123] „Die Weimarer Verfassung .. bedeutete den Versuch zum Staat ohne Substanz."[124]

Anders als bei Schmitt ist der ‚totale Staat' Forsthoffs jedoch ein erst zu errichtendes Gebilde; er kommt dem politischen Gestaltungswillen nach der Machtübertragung entgegen: „die Totalität des Politischen muß in dem totalen Staat ihre Form finden."[125] Ohne große Mühe läßt sich in dieser Forderung die Schmittsche Analyse der Krise der Staatlichkeit wiedererkennen[126] - eine Analyse, die beim späten Schmitt (bis hin zur *Politischen Theologie II*[127]) vor allem völkerrechtliche Relevanz haben sollte - und die

---

[118] 1933 b, S. 360.

[119] Zu Hubers und Schmitts Theorie des totalen Staates siehe Walkenhaus 1997.

[120] Nach dem Krieg hat Forsthoff laut Karl Doehring Bedauern über den antisemitischen Ton der Schrift geäußert; siehe Laak 1993, S. 241 Anm. 6. Als ‚Artfremder', so schreibt Forsthoff über den assimilierten Juden, mußte derselbe „unschädlich gemacht werden", „sinnvolle Ausnahme" sei dabei nur der „jüdische Frontkämpfer", „weil der Einsatz des Lebens im Kriege eine existentielle Zugehörigkeit zum deutschen Volke ebenso begründet, wie die Kriegsdienstverweigerung sie vernichtet.": Forsthoff 1933, S. 39f.

[121] Koenen 1995 a, S. 455.

[122] Forsthoff 1933, S. 23.

[123] Ebd. S. 28.

[124] Ebd. S. 20.

[125] Ebd. S. 29.

[126] Die Übereinstimmungen finden sich en détail in der Wortwahl; so spricht Forsthoff wie Schmitt vom „agnostisch disqualifizierte[n] Staat" (s.o.): Ebd. S. 10.

[127] „man kann das Politische heute nicht mehr vom Staate her definieren, sondern das, was man heute noch Staat nennen kann, muß umgekehrt vom Politischen her bestimmt und begriffen werden.": 1990 PT II, S. 25.

sich in der nun fundamental geänderten politischen Lage als theoretischer Sprengstoff erweisen soll. Der Schmittsche Begriff ‚totaler Staat' ist Opfer seiner Eigendynamik geworden. „Eine neue Zeit ist angebrochen, ein neues Europa ist im Werden."[128] Forsthoff blieb seiner Einschätzung des schwachen Weimarer Staates treu: In seinem Buch zum *Staat der Industriegesellschaft*, das in vielerlei Hinsicht eine Fortschreibung seines Buches zum Totalstaat ist, konstatiert er, der Zwang zur Intervention in den wirtschaftlichen Sektor habe verhindert,

> „die Weimarer Republik zu einem Staatswesen erstarken zu lassen, das in der Lage gewesen wäre, die im Jahre 1930 mit den Septemberwahlen begonnene Krise zu bestehen."[129]

Das Buch ist insgesamt eine Fortführung der Debatte um den totalen Staat:

> „Die Ausdehnung der staatlichen Kompetenzen in den gesellschaftlichen Bereich kann ebensowohl Symptom der Stärke wie der Schwäche sein. Sie ist dann Symptom der Schwäche, wenn der Staat lediglich als Nothelfer in Situationen gerufen und akzeptiert wird, welche die Gesellschaft mit eigenen Kräften nicht bewältigen kann."[130]

Der aufmerksame Leser erkennt Schmitts Analyse von ‚totalem Staat aus Schwäche' in solchen Formulierungen wieder. Angesichts der ökologischen Krise und den Entwicklungen auf dem Gebiet der Gentechnologie befürwortet Forsthoff einen starken Staat.[131] Seine Schrift zum ‚totalen Staat' erwähnt Forsthoff zwar selbstkritisch, jedoch geht er einer echten inhaltlichen Auseinandersetzung aus dem Weg, indem er in unzulässiger Weise ‚totaler Staat' mit ‚Totalitarismus' gleichsetzt[132]. Ähnlich wie Carl Schmitt (s.u.) stellt Forsthoff nach dem Krieg geläutert fest, total könne nur eine Partei sein:

> „Total kann nur eine Partei sein, die sich zur Volksbewegung ausgeweitet hat. Zum totalen Staat kommt es nur dann, wenn es einer solchen totalen Bewegung gelingt, sich des Staates zu bemächtigen und ihn für ihre Zwecke zu instrumentalisieren."[133]

Eine noch vor dem Buch von Forsthoff erschienene Auseinandersetzung mit dem Terminus des ‚totalen Staates' ist die Studie *Autoritärer oder totaler Staat?* des „jungen und begabten Soziologen"[134] Heinz O. Ziegler: Ziegler setzt dem Begriff des totalen Staates, der für ihn untrennbar mit dem plebiszitären, nationaldemokratischen Legitimitätsideal der französischen Revolution verbunden ist[135] [136], einen ‚autoritären' Staat entgegen:

---

[128] Forsthoff 1933, S. 18.
[129] Forsthoff 1971, S. 20.
[130] Ebd. S. 24.
[131] Ebd S. 27f.
[132] Siehe ebd. S. 53f.
[133] Ebd.
[134] Sontheimer 1964, S. 207.
[135] „Nationaldemokratie führt ihrem innersten Lebensgesetz nach zum egalitären, zentralistischen und totalen Staat.": Ziegler 1932, S. 21.

> „Es scheint also .. die eigentliche Lebensfrage des Staates des 20. Jahrhunderts nicht mehr die Alternative: neutraler oder totaler Staat zu sein. Denn darauf hat die Entwicklung bereits der französischen Revolution und des 19. Jahrhunderts die eindeutige Antwort gegeben: totaler Staat. Die künftige Gestaltungsaufgabe liegt vielmehr in der lebendigen Spannung, die zwischen dem Status des totalen und des autoritären Staates besteht.“[137]

Was unter der Gestalt des ‚autoritären‘ Staates verstanden werden muß, bleibt allerdings äußerst unklar; Autorität ist zumindest die „Sicherung des Primats einer unabhängigen Staatspolitik“[138] durch die „Etatisierung der Wirtschaft“[139]. Denkbar scheint mir eine Deutung in Richtung auf einen theologischen auctoritas-Begriff[140], da sich Ziegler von einem totalen Staat distanziert, der „ein radikal laizistischer Staat sein muß“[141]. Zudem wird in diesem Zusammenhang die Möglichkeit der Neugründung des ‚Reiches‘ erörtert, dieses jedoch als konkret nicht Faßbares abgelehnt:

> „Proklamiert man heute das ‚Reich‘, dann muß man sich über eines im klaren sein: dieser Reichsgedanke hat vorläufig nicht die Geschlossenheit, Begrenztheit und Eindeutigkeit, die der totale Staat oder die Nationaldemokratie als Integrationsfaktor zur Nation darstellt.“[142]

Neben einigen Unterschieden in der Erörterung des Begriffes des totalen Staates - Ziegler will, anders als Schmitt, die Jüngersche Formel der ‚totalen Mobilmachung‘ zur allgemeinen Grundlage aller Konzeptionen des totalen Staates machen[143], außerdem hat er eine Aversion gegen den Terminus ‚Führung‘[144] (Eine unverkennbare Distanzierung vom Nationalsozialismus!) - gibt es erstaunlich viele Übereinstimmungen in der Analy-

---

[136] Jacob Laib Talmon hat diesen Gedankengang seiner zweibändigen Studie zum *Politischen Messianismus* zugrundegelegt; mit dem wesentlichen terminologischen Unterschied, daß bei ihm aus dem ‚Totalen‘ das ‚Totalitäre‘ geworden ist, was einen völlig anderen Ansatz für eine Theorie des ‚Totalitarismus‘ darstellt, als der von Hannah Arendt. (Talmon 1960 und Talmon 1952). Freilich findet sich dieser Gedanke bereits bei den reaktionären Kritikern von Rousseaus *Contrat social* mit seiner Differenzierung von volonté de tous und volonté générale, so bei de Bonald oder de Maistre, welcher sarkastisch in seiner *Considération sur la France* beschreibt, wie die Vertreter der totalitären Demokratie argumentieren könnten: „Ihr glaubt, dieses Gesetz nicht zu wollen, aber ihr könnt sicher sein, daß ihr es wollt. Wenn ihr wagt, es abzulehnen, werden wir euch niederschießen, zur Strafe dafür, daß ihr nicht wollt, was ihr wollt.“

[137] Ziegler 1932, S. 38.

[138] Ebd. S. 26.

[139] Ebd. S. 25.

[140] So interpretiert ihn Schmitt: „Tendenzen zur auctoritas“: *Legalität und Legitimität* von 1932; in: 1985 VA, S. 263-350; 340.

[141] Ziegler 1932, S. 7.

[142] Ebd. S. 36.

[143] Siehe Ebd. S. 34. Dies hat natürlich, berücksichtigt man die These Zieglers, daß Nationaldemokratie und totaler Staat auf den gemeinsamen Ursprung der plebiszitären Legitimität zurückgeführt werden, eine hohe Plausibilität, beinhaltet der Aufsatz Jüngers doch die Kernthese, daß die Nationaldemokratien dem Kaiserreich deshalb überlegen waren, da ihnen ein größerer Mobilisierungsimpuls wesentlich gewesen sei.

[144] Siehe Ebd. S. 28.

se des totalen Staates: Der totale Staat ist für Schmitt wie für Ziegler eine Tatsache, was bei Schmitt der ‚totale Staat aus Schwäche' ist, findet sich bei Ziegler mit den gleichen Charakterisierungen - also ‚Neutralität', ‚Polykratie', ‚sozialer Pluralismus'[145] in dessen Beschreibung der liberal-demokratischen Legitimität. Ist bei Ziegler eine politisch-theologische Fundierung des autoritären Staates plausibel, so ähnlich auch die des ‚totalen Staates aus Stärke' bei Schmitt - jeder echte Staat sei total, merkt Schmitt in *Weiterentwicklung des totalen Staates in Deutschland* an, „als eine societas perfecta der diesseitigen Welt"[146]. Hauptdifferenz zwischen Ziegler und Schmitt sind die Zentralbegriffe ihrer politischen Ideologien: was bei Ziegler der Begriff der Autorität, ist bei Schmitt der Begriff der Souveränität, der durchaus, und davon grenzt sich Ziegler vehement ab, plebiszitär legitimiert sein kann[147] - ja muß, da die plebiszitäre Legitimität „als einziges, anerkanntes Rechtfertigungssystem übriggeblieben ist."[148] Ziegler will sich schon begrifflich vom Liberalismus scheiden und spricht affirmativ von einer „Entliberalisierung der politischen Begriffe durch C. Schmitt"[149]. Damit bringt er interessanterweise zum Ausdruck, was Leo Strauß in seiner bekannten Untersuchung zu Schmitts *Begriff des Politischen*[150], von einem anderen Gesichtspunkt bei Schmitt ausgehend, nämlich von Schmitts moralischer Position (oder anders gesagt, seiner Unfähigkeit zu einer moralischen Meta - position), als „Liberalismus mit umgekehrtem Vorzeichen"[151] bezeichnet hatte: Carl Schmitt hantiert mit politischen Begriffen, die eine eigentlich liberale Semantik haben, - Rechtsstaat, Demokratie, etc. - und exploitiert diese, streng nach dem Diktum, nach dem der „Feind .. unsere eigene Frage als Gestalt"[152] ist, methodisch oft mit einer dialektischen Aufhebung[153] arbeitend[154], für den eigenen politisch-theologischen Diskurs. Freilich meint Schmitt dadurch die politische Begrifflichkeit in ein festes Ordnungsgefüge einreihen und sie re-naturieren zu können, denn durch

> „den Liberalismus des letzten Jahrhunderts sind alle politischen Vorstellungen in einer eigenartigen und systematischen Weise verändert und denaturiert worden."[155]

---

[145] Siehe Ebd. S. 14.
[146] 1933 b, S. 361.
[147] Zum Beispiel in der Schrift *Legalität und Legitimität* von 1932; in: 1985 VA, S. 263-350, besonders S. 312-319.
[148] Ebd. S. 340.
[149] Ziegler 1932, S. 14.
[150] Strauß 1988.
[151] Ebd. S. 123.
[152] 1975 TP, S. 87. Diese oft Schmitt zugeschriebene berühmte Formulierung stammt aus Theodor Däublers Gedicht *Sang an Palermo*, in: Däubler 1919 (*Hymne an Italien*), S. 65. Schmitt reiste mit Däubler im Sommer 1912 durch das Rheinland und das Elsaß. Der Band *Hymne an Italien* entstand von 1911 bis 1915: siehe Rietzschel 1988, S. 385f.
[153] Dialektik besteht nach Hegel darin, „in die Kraft des Gegners einzutreten"!
[154] Besonders die Schrift *Die geistesgeschichtliche Lage des heutigen Parlamentarismus* von 1923 muß als Versuch gelesen werden, ursprünglich liberaler Terminologie eine eigene Legitimität einzuhauchen.
[155] 1963 BdP, S. 68.

Abgesehen von diesen Differenzen im begrifflichen Zugriff auf den Antiliberalismus ist bei beiden aber ein Wissen um die geistige Verwandtschaft vorhanden, was durch die gegenseitige Bezugnahme verdeutlicht werden kann: Spielt Schmitt in Zieglers *Autoritärer Staat..* eine herausragende Rolle, so wird umgekehrt Zieglers Buch von Schmitt durchweg wohlwollend referiert und der Autor hoch gelobt, zuletzt 1938 als „einer der interessantesten Publizisten der politischen Theorien“[156] gewürdigt, zu einem Zeitpunkt also, als er allgemein in keinem hohen Kurs mehr stand. Andererseits gibt es m.W. keinen Bezug Schmitts auf die Schrift seines ehemaligen Schülers Forsthoff - der ansonsten recht großzügig mit Erwähnungen bedacht wird - zum totalen Staat, welche als Versuch gelesen werden muß, nationalkonservative Strömungen für den neuen Staat zu gewinnen, und was für grundsätzliche Differenzen zwischen dessen und Schmitts Begriff des totalen Staates sprechen kann. Darüberhinaus deckt die Zieglersche Diagnose einer Inaktualität der Reichsideologie m.E. sich genau mit der Position Schmitts zum Reich - zumindest zum Zeitpunkt der Machtübertragung - , eine Position, die das Reversible des totalen Staates ist.

Die Begriffe ‚Autoritärer Staat‘, ‚totaler Staat‘ und ‚Reich‘ werden ebenfalls in einem Kapitel des Buches *Um des Reiches Zukunft* von Waldemar Gurian[157], das Armin Mohler als „gescheite[] erste[] Sichtung“[158] der ‚Konservativen Revolution‘ einschätzt, erörtert[159]: Gurian, der „Urheber der deutschen Totalitarismustheorie“[160], sieht den Kerngedanken der Konzeption zum totalen Staat in dessen Bestreben, den „Zwiespalt von Staat und Gesellschaft“[161] zu überwinden. Damit ist der „totale Staat .. das Gegenstück zum liberalen neutralen Staat.“[162] Bis hierhin ist deutlich der Einfluß Schmitts herauszulesen. Gurian sieht die Motivation des totalen Staates jedoch in der Erfahrung des Weltkrieges begründet und nähert sich damit der Analyse Zieglers. Gurian differenziert wie Schmitt den ‚echten‘ totalen Staat, der „die Fortsetzung Preußens in der mo-

---

[156] 1938 c, S. 255.

[157] Waldemar Gurian, der 1923 bei Max Scheler mit einer Arbeit zur Jugendbewegung promoviert hatte, wandelte sich noch vor Schmitts Konversion zum Nationalsozialismus vom einstigen Bewunderer zum erbitterten Gegner; er hat hauptsächlich dazu beigetragen, die Bezeichnung Schmitts als ‚Kronjuristen‘ des Dritten Reiches populär zu machen. In der Schweiz, der ersten Station seines Exildaseins, engagierte er sich bei der katholischen Zeitschrift ‚Deutsche Briefe‘, später, in den Vereinigten Staaten, besann er sich auf seine jüdische Herkunft.

[158] Mohler 1994, S. 180.

[159] Gurian 1932.

[160] Maier 1996, S. 240.

[161] Gurian 1932, S. 117. Für das politische Begriffsrepertoire fand die Unterscheidung von ‚Staat‘ und ‚Gesellschaft‘ ihren Durchbruch in der Rechtsphilosophie Hegels: „Die bürgerliche Gesellschaft ist die Differenz, welche zwischen die Familie und den Staat tritt, wenn auch die Ausbildung derselben später als der Staat erfolgt; denn als die Differenz setzt sie den Staat voraus, den sie als Selbständiges vor sich haben muß, um zu bestehen.“: Hegel 1993, S. 339. In der eigentümlichen Hegelschen dialektischen Denkbewegung der Konstitution der Einheit aus der Differenz ist jedoch aber auch der totale Staat bereits vorgedacht. Der Staat ist „individuelle Totalität“, der „somit die Grundlage und der Mitelpunkt der anderen konkreten Seiten des Volkslebens ist, der Kunst, des Rechts, der Sitten, der Religion, der Wissenschaft.“: Hegel 1992, S. 65 u. 68.

[162] Gurian 1932, S. 117.

dernen Welt der Technik und der Wirtschaft“[163] sei, vom schwachen Weimarer Staat, der eigentlich nur „Karikatur eines totalen Staates“[164] sei. Der Konnex zur preußischen Tradition wiederum läßt Gurian im Gegensatz zu Schmitt eine Verwandtschaft des totalen Staates mit dem faschistischen stato totalitario radikal verneinen[165]. Gurian stellt zudem fest, daß sowohl die Konzeption eines autoritären wie die des totalen Staates sich auf das ‚Reich‘ berufen könnten; beiden sei die Frontstellung gegen die „humanitär-westlerische Demokratie“[166] gemein. Das Buch von Gurian versucht, die verschiedenen Konzeptionen aus dem nationalkonservativen Umfeld zu differenzieren; es ist als früher Versuch interessant, sich der Programmatik der Kräfte von Rechts, die gegen den Weimarer Staat vorgingen, zu nähern.

Der Göttinger Staatsrechtslehrer Gerhard Leibholz, „engagierter Protestant jüdischer Herkunft“[167], geht in seinem Buch *Die Auflösung der liberalen Demokratie in Deutschland und das autoritäre Staatsbild*[168] von 1933 auch auf die Begriffe ‚autoritärer‘ bzw. ‚totaler‘ Staat ein. Schmitts ‚totaler Staat‘ sei

> „Ausdruck für die Intensität des Auflösungsprozesses, in dem sich die staatlich-politischen Kräfte und metaphysisch-weltanschaulichen Grundlagen des Staates infolge ihrer Zersetzung durch die gesellschaftlich-wirtschaftlichen Machtkomplexe insbesondere der ökonomischen Interessenverbände befunden haben.“[169]

Einerseits soll durch ihn

> „die Wirtschaft durch einen mehr oder weniger radikalen Etatisierungsprozeß einbezogen werden“[170],

andererseits muß der totale Staat politisch

---

[163] Ebd. S. 118.

[164] Ebd.

[165] „Vom Staate Mussolinis trennt ihn die eigene Tradition, die Reformation und die preußische Geschichte.“: ebd. S. 119.

[166] Ebd. S. 120. Gurian selbst lehnte die Reichsidee ab: „Es ist heute nicht der Augenblick über metaphysische Konstruktionen nachzudenken. Es ist einfach nicht wahr, daß die Erbschaft Roms in der politischen Ebene die zentrale Tatsache für die politische Gegenwart darstellt.“: W. Gurian an K. Thieme vom 12. Juli 1932; zitiert nach: Hürten 1972, S. 83.

[167] Lehnert 1996, S. 6. Leibholz hatte großen Einfluß auf die Staatsrechtslehre nach 1945.

[168] Das Buch verdankt Schmitt sehr viel, und oft lehnt sich Leibholz an Schmittsche Wendungen an, z.B. S. 59: „ ..trotz der radikalen Mechanisierung und Materialisierung des gesamten Lebens und der universal-atheistischen Grundhaltung verstanden hat, einen intensiven, mythisch-orthodoxen Massenglauben und Diesseitsaktivismus zu erzeugen..“ . (Zum Vergleich Schmitt: „Der Geist der Technizität, der zu dem Massenglauben eines antireligiösen Diesseits-Aktivismus geführt hat, ist Geist, vielleicht böser und teuflischer Geist, aber nicht mechanistisch abzutun und nicht der Technik zuzurechnen.“: 1963 BdP, S. 93.

[169] Leibholz 1933, S. 48.

[170] Ebd. S. 69.

> „sich zwangsläufig zu einer Diktatur entwickeln. Denn ein totaler Staat kann sich heute gar nicht konstituieren, ohne daß diffentierende Minderheitsgruppen und Gegenkräfte physisch oder geistig vernichtet werden.“[171]

Auch beinhalte der totale Staat keineswegs ein neues politisches Prinzip, sondern sei

> „nur die Fortsetzung des liberalen, den totalen Staat bereits im Keim enthaltenen, nationaldemokratischen Staats mit gestrichenen liberalen Vorzeichen“[172].

Positiver wird die Konzeption eines ‚autoritären Staates‘ von Leibholz gesehen, mit der Einschränkung jedoch, daß die Autorität stets von einem „plebiszitären Kreationsmodus“[173] unterbaut sein müsse.

b) Reichstheologie und Totalstaat

Der Höhepunkt der Reichsideologie[174] deckt sich zeitlich mit jenem der Diskussion um den Begriff des totalen Staates; besonders die Jahre 1932 und 1933 zeichnen sich durch eine Publikationswut der Reichsideologen aus, was sowohl für die protestantische als auch für die katholische Seite gilt. Das Jahr 1933 markiert einen Wendepunkt; es ist das Jahr der Brückenbauversuche zum Nationalsozialismus und - nach dem Scheitern derselben - des Niedergangs einer nicht-nationalsozialistischen Diskussion um die Möglichkeit zur renovatio[175] des Reiches. Für die katholische Reichsdebatte sind besonders die beiden Tagungen des Deutschen Akademikerverbandes des Jahres 1933 im Benediktinerkloster zu Maria Laach, dem „Zentrum der Reichstheologie“[176] zu nennen, die erste fand im April, die zweite Ende Juli statt und wird von Andreas Koenen als

> „bedeutendste reichstheologische Tagung, wie sie bis dahin weder stattgefunden noch jemals in der Geschichte stattfinden sollte“[177],

[171] Ebd. S. 77.
[172] Ebd. S. 70.
[173] Ebd. S. 62.
[174] „Reichsideologie wird verstanden als aus der historischen Rückblende gewonnene Gegenwartsinterpretation. Sie steht für die Überzeugung, daß die geschichtliche Gegebenheit des mittelalterlichen Reiches über den Untergang dieses Reiches hinweg die schlechthin gültige oder zumindest auch im 20. Jahrhundert noch mögliche Existenzform der Deutschen sei. Dabei geht diese Gegenwartsinterpretation scheinbar von ganzheitlichen Betrachtungen politischer und soziologischer Tatsachen aus. Genauer besehen sind es nur Teilaspekte, die in unzulässiger Weise idealisiert, systematisiert und zu universeller Geltung erhoben werden.“: Breuning 1969, S. 17.
[175] Karls Siegel trug nach seiner Krönung im Jahre 800 die Unterschrift: Renovatio Imperii Romani.
[176] Ebd. S. 315.
[177] Andreas Koenen, *Der Fall Carl Schmitt - Sein Aufstieg zum Kronjuristen des Dritten Reiches*, Dissertation bei der Philosophischen Fakultät der WWU Münster, 1994, maschinenschriftlich, S. 294.

eingeschätzt. An dieser zweiten Tagung nahmen teil u.a. die Publizisten (meist Theologen) Alois Dempf, Martin Spahn, Peter Wust, Albert Mirgeler, Robert Grosche, der Abt Maria Laachs Ildefons Herwegen, der Mönch des Klosters Damasus Winzen, der Protestant und bekannte konservative Publizist Edgar J. Jung[178] und Vizekanzler von Papen, „katholische Flankendeckung der nationalsozialistischen Regierung“[179], der aus Rom kommend, über das soeben abgeschlossene Reichskonkordat berichtete[180]. Besonders Jung polemisierte gegen den totalen Staat[181] [182] und setzte ihm einen christlichen Ständestaat entgegen[183]. Abt Ildefons Herwegen trat für eine Synthese von Reichs-theologie

---

[178] Jung war Berater und Privatsekretär von Papens - er verfaßte die berühmte *Marburger Rede* Papens vom 17. Juni 1934 - und wurde im Zuge der ‚Bartholomäusnacht‘ am 1. Juli 1934 erschossen. Die Rede machte den unüberwindlichen Graben endgültig sichtbar, der sich zwischen den ehemaligen Befürwortern der Präsidialkabinette und den Nationalsozialisten aufgetan hatte: Goebbels hatte kurzerhand die geplante Rundfunkübertragung der Rede abgesagt und eine Veröffentlichung in der Presse verboten (was eine besondere Ironie hat; gerade die Einhaltung der Pressefreiheit hatte Papen in der Rede angemahnt); Hitler „erging sich .. in wüsten Drohungen“: Fest 1993, S. 632. Der Text der Rede findet sich in Forschbach 1984, S. 154-174.

[179] Alois Dempf, *Die Glaubensnot der deutschen Katholiken*, (unter dem Pseudonym Michael Schäffler), 1934; neu gedruckt in: Alois Dempf 1992, S. 196-242; 199.

[180] Siehe die Bemerkungen von Waldemar Gurian in den ‚Deutschen Briefen’: Heinz Hürten, *Deutsche Briefe 1934-1938. Ein Blatt der katholischen Emigration*, 1. Bd., Mainz 1969, S. 343. In dem Briefwechsel zwischen Albrecht Erich Günther, dem Mitherausgeber des ‚Deutschen Volkstums‘, und dem Braunsberger katholischen Theologen und Freund Schmitts Carl Eschweiler werden die Bedenken des Protestanten Günther gegen das Konkordat („Muß nicht der protestantische SA. - Mann und der protestantische Stahlhelmer seinen katholischen Kameraden mit einigem Befremden betrachten? Ist es nicht so, dass der katholische Klerikalismus seine unangreifbare, internationale Machtstellung benutzt, um einen Vertrag zu schaffen, der nichts als eine Kette von Sicherungen gegen den Staat Adolf Hitlers verkörpert?“) und die Vorbehalte des - den neuen Staat uneingeschränkt bejahenden - Katholiken („das unglückselige Werk des Herrn von Papen“) gegenüber dem Reichskonkordat deutlich: Der Briefwechsel findet sich in Abschrift im Nachlass von Carl Schmitt im Hauptstaatsarchiv Düsseldorf; RW 265 - 5416.

[181] Forschbach 1984, S. 80. Forschbach behauptet, Jung habe „als einziger“ Widerspruch gegen die Forderungen nach dem ‚totalen Staat‘ erhoben, was mir äußerst fraglich erscheint.

[182] Die Kritik gegen den ‚totalen Staat‘ von seiten der katholischen Publizistik setzte freilich schon früher ein: Der Sozialwissenschaftler Gustav Gundlach z.B., der in der jesuitischen Zeitschrift ‚Stimmen der Zeit‘ veröffentlichte, kritisiert 1932 die Einführung der Arbeitsdienstpflicht mit folgenden Worten: „Immer und zutiefst handelt es sich um die Heranbildung des Bürgers dieses ‚totalen Staates‘, der wesentlich Macht und dessen politischer Inhalt wesentlich Bewältigung des ‚Freund-Feind-Verhältnisses‘ ist, wie mit Carl Schmitt der Mode gewordene ‚Konservativismus‘ unserer Tage behauptet. Das Ordnungsbild von Gesellschaft und Staat sieht in katholischer Zeichnung anders aus als das eben angedeutete Bild vom ‚totalen Staat‘, dessen Totalität doch schließlich allein auf der autoritär-diktatorischen ‚Kommandogewalt‘ der Staatsmacht beruht.“: Lönne 1994, S. 11-35; 32.

[183] Siehe Koenen 1995 a, S. 413. Schmitt hat sich nie ausdrücklich zum Ständestaat bekannt (was ihm oft unterstellt wird). Es gibt jedoch einige - wie Günter Maschke sich ausdrückt - „sehr gelegentliche[], rein rhetorisch-taktische[] Bejahungen“ desselben: Maschke 1995, S. 126 Anm. Seine Reserve gegenüber dem Ständestaat ist wohl mit einer Idiosynkrasie gegen offensichtlich politisch-romantische Konzeptionen zu erklären. Othmar Spanns Ständestaat z.B.. war ihm „romantischer Säkularismus“: Carl Schmitt zitiert nach: Mehring 1989, S. 151 Anm. Spann scheint sich auch gegen

und totalem Staat ein[184], diese Position wurde auch vertreten durch den Theologen Robert Grosche:

> „Aber wenn sich die katholischen Deutschen, vor allem auch die Rheinländer, so in echtem Konservativismus christlichen Denkens zum Reich bekennen, so schließt das nicht aus, vielmehr ein, daß sie sich auch zum Staat bekennen; es fordert, daß sie ohne falsche Angst vor dem totalen Staat, der die Rechte der Kirche zu beeinträchtigen, wie die Erfahrung zeigt, keine Anstalten macht, mit ihren Kräften an dem Aufbau dieses Staates zu bauen, der Keimzelle des Reiches sein kann, wenn er Staat voll echter Autorität und echter Würde ist."[185]

Daneben waren Fürsprecher für den Anspruch des Reiches auf Universalität zugegen, z.B. der Mönch Damasus Winzen[186] oder aber Albert Mirgeler[187], Vertreter von Positionen, die den auf konkrete Ordnungen fixierten und jegliche Politische Romantik verachtenden Schmitt kaum in den Bann zu ziehen vermochten. In seiner Antrittsvorlesung an der Universität Köln vom 20. Juni 1933, also etwa einen Monat vor der Laacher Tagung, bemerkt Schmitt, nachdem er die „mythische Kraft" des Reiches, die sich aus der „tausendjährigen großen deutschen Geschichte" erkläre[188], betont hatte, daß es

---

eine Berufung Schmitts nach Wien gewehrt zu haben: „Inzwischen habe ich weiter gearbeitet und in Erfahrung gebracht, dass zwei Gegenströmungen gegen Ihre Berufung sich organisieren und zwar 1) von parteivereinsmeierisch schwarzer Seite, die einen eigenen Mann kandidiert und die damit Propaganda macht, dass Sie zu teuer sind; 2) scheint sich - wie Sie mir ja bereits mitgeteilt haben - Spann stark aufzubuddeln. Die letztere Gruppe scheint in der Wahl der Propagandamittel nicht allzu delikat zu sein: Sie seien Judenstämmling und ausserdem stimme Ihre Ehe nicht ganz mit dem kanonischen Recht überein. [Schmitt galt seit seiner zweiten Eheschließung 1926 als exkommuniziert, da die Scheidung von seiner ersten Frau nicht kirchlich anerkannt worden war; Anm. F.B.] .. Je mehr ich die Sache überlege, desto wichtiger scheint es mir, dass Ihre Berufung zustande kommt, denn niemand kann die geistig-politische Verwirrung in diesem Lande so ordnen wie eben Sie und das wäre eine historische Leistung ersten Ranges, bleibt doch Oesterreich trotz seiner Schwäche und Kleinheit eine wichtige Keimzelle für alle Neuformungen dieser europäischen Gegenwart.": Brief Karl Anton Prinz Rohans an Schmitt vom 25. 2. 1931; Nachlass von Carl Schmitt im Hauptstaatsarchiv Düsseldorf; RW 265 - 11719. Der SD - Mann Jacobi berichtete nach dem Krieg, „daß der Spann-Kreis eine bewußte und planmäßige Personalpolitik an den Hochschulen betrieb": Jacobi zitiert nach: Hachmeister 1998, S. 16.

[184] „Sagen wir ein rückhaltloses Ja zu dem neuen soziologischen Gebilde des totalen Staates, das durchaus analog gedacht ist dem Aufbau der Kirche.": zitiert nach: Breuning 1969, S. 209.

[185] Grosche 1933, S. 51.

[186] Siehe Breuning 1969, S. 241f.

[187] „Das Reich ist nämlich (anders als der intransigente neuzeitliche Staat) ein offenes System, das in mannigfachen Formen um seinen Kern andere Völker und politische Einheiten sich anschließen lassen könnte und das die Möglichkeit, sich über die gesamte Erde zu erstrecken, nicht ausschließen darf.": Mirgeler 1933 c, S. 798.

[188] 1933 h, S. 194.

> „in der gegebenen geschichtlichen Lage und in der gegebenen politischen Wirklichkeit unserer Zeit kein Reich ohne starken Staat geben kann." Das Reich habe einen „selbstverständlichen Anspruch auf Staat und volle Staatlichkeit".[189]

Einige Monate zuvor hatte er bereits in einem Brief an Wilhelm Stapel unüberhörbar den Staat gegen die staatsauflösenden Tendenzen der Reichstheologie verteidigt, wobei er auf einen Vortrag zurückgriff, den er am 18. Januar anläßlich der Reichsgründungsfeier gehalten hatte:

> „Der Sinn meiner Reichsgründungsrede vom 18. Januar war der, den gefährlichen staatsschwächenden Gebrauch des Wortes ‚Reich' zu zerstören und ebenso des Wortes ‚Bund'."[190]

Auffallend ist, daß bei Schmitt 1933/34 kaum vom Reich die Rede ist, wenn aber, dann, um es in einen konkret-geschichtlichen Zusammenhang zu setzen, wie z.B. in den *Drei Arten..*, wo vom Reich, dem

> „höchsten und deutschesten Ordnungsbegriff", „als einer konkret-geschichtlichen, Freund und Feind von sich aus unterscheidenden, politischen Einheit"[191]

ausgegangen wird. Darüber hinaus wird das ‚Reich' in einen preußisch-protestantischen Kontext - durch die Nennung Fichtes[192] und Hegels (Schmitt erörtert die dialektische Aufhebung des Reiches in Hegels Staatsbegriff[193]) - gesetzt, ein Umstand, der die katholischen Reichstheologen mehr als irritieren mußte. Ernst Wolfgang Böckenförde weigert sich denn auch, Carl Schmitts Engagement für den neuen Staat den katholischen Brückenbauversuchen zuzurechnen:

> „Einen besonderen Weg der Bejahung und Unterstützung des NS-Staates im Jahre 1933 ging Carl Schmitt. Er war weder ein Vertreter des christlichen Naturrechts noch stand er auf dem Boden der organisierten Staatslehre oder der Reichsideologie."[194]

Auch Armin Adam stellt fest, daß „Carl Schmitts Stimme im Konzert der Reichs-Diskussion"[195] fehlt. Schmitt, kurz zuvor, am 12. Juli 1933, von Hermann Göring zum preußischen Staatsrat gekürt, verließ die Tagung in Maria Laach noch vor dem Eintreffen Papens zusammen mit Fritz Thyssen, der ebenfalls preußischer Staatsrat war. Dieser Akt kann m.E. durchaus auch als Abgrenzung zur Reichsideologie gesehen werden[196],

---

[189] Ebd. S. 196.
[190] Brief von C.S. an Stapel vom 23. 1. 1933; Lokatis 1996, S. 47.
[191] 1934 3A, S. 44.
[192] Siehe ebd.
[193] Siehe ebd. S. 39.
[194] Böckenförde 1960, S. 229 (Anm. 45).
[195] Adam 1992, S. 26 Anm. 21.
[196] Das bestreitet Andreas Koenen; er sieht Schmitt als Reichsideologen: Koenen 1995 a. Neuerdings meint Koenen sogar, das ‚Reich' sei „Das Arcanum seiner Staatsphilosophie": siehe Koenen 1995 b,

mit der Schmitt, wie ich oben versucht habe darzulegen, ohnehin seine Schwierigkeiten gehabt haben muß. Zweitens aber spricht er für einen ausgeprägten opportunistischen Orientierungssinn: Daß Papens Position keine besonders starke war, hatte Schmitt bereits bei dem Presseempfang vom 6. April 1933, wo er Hitler zum ersten und einzigen Mal persönlich begegnete, gespürt:

> „Hitler wie ein Stier in der Arena. Erschüttert von diesem Auftritt. Papen war freundlich, hatte aber offenbar nicht das Geringste zu sagen."[197]

Schmitt, der von den Tagungsteilnehmern als Parteioffizieller eingeschätzt wurde[198], distanzierte sich durch das vorzeitige Verlassen der Tagung für alle sichtbar von der

---

S. 57. [Die These Koenens steht auch insofern auf tönernen Füßen, als er auf die staatsrechtlichen Implikationen der von ihm zitierten Aufsätze nicht eingeht. In dem Aufsatz *Reich - Staat - Bund* wird keineswegs das sacrum imperium gefeiert, vielmehr Totalstaat gegen Bundesstaat in Szene gesetzt!] Auch Günter Maschke hält diese These für „irrig": siehe sein Vorwort zu: 1995 SGN, S. XX Anm. Besonders obskur wird die These Koenens vom Reichstheologen Schmitt bei seinem Versuch, dessen Rolle beim ‚Preußenschlag' mit ‚reichischen' (im metaphysischen, nicht im staatsrechtlichen Sinn!) Ambitionen erklären zu wollen. Wenn ich nicht wüßte, daß Koenen neben Politologie und Theologie auch noch Rechtswissenschaften studiert hätte, wäre ich gewillt, frei nach Günter Maschke, Schmitt in den Händen eines Nicht-Juristen zu wähnen! Siehe Koenen 1995 b, S. 57f. Koenen geht zudem, was die Art und Weise der Zitationen angeht, höchst unredlich vor [siehe auch FN 206.]: Um die These, Schmitt sei 1932/33 Reichsideologe (bei gleichzeitiger Propagierung des ‚totalen Staates'!) gewesen, zu stützen, zitiert er z.B. aus einem Artikel von Heinrich Getzeny, einem Kritiker der Reichstheologie: „ Getzeny wandte sich .. gegen Schmitt sowie dessen ‚Politische Theologie des Reiches' ". In dem von Koenen gemeinten Artikel Getzenys im Hochland (Getzeny 1932 b, S. 556-558.) ist jedoch gar nicht von Schmitt die Rede, sondern von den Reichstheologen Winzen, Grosche, Mirgeler, Stapel, Bittner. Vorher zitiert Koenen ähnlich aus einem Aufsatz Getzenys aus der ‚Schöneren Zukunft': „ ..als Warnung vor Schmitts ‚autoritärem Staat im Sinne des »totalen« Staates' " (Getzeny 1932 a, S. 125-127.). Ob Getzeny hier aber Schmitt im Auge hat, ist, geht aus diesem Artikel zumindest nicht hervor, konkret wird nur der katholische Publizist Gustav Gundlach benannt, dem eine Geistesverwandtschaft mit Schmitt sicher nicht nachgesagt werden kann [siehe auch FN 182], so war er ein vehementer Vertreter des Ständegedankens: die Zitate Koenens siehe ders. 1995 a, S. 403. Natürlich ist Getzeny nicht entgangen, daß die Begriff ‚Politische Theologie' von Schmitt stammt (siehe Getzeny 1933, S. 1230-1232.), jedoch werden als Vertreter der Reichsideologie auch hier wieder die schon im Hochland-Aufsatz erwähnten Personen genannt. Koennen schreibt aber wieder: „Kurze Zeit später erschien in der ‚Schöneren Zukunft' anläßlich des ‚Wiedererwachsens' der Schmittschen ‚Politischen Theologie des Reiches' ": Ebd. Dies ist nur ein Beispiel für Koenens Zitattechnik. Da er für seine These vom Reichsideologen Schmitt in dessen eigenen Texten kaum Belege finden kann, geht er dazu über, die Texte von Schmitts Freunden heranzuziehen und von einer Art konservativ-revolutionären–Reichsverschwörung auszugehen. Überprüft man aber die ‚Belege' Koenens für die vermeintlichen personalen Verbindungen einer geheimen Sinnstiftungs- und Reichserfüllungspolitik am Text, bleibt oft genug bei aller Gutmütigkeit nichts davon übrig. Das Buch Koenens leidet zudem unter dem unbrauchbaren Personenregister; der Leser, der z.B. den Einträgen von ‚Fischer, Hugo' oder ‚Diener, Roger' folgt, wird sich arg wundern!

[197] Tagebuchaufzeichnung vom 6. 4. 1933; zitiert nach: Noack 1993, S. 175.

[198] So vom Abt Herwegen: siehe Koenen 1995 a, S. 421, FN 129.

katholischen Reichstheologie und ebnete sich den Weg für seine Karriere als ‚Kronjurist'.

Hans Barion, der Kirchenrechtler und Freund Carl Schmitts, hat in dem Artikel *Kirche oder Partei? Der Katholizismus im neuen Reich*, der im Juli 1933 erschien[199], den Reichstheologen ihre mediävalphilen Träumereien vorgehalten und eine katholische Option entworfen, die auf Selbstbescheidung hinausläuft: Ausgehend von der Lehre der societas perfecta, die Staat und Kirche gleichermaßen betreffe, nämlich als societates perfectae et in suo genere maximae, damit eine strikte Trennung von weltlich und geistig propagierend, stellt Barion die Katholiken vor die Situation vollendeter Tatsachen, sprich den totalen Staat:

> „Die Entwicklung drängt auf einen einheitlichen und echten, auf den totalen Staat hin. In ihm wird der politische Katholizismus trotz seines guten und ehrlichen Willens zur Mitarbeit ein Fremdkörper bleiben."[200]

Der „polemischen Front"[201] gegen den totalen Staat, vor der Schmitt zu selben Zeit Reißaus nahm, wirft Barion vor, den Reichsgedanken für antiquierte konfessionelle Grabenkämpfe zu instrumentalisieren:

> „Auch heute fehlt es nicht an solchen, die den Reichsgedanken nicht als die deutsche Lösung der Aufgabe, Volkstum und Staat zueinander zu bringen, und somit als einen rein politischen Begriff erfassen wollen, sondern die an mittelalterliche Ideen anknüpfend ihn zum Vehikel nehmen für eine theologisierende Politik oder politisierende Theologie, die vielleicht einer späteren Zeit als das realen Seins entkleidete spiritualisierte Endstadium des politischen Katholizismus erscheinen wird."[202]

Die Position Barions wie Schmitts wird wohl am ehesten durch folgende Bemerkung Ignaz Zangerles wiedergegeben, obwohl sich dieser als Opponent des totalen Staates[203] im allgemeinen und Carl Schmitts im besonderen versteht[204], sich jedoch nicht politischen Romantizismen verschreibt:

---

[199] Hans Barion 1984, S. 453-461.

[200] Ebd. S. 456.

[201] Ebd. S. 454.

[202] Ebd. S. 461.

[203] Siehe Zangerle 1933.

[204] In Schmitts Schrift zum römischen Katholizismus spiegele sich, so Zangerle, „die unheimliche Starrheit eines seltsam kalten Intellekts", und es werde eine Theorie entwickelt, „die wie gebannt auf das Staatlich-Juristische an der Kirche starrt und damit an der übernatürlichen Wirklichkeit des Corpus Christi mysticum vorbeisieht": Zangerle 1933, S. 52. Schmitt reagierte auf die katholische Kritik an seinem Buch zum römischen Katholizismus (hierzu siehe Lönne 1994) resignativ: „Ein Laie hat nicht viel zu sagen in einer zölibatären Bürokratie.": Carl Schmitt im Gespräch mit Dieter Groh und Klaus Figge, in: Over 1975, S. 89-109; 95. Der Ausdruck ‚zölibatäre Bürokratie' geht auf Max Weber zurück: Weber belegte den zölibatären Bürokraten mit den Eigenschaften „Berufsmensch" sowie „zugereister"; beides mußte Schmitt als äußerst negativ empfinden: siehe Weber 1980, S. 609.

> „Besteht nicht die Gefahr, daß durch einen solche Ideologie den Katholiken der nüchterne Tatbestand des säkularisierten totalen Nationalstaates verhüllt wird? Sowenig sich die parlamentarische Demokratie und die in ihr gegebene Politik des Zentrums als die christliche, die katholische erweisen ließ, so wenig können uns die Deduktionen der neuen Reichstheologen überzeugen. Sie geraten auf diese Weise mit ihrem an sich richtigen Streben, dem deutschen Katholiken den konkreten geschichtlichen Standort seines Volkes bewußt zu machen, in dieselbe ungeschichtliche Unwirklichkeit und Unwirksamkeit, wie ihre Vorgänger mit ihren bloß naturrechtlich-philosophischen Begründungen des seinerzeit Gegebenen."[205]

Die distanzierte Haltung Schmitts zur Reichsideologie - zumal zu den Spielarten derselben, die in eindeutig-einseitigem konfessionellem Gewande daherkommen[206] - ist die andere Seite der Lehre vom totalen Staat. In der Phase der Konsolidierung des nationalsozialistischen Staates sieht Schmitt offensichtlich keinen Propagierungsbedarf für ein sacrum imperium.

c) Partei und Totalstaat

Neben der Diskrepanz von totalem Staat und Reich ist eine weitere von großer Relevanz: die von totalem Staat und Parteidiktatur. Auch wenn der Etatist Schmitt sich reichlich Mühe gibt, den braunen Machthabern nach der Pfeife zu tanzen und der ‚Bewegung' in Gestalt der Partei im zweiten Kapitel seiner Schrift *Staat - Bewegung - Volk* (Die im Grunde die Prolegomena für eine Verfassungslehre des neuen Staates sein sollte[207]), weitestgehend Konzessionen macht, indem er sie (die Partei) - die „besondere Gestalt"[208] der Bewegung - der gesamten politischen Einheit überordnet, da sie

> „sowohl den Staats‚apparat', wie die Sozial- und Wirtschaftsordnung, wie das Ganze der politischen Einheit"[209]

---

[205] Zangerle 1933, S. 77.

[206] Die Abgrenzung zur spezifisch-katholischen Sicht des Staates, oder besser: zu derjenigen, die Schmitt als solche identifizieren mußte, wird besonders in der Schrift *Staat - Bewegung - Volk* deutlich: Schmitt setzt dort die Begriffe ‚Artgleichheit' und ‚Führung' der katholischen, auf Transzendenz gegründeten Repräsentationsfähigkeit entgegen. Repräsentation ist der Schlüsselbegriff seiner frühen Bekenntnisschrift *Römischer Katholizismus und politische Form*. Siehe 1933 SBV, S. 41f. Andreas Koenen dagegen schreibt über diese Stelle aus *Staat - Bewegung - Volk*, Schmitt (den er als ‚Reichstheologen' und ‚Anti-Etatisten' interpretiert) habe „bei seiner nun einsetzenden ‚Sinnstiftung' des ‚Dritten Reiches' .. keinen Hehl daraus [gemacht], daß seine Vorstellungen vom Staatsaufbau aus ekklasiologischen Wurzeln gewachsen war: ‚Die römisch-katholische Kirche hat für ihre Herrschaftsgewalt über die Gläubigen das Bild des Hirten und der Herde zu einem theologisch-dogmatischen Gedanken ausgeformt. Wesentlich an diesem Bilde ist, daß der Hirt der Herde absolut transzendent bleibt.' ": Koenen 1995, S. 434f. Den für das Verständnis nicht ganz unwichtigen folgenden Satz Schmitts („Das ist nicht unser Begriff von ‚Führung'.") unterschlägt Koenen allerdings.

[207] Das Ermächtigungsgesetz war für ihn als „vorläufiges Verfassungsgesetz des neuen Deutschland" (1933 SBV, S. 7.) ein erster Schritt in diese Richtung.

[208] 1933 SBV, S. 13.

[209] Ebd., S. 14.

trägt, so fällt doch auf, daß es bei diesen Lippenbekenntnissen bleibt und eine konkrete Rolle der Partei in der Gesamtstruktur der politischen Einheit kaum herauszulesen ist. Lapidar heißt es über das Verhältnis von Partei und Staat:

> „Die Verbindung mit dem Staat beruht hauptsächlich auf Personal-Unionen, welche die Spitzen der verschiedenen Organisationen miteinander verbinden, aber nicht in beliebiger, zufälliger Weise, sondern auf der realen Grundlage des Gesamtgefüges der politischen Einheit."[210]

Obwohl die Partei als ‚staatstragend' bezeichnet wird, woraus geschlossen werden könnte, das sie jenem übergeordnet wird, erweist sie sich bei näherem Hinsehen als eine Art Blutspender für den anämischen Staat[211]. Durch die modernen indirekten Gewalten - „Nichtstaatliche, aber .. durchaus politische Verbände"[212] - hat der Staat „das Monopol des Politischen, das er sich im 17. und 18. Jahrhundert geschaffen hat", verloren; daher

> „kann das Politische [heute] nicht vom Staate her, sondern muß der Staat vom Politischen her bestimmt werden."[213]

Der so vom ‚Politischen' her bestimmte Staat (im übrigen ist sehr auffällig, daß es Schmitt weitestgehend darum geht, wie der krisengeschüttelte Staat neu definiert wird) ist jedoch notwendig total, ist das Politische doch schlechthin „das Totale"[214]. Das neue politische System wird ausführlich vom überlebten liberalen Staat in einer Auseinandersetzung mit dem Grundrechtsteil der Weimarer Verfassung abgegrenzt[215]. Gipfelte dies in der *Verfassungslehre* noch in einer Proklamation der ‚institutionellen Garantien', in deren Mittelpunkt die Verteidigung des besonderen status des Staates stand, so verzichtet Schmitt verständlicherweise in seiner ‚zweiten Verfassungslehre' auf diesen Zusammenhang. Offensichtlich ist Schmitt sehr darauf erpicht, den etatistischen Kern seiner Staatslehre im Dunkel zu lassen. Dazu gehört, daß er direkte Proklamationen des ‚totalen Staates' vermeidet, dennoch aber ganz von diesem Terminus nicht lassen kann. So spricht er von einem „starken Staat"[216], der sich als Homogenitätsgarant erweisen müsse. Homogenität ist bei Schmitt immer kategorische Voraussetzung einer politi-

---

[210] Ebd., S. 20. Das Prinzip der Personalunion war eher für faschistische Staaten denn für das nationalsozialistische Deutschland typisch. Für Deutschland muß viel eher von einer Multiplikation der Zuständigkeitsbereiche gesprochen werden, dieses seltsame Phänomen, das Hannah Arendt mit ‚Verdopplung der Funktionen' und Ernst Fraenkel mit dem Begriff vom ‚dual state' umschrieben haben.
[211] Auch wenn dies von Schmitt bestritten wird, siehe 1933 SBV, S. 32. Der Eindruck aber bleibt.
[212] 1933 SBV, S. 24.
[213] 1933 SBV, S. 15.
[214] *Politische Theologie*, Vorbemerkung zur zweiten Ausgabe von 1934. Siehe auch 1933 BdP, S. 21: „Die politische Einheit ist .. die maßgebende Einheit, total und souverän." Und in der Ausgabe von 1932 ist der Staat die „massgebende politische Einheit": nach der Paginierung von 1932 S. 31; nach der von 1963 S. 46.
[215] 1933 SBV, S. 26f.
[216] 1933 SBV, S. 33.

schen Einheit. (Aus der „substanziellen Gleichartigkeit“[217] in der *Verfassungslehre* wird freilich in Anpassung an den biologistisch-rassistischen Jargon der Nazis „Artgleichheit“[218].)

> „Jede politische Einheit bedarf einer zusammenhängenden, inneren Logik ihrer Einrichtungen und Normierungen. Sie braucht einen einheitlichen Formgedanken, der alle Gebiete des öffentlichen Lebens durchgängig gestaltet. Auch in diesem Sinn gibt es keinen normalen Staat, der nicht total wäre.“[219]

Einerseits wird im letzten Satz, wie Vilmos Holczhauser bemerkt, der „Begriff des ‚totalen Staates‘ bis zur Unkenntlichkeit“[220] entstellt, andererseits aber hält sich Schmitt mit der einleitenden Phrase ‚Auch in diesem Sinn‘ für den aufmerksamen Leser einen großen Interpretationsspielraum offen. Die Schrift muß insgesamt zu dem analytisch Schlechtesten gezählt werden[221], das Schmitt je geschrieben hat. So wird das letzte Element der politisch-trinitarischen Einheit - das ‚Volk‘ - als „unpolitische Seite“[222] bezeichnet, ein Fauxpas, den man bei ihm kaum erwartet hätte. Diese Diskrepanzen in der Schmittschen Beurteilung der Rolle der Partei werden umso deutlicher, konfrontiert man seine Aussagen nach 1933 mit jener wenig schmeichelhaften aus dem schon oben zitierten Vortrag vor dem ‚Langnamverein‘. Er spricht dort von totalen Parteien,

> „die jede in sich die Totalität zu verwirklichen suchen, in sich ihre Mitglieder total erfassen möchten und die Menschen von der Wiege bis zur Bahre, vom Kleinkindergarten über den Turnverein und Kegelklub bis zum Begräbnis- und Verbrennungsverein begleiten, ihren Anhängern die richtige Weltanschauung, die richtige Staatsform, das richtige Wirtschaftssystem, die richtige Geselligkeit von Partei wegen liefern und dadurch das ganze Leben des Volkes total politisieren und die politische Einheit des deutschen Volkes parzellieren.“[223]

Neben der unüberhörbaren Ironie sind in dieser Aussage einige Schmitt-typische Ressentiments verborgen, welche die ‚totale Partei‘ zur Zielscheibe einer geradezu religiös aufgeladenen Gegnerschaft machen, dazu gehört seine rigorose Ablehnung der Leichenverbrennung, die er kurz nach dem Krieg mit dem vermeintlichen Arcanum seines Denkens in Zusammenhang setzte:

---

[217] 1970 VL, S. 375.
[218] Siehe 1933 SBV, S. 44f.
[219] Ebd., S. 33.
[220] Holczhauser 1990, S. 179.
[221] Neben den Artikeln, die er im Westdeutschen Beobachter und in den Münchner Neuesten Nachrichten 1933 veröffentlicht hat!
[222] 1933 SBV, S. 12.
[223] 1933 b, S. 362.

> „Das ist das geheime Schlüsselwort meiner gesamten geistigen und publizistischen Existenz: das Ringen um die eigentlich katholische Verschärfung (gegen die Neutralisierer, die ästhetischen Schlaraffen, gegen Fruchtabtreiber, Leichenverbrenner und Pazifisten).“[224]

Auch rückblickend gibt es Anzeichen dafür, daß es Schmitt nie darum ging, den Staat als Substanz der Partei zu opfern. In den Anmerkungen zu dem Aufsatz *Staat als ein konkreter, an eine geschichtliche Epoche gebundener Begriff* von 1941, in welchem es darum ging, dem ‚allgemeinen‘[225] Staatsbegriff einen konkret-institutionellen entgegenzusetzen, bemerkt er, daß sich sein Freund Johannes Popitz gegen solches Anliegen „lebhaft“[226] zur Wehr gesetzt habe:

> „Popitz hielt daran fest, daß Staat ein allgemeingültiger Begriff bleiben müsse. Er fürchtete, mit dem Wort und dem Begriff auch eine wesentliche Substanz preiszugeben und das, was von einem Reich der objektiven Vernunft noch übriggeblieben war, der Partei auszuliefern.“[227]

Schmitt teilte nach eigenen Angaben Popitz‘ Sorgen[228]. Laut Jacob Taubes[229] hatte Schmitt in den dreißiger Jahren das Bedürfnis, die Rolle des Katechon gegen die Versuche zu spielen, den Staat durch eine Parteidiktatur zu ersetzen. Seine eigentliche Reserve gegenüber dem Nationalsozialismus (und seine Sympathie für Mussolini) spiegelt auch die in diesem Zusammenhang überlieferte Anekdote wider:

> „Carl Schmitt hat mir mal erzählt, daß er zusammen mit deutschen Staatsräten und Professoren, darunter auch Heidegger, von Göring in einem Nachtzug nach Rom verfrachtet worden ist zu einem Gespräch mit Mussolini. Und Mussolini hätte ihm gesagt, damals, 1934[230]: ‚Retten Sie den Staat vor der Partei!‘ “[231]

Die Unentschiedenheit der Rolle der Partei in Carl Schmitts staatsrechtlichen Schriften, die aus der etatistischen Option für den ‚totalen Staat aus Stärke‘ resultiert, blieb den Gralshütern des Dritten Reiches, allen voran Alfred Rosenberg, naturgemäß nicht ver-

---

[224] 1991 G, S. 165.; siehe auch ebd. S. 113: „Man muß alle Utopien daraufhin prüfen, wie sie die Gräber und Friedhöfe behandeln. Die meisten werden nicht davon sprechen. In einer echten Utopie sind nur Krematorien zulässig. Die Utopie höhlt den Himmel aus.“

[225] „Das Charakteristische an der gegenwärtigen wissenschaftlichen Ausrichtung des Rechts, der Staatslehre und der Politik in Deutschland ist der Kampf gegen die Allgemeinbegriffe.“: 1936 j, S. 13. (Es handelt sich um die Zusammenfassung des Vortrages, den Carl Schmitt vor dem ‚Instituto italiano di studi germanici‘ bei seinem Aufenthalt in Italien im April 1936 gehalten hatte. Zuhörer des Vortrages war u.a. Karl Löwith; siehe Löwith 1989, S. 85-87.

[226] 1985 VA, S. 384.

[227] Ebd.

[228] Ebd.

[229] Taubes 1993, S. 96.

[230] Taubes irrt bei der Datierung des Besuches. Er fand am 15. April 1936 statt: siehe 1995 CS-AM, S. 418.

[231] Taubes 1993, S. 97.

borgen. Schon am 9. Januar 1934 veröffenlichte Rosenberg einen gegen den ,totalen Staat' gerichteten Leitartikel im ,Völkischen Beobachter', in dem er mahnte, der Staat dürfe nicht gleichberechtigt neben der ,Bewegung' stehen, sondern müsse „Werkzeug der nationalsozialistischen Weltanschauung"[232] sein:

> „Würden wir fortlaufend vom totalen Staat sprechen, so würde nach und nach bei den jüngeren Nationalsozialisten und kommenden Geschlechtern wieder der Begriff des Staates an sich ins Zentrum rücken .. . Betonen wir aber schon heute mit aller Deutlichkeit, daß es eine bestimmte politische Weltanschauung und Bewegung ist, die das Recht der Totalität beansprucht, so werden die Blicke der Generationen sich eben auf diese Bewegung richten.. . Aus all diesen Gründen empfiehlt es sich für alle Nationalsozialisten, nicht mehr vom totalen Staat zu sprechen, sondern von der Ganzheit (Totalität) der nationalsozialistischen Weltanschauung, von der NSDAP als dem Körper dieser Weltanschauung"[233].

Auch von seiten der Staatsrechtslehre regte sich früh Widerspruch gegen die Theorie des ,totalen Staates': Otto Koellreutter, der Wert darauf legte, als der „erste nationalsozialistische Staatsrechtslehrer"[234] betrachtet zu werden, wandte bereits 1933 ein, der totale Staat sei eine Formel für den ,liberalen Machtstaat' und damit der Ausdruck einer liberal-individualistischen Geisteshaltung[235] [236]. Noch 1938, lange nach Schmitts Sturz aus der Loge der nationalsozialistischen Rechtswissenschaftler, wirft Koellreutter ihm anläßlich der Veröffentlichung des *Leviathan* seine „Überschätzung des Staates"[237] vor. 1934 polemisierte Koellreutter auch gegen Schmitts „neue[] *Verfassungslehre*", die Schrift *Staat, Bewegung, Volk*, und warf dieser die fehlende „völkische Grundlage"[238] vor. An die Stelle des Staates müsse die rassisch-biologische Einheit des Volkes treten[239]. Im privaten Kreis bezichtigte Koellreutter Schmitt zudem der Drückebergerei:

> „Daß ich als Frontsoldat einem Mann wie Carl Schmitt, der zwar besonders gern über den Krieg schreibt, der aber m.W. nie eine Kugel pfeifen hörte, sondern darüber hinaus, während andere an der Front waren, in der Heimat Schriften voll schwülstigen Aesthetizismus schrieb (1916 *Theodor Däublers Nordlicht*), nicht als Bannerträger des Nationalsozialismus anerkennen kann, vertrete ich jederzeit."[240]

---

[232] Zitiert nach: Koenen 1995, S. 518.

[233] Leitartikel *Totaler Staat?*, in: Völkischer Beobachter vom 9.1.1934 zitiert nach: Quaritsch 1991, S. 52.

[234] Siehe Koenen 1995, S. 528.

[235] Siehe Otto Koellreutter 1933 a, S. 15f. und Koellreutter 1933 b, S. 64 und 160f.

[236] Dieser Einwand Koellreutters ist Ausdruck einer Gelenkigkeit, die keineswegs nur Schmitt zu eigen war, hatte jener doch noch 1932 geschrieben, „daß jede wissenschaftliche Haltung wesensgemäß auch immer liberal im echten Sinne wird sein müssen": zitiert nach: Koenen 1995, S. 533.

[237] Koellreutter 1938, S. 804.

[238] Otto Koellreutter, *Der Deutsche Führerstaat*, Tübingen 1934; zitiert nach: Koenen 1995, S. 530.

[239] 1935, S. 6ff.

[240] Koellreutter in einem Brief an Werner Weber vom 12. 06. 1937; zitiert nach: Schmittiana II 1990. S. 113.

Ebenso finden sich schon früh in der Völkerrechtspublizistik Einwände gegen den ‚totalen Staat'[241].

Gegen die Theorie des ‚totalen Staates' mobilisierte nicht zuletzt die SS bzw. genauer der Sicherheitsdienst (SD) in Person Otto Ohlendorfs[242] und dessen Chef Reinhard Höhn: Ohlendorf, der später traurige Bekanntheit als Leiter der Einsatzgruppe D erlangte, die in der Sowjetunion nach eigenen Angaben 91 678 Juden ermordete[243], witterte bei Schmitt „staatsabsolutistische" Auffassungen, die der „inneren Gesundung des Nationalsozialismus"[244] im Wege standen. Interessanterweise wird das Denken Schmitts von Ohlendorf dem ‚Faschismus' zugeschlagen[245], und in der Struktur des italienischen Faschismus kannte sich Ohlendorf gut aus[246].

Diese drei Frontstellungen gegen den ‚totalen Staat' sind gleichzeitig auch jene, die schließlich zum Sturz des ‚Kronjuristen' Schmitt führten. Waldemar Gurian, einst Bewunderer des zum Nationalsozialismus konvertierten Staatsrechtlers[247], lieferte den Gegnern aus seinem Schweizer Exil argumentative Munition für ihren Verdrängungsfeldzug: in einem Artikel, der 1934 in der ‚Schweizerischen Rundschau' erschien, erinnert er sie daran, „daß Carl Schmitt noch 1925 als Redner in Zentrumsversammlungen auftrat" und „für das Reichskabinett Brüning juristische Schützenhilfe leistete" und fragt polemisch:

> „Verdankt nicht Carl Schmitt Nichtariern - Moritz Julius Bonn und Erich Kaufmann[248] .. entscheidende Berufungen? Und was sagt er heute dazu, daß er noch 1928 eines seiner wichtigsten Werke, die *Verfassungslehre*, einem Nichtarier, nämlich dem ‚Andenken meines Freundes Dr. Fritz Eisler aus Hamburg, gefallen am 27. September 1914', gewidmet hat? Wird diese Widmung in einer Neuauflage .. verschwinden..?"[249]

---

[241] Siehe z.B. Gürke 1935, S. 30f.
[242] Zu Ohlendorfs Werdegang siehe Herbst 1982, S. 182-188.
[243] Diese Zahl findet sich bei Hilberg 1990, S. 1294 sowie bei Krausnick 1985, S. 178.
[244] Höhne o. J. S. 218.
[245] Siehe ebd.
[246] Laut Wistrich 1993, S. 258 „war er der einzige höhere SS-Führer, der mit .. der Organisationsstruktur des faschistischen Italien vertraut war". Wistrichs Buch strotzt aber leider vor Fehlern; auch in dem Artikel zu Otto Ohlendorf findet sich ein - eine gewisse Komik nicht entbehrender - Fehler: Ohlendorf, so heißt es dort, „galt als *liberaler* Gefolgsmann Himmlers".
[247] Wie Schmitt Armin Mohler in einem Brief vom 21. 01. 1951 mitteilte, hatte sich Gurian bereits „1928 .. voller Haß" von ihm abgewandt: 1995 CS-AM, S. 95. Auch Heinz Hürten bemerkt zum Verhältnis Gurian/Schmitt: „Ihre persönlichen Beziehungen sind nach einigen Jahren, noch bevor Schmitt sich zum Nationalsozialismus bekannte, zerbrochen." (Hürten 1972, S. 13. Insofern ist irreführend, wenn Rüthers schreibt, Gurian „wurde ab 1933 zum entschiedenen Gegner und Kritiker Schmitts": siehe Rüthers 1990, S. 93.
[248] Daß der SD gerade den Hinweis auf Erich Kaufmann dankbar aufnahm, belegt die Tatsache, daß sich von den ersten vier Seiten des Berichtes über die Literatur Schmitts aus der SD-Akte mehr als eine ganze Seite (!) auf Schmitts positive Erwähnungen Kaufmanns in seinen Schriften bezieht: siehe Gross 1994, S. 140.
[249] Gurian 1934, S. 567.

Um sicher zu gehen, daß seine Gedächtnisauffrischung auch wirklich fruchtet, wiederholte Gurian seine Polemik in mehreren Folgen in den ‚Deutschen Briefen'[250], leicht modifiziert[251] - aber immer mit den beiden Kernvorwürfen der eigentlich katholischen Provenienz von Schmitts Gedankengutes sowie des vormaligen ‚nichtarischen' Freundeskreises (zu dem freilich Gurian sich selbst zurechnen muß). Schmitts schärfster Mitkonkurrent um den Ruf des ‚ersten Staatsrechtslehrers' Otto Koellreutter nahm dankend Gurians Schützenhilfe in Anspruch:

> „He circulated copies of Gurian's articles to party friends along with a draft letter to Hans Frank requesting Schmitt's removal."[252]

Auch Alfred Rosenberg tat alles, um den Wirkungsbereich von Schmitt einzuschränken, den er in einem Brief an Rudolf Heß als „ersten Berater Brünings"[253] bezeichnet. Am 8. Januar 1937 veröffentlichten die ‚Mitteilungen zur weltanschaulichen Lage' des Amtes Rosenberg ein 14-seitiges, gegen die Person und das Werk Schmitts gerichtetes Pamphlet[254], und 1941 wandte das Amt Rosenberg gegen die positive Beurteilung von Schmitts Schrift *Völkerrechtliche Großraumordnung mit Interventionsverbot für raumfremde Mächte* durch ein Gutachten von Fritz Becker ein, der Begriff des ‚Reiches' sei problematisch und forderte die Neubegutachtung[255].

Anlaß aber für seinen Sturz waren schließlich die Attacken von seiten der SS. Noch vor Schmitt, wurde sein Freund, der protestantische Publizist Wilhelm Stapel, von dem SS-Revolverblatt ‚Das Schwarze Korps' des gerade 24-jährigen Gunter d'Alquen aufs Korn genommen. Die Angriffe wurden am 24. April 1935 eingeleitet[256], also gleich nach Gründung des Blattes im März[257]. Gurian nahm diesen Artikel zum Anlaß, in den ‚Deutschen Briefen' auf die Verbindung von Stapel und Schmitt hinzuweisen und fragt polemisch:

---

[250] So am 26. Oktober 1934; neu gedruckt in: Hürten 1969,S. 52-54.

[251] Z.B. am 7. 6. 1935; siehe Hürten 1969, S. 403f. / am 13. Dezember 1935; ebd. S. 716f. / am 22. Mai 1936; ebd. 2. Band, S. 204f. / am 9. Oktober 1936; ebd. S. 405f.

[252] Bendersky 1983, S. 225. Bendersky hatte noch zu Lebzeiten Schmitts Zugang zu wichtigen persönlichen Papieren.

[253] Am 2. 10. 1934; zitiert nach: Quaritsch 1991, S. 53 Anm.

[254] Siehe Verortung 1990, S. 34 sowie Maschke 1988 a, S. 96-111.

[255] Zitiert nach: Schmoeckel 1994, S. 123.

[256] Siehe Keßler 1967, S. 207ff. Gerhard Günther nennt die Arbeit Keßlers „redlich[], wenn auch nicht allzu geistreich[]": Brief Gerhard Günthers an Carl Schmitt vom 25. 09. 1975; Nachlass von Carl Schmitt im Hauptstaatsarchiv Düsseldorf; RW 265 - 5429/2.

[257] Das ‚Schwarze Korps' arbeitete bei der Beschaffung von Materialien für die Artikel eng mit dem Sicherheitsdienst zusammen; so konnte es Stapel mit einem aus den Redaktionsräumen des ‚Deutschen Volkstums' stammenden Brief Friedrich Vorwerks, adressiert an Albrecht Erich Günther, schocken, in dem auch der Satz stand, man könne sich nur mit ‚konservativem Schaudern' hinter Hitler stellen: siehe Höhne o. J. S. 207. und Koenen 1995 a, S. 674.

> „Warum nennt ihn [Schmitt; Anm. F.B.] das Organ der SS nicht mit Namen? Ist er noch nötig, während Herr Stapel seine Schuldigkeit getan hat und darum seinen Fusstritt erhalten kann?"[258]

Stapel, der wie Schmitt ebenfalls den Intrigen von Alfred Rosenberg[259] ausgesetzt war, mußte schließlich 1938 das von ihm herausgegebene ‚Deutsche Volkstum' einstellen, eine Zeitschrift, die in der Weimarer Zeit für die Rechte etwa so wichtig war wie die ‚Weltbühne' für die Linke. Schmitt wurde im Dezember 1936[260] im ‚Schwarzen Korps' diffamiert, treibende Kraft bei seiner Kaltstellung war der SS-Jurist Reinhard Höhn, der seinerseits erst „zum ominösen Karriere-Datum 1. Mai 1933 Parteigenosse Nr. 2 175 900 geworden"[261] war und im Sommer 1936 für einige Monate von der Bildfläche verschwand, nachdem der Historiker Walter Frank Peinliches aus Höhns publizistischem Schaffen vor 1933 offenbart hatte[262]. Joseph W. Bendersky gegenüber anerkannte Schmitt später die intellektuellen Fähigkeiten Höhns an:

> „Had it not been for the Third Reich, Höhn would have become a very good scholar."[263]
> „Höhn was enormously industrious and also gifted. In other, more normal times, he could have become a good teacher and researcher in his discipline." [264]

Auslöser für die Kampagne des ‚Schwarzen Korps' gegen Schmitt war ein Artikel seines ultramontanen Schülers Günther Krauss vom November 1936, in dem besonders auf die katholische Vergangenheit Schmitts hingewiesen wurde - freilich kaum mit der Absicht, ihm zu schaden. Gurian nahm - nicht ohne Häme - die Attacke des ‚Schwarzen Korps' zur Kenntnis und ergänzte die Argumente der SS gegen Krauss/Schmitt um einige biographische Details; Krauss, so berichtet Gurian, hatte „früher in den Dominikanerorden .. eintreten wollen"[265] bevor er sich zum „150%igen Nationalsozialisten"[266] gemausert habe.

---

[258] Am 19. Juli 1935; neu gedruckt in: Hürten 1969, S. 466.

[259] So schrieb Rosenberg am 9. 1. 1939 an Rudolf Heß: „Bei Dr. Stapel handelt es sich nicht um einen jüngeren Gelehrten, der vielleicht früher einmal falsche Urteile über die Judenfrage abgegeben hat, sondern um einen durchaus gefestigten und nach allen Richtungen ausgebauten Gegner des Nationalsozialismus. Daß er einmal früher antisemitisch geschrieben hat, liegt auf der gleichen Ebene mit einigen römisch-katholischen antisemitischen Schriftstellern.": zitiert nach: Poliakov 1989, S. 64. Im Mai 1937 erschien zudem eine vom Amt Rosenberg lancierte Polemik gegen Stapel von Matthes Ziegler: siehe Heiber 1966, S. 953.

[260] Am 3. und 10. Dezember 1936: *Eine peinliche Ehrenrettung / Es wird noch peinlicher.*

[261] Heiber 1966, S. 886.

[262] „Vor allem Hitler mit der nationalsozialistischen Bewegung schuf eine große Stimmung des Antigeistes", hatte Höhn z.B. geschrieben; siehe Höhne o. J. S. 219.

[263] Bendersky 1983, S. 233.

[264] Bendersky 1987, S. 114. Höhn widmete sich nach dem Krieg sehr erfolgreich der Manager-Schulung.

[265] ‚Deutsche Briefe' am 11. Dezember 1936; neu gedruckt in: Hürten 1969, S. 491.

[266] Ebd.

> „Das ‚Schwarze Korps' bemerkt, dass es noch einiges erfahren habe, ‚was wir noch lieber nicht bringen und veröffentlichen wollen'. - Wahrscheinlich sind solche Tatsachen gemeint, wie dass Carl Schmitt vor 1933 eine jüdische Assistentin hatte und dass er in knapper Form den Nationalsozialismus gesprächsweise eindrucksvoll als ‚organisierten Massenwahnsinn' definierte."[267]

Auch ist er sich der Brauchbarkeit der Argumente, welche er bisher in den ‚Deutschen Briefen' feilgeboten hatte, bewußt:

> „Unsere Leser kennen längst das Material, welches das ‚Schwarze Korps' jetzt ausschlachtet."[268]

Anläßlich der vermeintlichen Substanz der gesammelten Argumente gegen Schmitt, so spekuliert Gurian, bleibe Schmitt nur noch die Wahl zwischen Emigration oder Konzentrationslager. Das Schicksal Edgar Julius Jungs vor Augen, wisse er

> „ganz genau, was ihm mindestens drohen kann. Edgar Jung ist ja auch erst ein Jahr, nachdem er unangenehm aufgefallen war, verhaftet worden."[269]

Die Verhaftung blieb Schmitt zwar erspart, doch mußte er das Erscheinen der ‚Deutschen Juristenzeitung', deren Herausgeber er war, einstellen lassen und verlor wichtige seiner zahlreichen Posten. So verließ er den ‚Führerrat' der Akademie für Deutsches Recht, verlor seine Mitgliedschaft im Bund Nationalsozialistischer Deutscher Juristen (der wegen Hitlers Aversion gegen das Wort ‚Jurist' in NS-Rechtswahrerbund umgetauft wurde) ebenso wie jene in der Hochschulkommission des Stellvertreters des Führers[270].

> „Wer hoch spielt, muß hoch verlieren können!"[271]

Preußischer Staatsrat durfte er jedoch bis 1945 bleiben[272].

---

[267] Ebd. S. 498.

[268] Ebd.

[269] Ebd. S. 510.

[270] Über die Funktionen Schmitts ausführlich Lauermann 1988, S. 37-51.

[271] Arnold Gehlen in einem Brief an Carl Schmitt. Der Kontakt brach nach diesem Brief ab; gefunden bei: Lauermann 1988, S. 51. Schmitt hat freilich, wie Günter Maschke berichtet, einen anderen Grund für die Abkühlung seines Verhältnisses zu Gehlen vorgeschoben: „Stellen Sie sich vor, der Gehlen behauptete, der christliche Äon sei zu Ende!": Complexio 1988, S. 156. Auch wandte Schmitt laut Heinrich Meier gegen Gehlens Anthropologie ein, daß sie bloß auf den ‚darwinistischen Glauben' begründet sei, der Mensch stamme von tierischen Vorfahren ab: Meier 1994, S. 132 Anm.

[272] Ihm half die Protektion Görings, der als preußischer Innenminister die Staatsräte eingesetzt hatte. Göring hatte sich in einem Schreiben an d'Alquen über Schmitts Diffamierung im ‚Schwarzen Korps' beschwert: „Ich kann .. nicht dulden, daß gegen Mitglieder des Preußischen Staatsrates in der von Ihnen beliebten Weise vorgegangen wird.": siehe Verortung 1990, S. 34.

2. Teil
Das Reich als völkerrechtliche Konzeption

I. Die Wandlungen des Kriegsbegriffes

Nach seinem Sturz als Staats- und Verfassungsrechtsvordenker des Dritten Reiches wandte sich Schmitt verstärkt dem Völkerrecht zu. Paradoxerweise kam ihm dabei die Konsolidierung des Regimes ab 1936 nach innen entgegen, die es demselben ermöglichte, sich von ungeliebten Opportunisten wie Schmitt zu trennen, war die Bedeutung der Außenpolitik doch nun eine wesentlich höhere, ja weltgeschichtliche. Noch vor der Schrift zur *Völkerrechtlichen Großraumordnung*, die im Mittelpunkt der folgenden Auseinandersetzung um den Reichsbegriff im Völkerrecht stehen wird, beschäftigte er sich mit den Wandlungen des Kriegsbegriffes im Völkerrecht, da dieser „wie in jedem intensiven Augenblick der Völkerrechtsgeschichte, .. in den Mittelpunkt" trete „und zum letzten und echtesten Prüfstein allen Völkerrechts"[273] werde. In der Rechtswissenschaft ist die Bindung des Wandels im Völkerrecht an den Kriegsbegriff unstrittig und hat heute allgemein in der Unterscheidung von ‚klassischem' und ‚modernem' Völkerrecht - Schmitt spricht allerdings meist nicht vom ‚klassischem', sondern vom „neuzeitlichen europäischen Völkerrecht[]"[274] oder kurz: „neuzeitlichen Völkerrecht"[275] - Fuß gefaßt:

> „Am stärksten hat sich der Unterschied zwischen dem klassischen und dem modernen Völkerrecht im Kriegsrecht gezeigt."[276]

Dem geänderten Kriegsbegriff muß für Schmitt immer eine Änderung des Feindbegriffes zugrundeliegen, denn „Krieg ist nur die äußerste Realisierung der Feindschaft."[277] Armin Adam bringt den Gedanken Schmitts auf den Punkt:

> „Der Krieg mag der Vater aller Dinge sein, aber er kann nie der Vater der Feindschaft sein."[278]

---

[273] 1988 WK, S. 37.
[274] 1988 NE, S. 54.
[275] Ebd., S. 91.
[276] Heydte 1989, S. 107. Siehe auch: Grewe 1988, S. 685ff. und Kimminich 1993, S. 82ff.
[277] 1963 BdP, S. 33.

Wurde durch die Freund-Feindunterscheidung[279] und die Verteidigung des iusti hostis im *Begriff des Politischen* - trotz ihrer metaphorisch-religiös intendierten anthropologischen Implikationen - eine rein formale Signatur zur Grundlegung einer Theorie des Politischen angeboten, so wird die Vorstellung des gerechten Feindes in den völkerrechtlichen Schriften, die sich bis zum Ausbruch des Zweiten Weltkrieges mit dem geänderten Kriegsbegriff beschäftigen und in der Schrift *Die Wendung zum diskriminierenden Kriegsbegriffes* gipfelten, ideengeschichtlich verortet: Die Hegung[280] der Konflikte in Europa seit dem 17. Jahrhundert bindet Schmitt an die Etablierung der souveränen, absolutistischen, mit dem jus ad bellum ausgestatteten Staaten, an die Wandlung des jus gentium in ein jus inter gentes[281], die eine dauerhafte Beendigung einer konfessionellen Bürgerkriegssituation ermöglichte[282]. Daß dies für Schmitt auch mit einer negativen Anthropologie einherging, belegt deutlich eine Stelle aus seiner Frühschrift *Die Diktatur*:

> „In jeder Argumentation, die den politischen oder staatlichen Absolutismus rechtfertigt, ist die natürliche Bosheit des Menschen ein Axiom, um die staatliche Autorität zu begründen, und so verschieden die theoretischen Interessen von Luther, Hobbes, Bossuet, de Maistre und Stahl sind, dieses Argument tritt bei allen entscheidend hervor. .. Hierfür wird, als von einem Konstruktionsprinzip, davon ausgegangen, daß der Mensch gewisse moralisch vielleicht als minderwertig erscheinende Qualitäten haben muß, um sich als Material für diese Staatsform zu eignen. .. Diese technische Auffassung ist für die Entstehung des modernen Staates wie für das Problem der Diktatur von unmittelbarer Bedeutung."[283]

---

[278] Adam 1991, S. 154.

[279] Die berühmte Formulierung „Die spezifisch politische Unterscheidung .. ist die Unterscheidung von Freund und Feind" [1963 BdP, S. 26.], die eine von jenen Formulierungen ist, die dem Juristen den Ruf einbrachten, derjenige zu sein, der „am besten definieren" könne, stammt vermutlich nicht von ihm, sondern von dem Barockjuristen Alamo de Barrientos: „Lo politico es la distinción entre amigo e enemigo.": Alamo de Barrientos, *Tacito expañol ilustrado con aforismos*, Madrid 1614, o. Paginierung. Günter Maschke vermutet, daß Schmitt diesen Satz etwa um 1925/26 findet; siehe Maschke 1988, S. 63 sowie Maschke 1986, S. 592.

[280] Die Tatsache, daß Schmitt immer wieder der Vorwurf gemacht wurde und wird, einem Bellizismus Vorschub zu leisten (z.B. Löwith 1984.), mag darin begründet sein, daß im Deutschen ‚Hegen' schnell mit ‚Pflegen' assoziiert wird. Etymologisch besteht sogar dieser Zusammenhang, etwa im Wort ‚Hege'. Insofern ist Schmitts Wortwahl keine sehr glückliche. Gemeint ist aber das Einhegen im Sinne von Eingrenzen, Einfrieden, Begrenzen, Befrieden. Der Begriff des ‚Einhegens' ist überhaupt einer der wichtigsten bei Schmitt, ist die Freund/Feind-Unterscheidung doch auch nichts anderes als kollektive Ausgrenzung oder Eingrenzung; „Assoziation oder Dissoziation": 1963 BdP, S. 38.

[281] „Dieses mittelalterliche jus gentium ist erst durch den in sich geschlossenen, souveränen Flächenstaat des jus publicum Europaeum in allen spezifisch-mittelalterlich-völkerrechtlichen Rechtsbegriffen, vor allem in den Vorstellungen vom gerechten Krieg und vom legitimen Gebietserwerb, beseitigt worden.": 1988 NE, S. 82. Zu dieser Wandlung siehe auch Grewe 1988.

[282] Siehe Herfried Münkler: *Thomas Hobbes' Analytik des Bürgerkrieges*, in: Hobbes 1991 b, S. 215-238; Schnur 1994; Koselleck 1968, S. 554f.

[283] 1989 D, S. 9f.

Es müssen an dieser Stelle einige klärende Worte zu Schmitts Feindbegriff gesagt werden: Der Feindbegriff Schmitts ist nicht ohne sein „anthropologisches Glaubensbekenntnis“[284] - welches streng genommen gar keines ist, sondern ein „zitativer Diskurs“[285] - zu verstehen:

> „Im Wesen des Menschen soll die Feindschaft ausgeschlossen sein? Mensch, das soll bedeuten: Friede, Harmonie und Eintracht? Brüder sollen ewige Freunde sein? Und das sollen Christen und Juden glauben? Dann dürfen sie nicht mehr glauben, daß sie die Nachkommen unseres Stammvaters Adam sind, des ersten Menschen. Adam hatte zwei Söhne, Kain und Abel. Schöner Ansatz einer allgemeinen Verbrüderung!“[286]

Dem anthropologischen Glaubensbekenntnis wiederum liegt nichts anderes zugrunde als das Erbsündendogma, und die Überzeugung Schmitts, „daß die Leugnung der Erbsünde alle soziale Ordnung zerstört“[287], hat er vermutlich von Donoso Cortés:

> „Die ordnungsstörende Häresie, zum einen darin bestehend, die Erbsünde zu leugnen, zum anderen darin zu leugnen, daß der Mensch der göttlichen Leitung bedarf, führt auf solche Weise zuerst zur Behauptung der Souveränität der Intelligenz, dann zur Behauptung der Souveränität des Willens und schließlich zur Behauptung der Souveränität der Begierden; das heißt zu den drei ordnungsstörenden Souveränitäten.“[288]

Sowohl was den Verweis auf den ersten Mord der Menschheitsgeschichte - den an Abel - als auch den auf das Erbsündendogma angeht, steht Schmitt aber sicher auch stark unter dem Einfluß der Publizistik der französischen Gegenrevolution[289].

Zuallererst ist die Freund/Feindunterscheidung als Grundlegung einer Theorie des Politischen jedoch rein formal zu verstehen; zur Beschreibung des Feindes genügt es, Folgendes zu wissen:

> „Es ist eben der andere, der Fremde[290], und es genügt zu seinem Wesen, daß er in einem besonderen Sinne existentiell etwas anderes und Fremdes ist, daß im extremen Fall Konflikte mit ihm möglich sind, die weder durch eine im voraus getroffene generelle Normierung, noch durch den Spruch eines ‚unbeteiligten‘, und daher ‚unparteiischen‘ Dritten entschieden werden können.“[291]

Diese anthropologisch fundierte Freund/Feind-Unterscheidung wird inzwischen von der amerikanischen Sozialbiologie bestätigt:

---

[284] Laufer 1961, S. 222.
[285] Siehe Balke 1990, S. 38.
[286] 1991 G, S. 215. Siehe auch 1950, S. 89f.
[287] 1933 BdP, S. 45
[288] Donoso 1989 a, S. 311.
[289] Zur Thematisierung des Brudermordes durch die Publizistik der Gegenrevolutionäre siehe Langendorf 1989, S. 21.
[290] Das lateinische ‚hostis‘ kann sowohl Feind als auch Fremder bedeuten.
[291] 1963 BdP, S. 27.

„Tatsächlich scheint unser Gehirn folgendermaßen programmiert zu sein: Wir neigen dazu, andere Menschen in Freunde und Fremde einzuteilen, im gleichen Sinne wie Vögel dazu neigen, territoriale Gesänge zu erlernen und sich an den polaren Sternbildern zu orientieren. Wir neigen dazu, die Handlungen von Fremden zutiefst zu fürchten und Konflikte durch Aggression zu lösen. Diese Lernregeln haben sich höchstwahrscheinlich während der letzten hunderttausend Jahre der menschlichen Evolution entwickelt und denen, die sie mit der größten Treue befolgten, einen biologischen Vorteil verliehen.“[292]

Auch aus der amerikanischen Politikwissenschaft kann man ‚schmittianische‘ Töne vernehmen, so schreibt der Harvard-Professor Samuel P. Huntington, für Menschen, „die ihre Identität suchen .., sind Feinde unabdingbar.“[293] Der Bürgermeister von Venedig, Massimo Cacciari, bemerkt zu den *Persern* des Aischylos:

„Es ist, als sollte hier gesagt werden, daß man nur bei natürlichen Antagonisten, bei Todfeinden, die Einheit des génos behaupten kann. Wer dazu berufen ist, sich bis auf den Tod zu bekämpfen, kann nur aus einer gemeinsamen Wurzel stammen. Der am schärfsten ausgeprägte Gegensatz bildet die vollkommenste Übereinstimmung.“[294]

Sogar der Postmarxismus bläst in das vermeintlich schmittianische Horn; so ist für Ernesto Laclau

„jede soziale Objektivität letztlich politisch und [trägt] die Spuren der Akte der Ausschließung, die ihre Konstitution regiert“.[295]

Bürgerkriegsprävention ist der kategorische Imperativ der Schmittschen Staatsethik. Hierzu mag auch beigetragen haben, daß Schmitt Bürgerkriegsgreuel aus nächster Nähe erleben mußte, und zwar als höherer Beamter im Bayerischen Kriegsministerium:

„Am Morgen war er wie üblich zur Arbeit erschienen, etwas später wurden Schmitt und seine Kollegen von Revolutionären unterbrochen, und einer von diesen erschoß einen Offizier neben Schmitts Schreibtisch.“[296]

Fast zeitgleich mit der Publikation von *Die Wendung zum diskriminierenden Kriegsbegriff* hat Helmuth Plessner eine Studie geschrieben, welche eine gelungene Hegung der europäischen Staatenkriege bis zum Ersten Weltkrieg registriert:

„Zwischen den hochzivilisierten Staaten bestand [im 19. Jahrhundert; Anm. F.B.] ein friedlicher Lebenskonnex von erprobter Elastizität, der zahlreiche bewaffnete Zusammenstöße

[292] E.O. Wilson, *Biologie als Schicksal. Die soziobiologischen Grundlagen menschlichen Verhaltens*, Frankfurt/M. 1980, S. 114; zitiert nach: Wagner 1991, S. 10.
[293] Huntington 1996, S. 18.
[294] Cacciari 1995, S. 16.
[295] Laclau 1991, S. 29.
[296] Zitiert nach: Helmut Quaritsch 1991, S. 39.

> überdauerte, sie lokalisierte, in ihrer Dauer beschränkte und ihre dem Volkstum und der Wirtschaft schädlichen Nachwirkungen rasch wieder ausglich."[297]

Schmitt konstatiert eine moralische Aufladung des Feindbegriffes und eine Tendenz zur Totalisierung des Krieges im Völkerrecht seit dem Ende des Ersten Weltkrieges. Über den Zeitpunkt der Zäsur im Völkerrecht bestehen in der Fachliteratur

> „kaum Meinungsverschiedenheiten, der Abschluß des Ersten Weltkrieges, die durch ihn bewirkte Erschütterung des europäischen Staatensystems und die Errichtung des Völkerbundes bilden eine eindeutige Zäsur."[298]

Wohl aber muß der politisch-polemische[299] Hintergrund der Schmittschen Beschreibung einer Lehre vom diskriminierenden Kriegsbegriff kritisch beobachtet werden, der darin besteht, diese direkt mit der Niederlage Deutschlands in einen kausalen Zusammenhang zu setzen; sie sei damit offensichtlich „gegen Deutschland geboren"[300]. Unberücksichtigt bleibt in dieser nationalistisch verkürzten Perspektive, daß Deutschland die überharten Bedingungen des Versailler Friedensvertrages wie auch die Umstände seines Zustandekommens, d.h. das Diktat der Bedingungen bei Ausnutzung der militärischen Überlegenheit, vorweggenommen hatte: im Friedensvertrag von Brest-Litowsk vom März 1918, den die Russen nur unter Protest unterzeichneten. Auch markiert der Überfall auf das neutrale Belgien 1914 einen Schwund in der Substanz der klassischen Völkerrechtsvorstellungen, insbesondere was den Begriff der Neutralität angeht, und gerade an dieser Destruktion des

> „alten, von dem überlieferten, nicht-diskriminierenden Kriegsbegriff abhängigen Begriff der Neutralität"[301]

will Schmitt seine eindeutige Schuldzuweisung festmachen, nämlich

> „daß es die universalistischen Ansprüche und die kollektiven Methoden des Genfer Völkerbundes sind, die die völkerrechtliche Neutralität zerstören."[302]

Schmitt hat hier die kollektiven Zwangsmaßnahmen des Völkerbundes laut Artikel 16 der Völkerbundsatzung[303] im Sinn; dieser erklärte die Mitgliedschaft im Völkerbund mit

---

[297] Plessner 1981, S. 242. Schmitt zitiert diese Schrift in der vierten Auflage von *Völkerrechtliche Großraumordnung*..: 1991 VG, S. 71 Anm. 85.

[298] Grewe 1983, S. 120. Grewe bindet die Unterscheidung von ‚klassischem' und, wie er es nennt, ‚nachklassischem' Völkerrecht an die Wandlung in der Struktur des Staates, der Entwicklung des Staates zum Wohlfahrts- und Sozialstaat.

[299] Die Begriffe Carl Schmitts sind stets ‚polemisch' im etymologischen Sinn (gr. πόλεμος = Krieg). Sie verweisen auf die Intensität des Politischen, immer beherbergen sie die Asymmetrie von Freund und Feind.

[300] 1988 WK, S. 52.

[301] Ebd., S. 32.

[302] 1938 c, S. 258.

einer neutralen Haltung für unvereinbar und hatte gewiß fatale Folgen[304] (gerade für die Palliativwirkung neutraler Dritter bei internationalen Konflikten). Der alte Grundsatz Vae victis! habe sich zu einem Vae neutris![305] gewandelt.

Ohne hier ausdrücklich schon, wie in den späteren völkerrechtlichen Schriften, auf den Zusammenhang von Raumordnung und Rechtszustand hingewiesen zu haben, wird der Völkerbund mit einer ‚Entortung' in Zusammenhang gebracht, die auf seinem universellen Geltungsanspruch beruhen soll. ‚Universalismus' ist der konkrete, ‚ideologische'[306] Gegner, den Schmitt ins Visier nimmt; er wird stets mit einem planetarischen Verwirklichungsanspruch des Primats des Ökonomischen, der angelsächsischen Ursprungs sein soll, identifiziert. Fraglich bleibt, ob die Verwandlung des Jus Publicum Europaeum in ein International Law sich direkt mit dem Durchsetzungsvermögen der angelsächsischen Rechtsvorstellungen koppeln läßt: Die christlich legitimierte europäische Ordnung scheint sich vielmehr in einem längeren Zeitraum schrittweise aufgelöst zu haben. Nicht erst die Aufnahme des Osmanischen Reiches durch den Pariser Frieden 1856 besiegelte, wie Schmitt behauptet[307], ihr Ende, schon das französisch-osmanische Abkommen gegen das Haus Habsburg von 1536 stellt eindrucksvoll diese frühen Auflösungserscheinungen unter Beweis[308]. Den Versuch, das Völkerrecht auf eine neue, universelle Grundlage zu stellen, verbindet Schmitt vor allem mit den beiden Völkerrechtlern Georges Scelle[309] und Hersch Lauterpacht[310]: Während mit dem Namen Scelle ein Zusammenhang des universalistischen Gedankens mit dem Primat des Ökonomischen konstruierbar ist, hat laut Scelle doch keine Gruppe das Recht, „de s'isoler du commerce internationale“[311], so steht Lauterpacht für neo-naturrechtliche Ansätze[312] im

[303] Die ersten beiden Absätze des Artikels 16 sind abgedruckt in: Hahn 1939, S. 125. Hahn war Assistent bei Paul Ritterbusch, dieser und Carl Schmitt waren 1943 Gutachter von Hahns Habilitation über Lorenz von Stein: siehe Tilitzki 1992, S. 76f. Nach dem Kriege wandte sich Hahn hilfesuchend an Schmitt, da er zur Erlangung einer Dozentur ein Exemplar der Habilitationsschrift benötigte, aber durch Kriegseinwirkung keines mehr besaß: siehe der Brief Hahns an Schmitt vom 1. 7. 1949; Nachlass von Carl Schmitt im Hauptstaatsarchiv Düsseldorf; (HStAD) RW 265 -5660.

[304] Siehe Grewe 1988, S. 732f.

[305] 1938 b, S. 251-255.

[306] Siehe 1988 WK, S. 31.

[307] 1991 VG, S. 68.

[308] Grewe wertet dieses Bündnis wegen der „extremen Notlage“, in der es geschlossen wurde, als „Ausnahme von der Regel ihrer grundsätzlichen Unerlaubtheit“. (Siehe Grewe 1988, S. 171.) Aber besteht der Bruch nicht allein darin, daß hier diese Grenze der Unerlaubtheit im Rahmen eines zwischenstaatlichen Machtkalküls überschritten wird?

[309] 1988 WK, S. 11-21.

[310] Siehe ebd. S. 21-26.

[311] Georges Scelle, *Précis de droit des gens*, Bd. I, 1932, S. 143; zitiert nach: Grewe 1988, S. 284; siehe auch: Scheuner 1938, S. 447ff.

[312] Siehe Grewe 1988, S. 689 und 712. Lauterpacht wollte - zu Unrecht - nach dem Zweiten Weltkrieg seinen diskriminierenden Kriegsbegriff als Begriff einer ‚Grotian tradition' verkaufen: siehe Hersch Lauterpacht, *The Grotian tradition in International Law*, in: British Yearbook of International Law, Bd. 23 (1946), S. 1ff. Schmitt merkt schon in der Einleitung zu *Die Wendung* .. an, daß „die Frage des gerechten Krieges in einer ganz anderen Weise“ von den modernen Völkerbundsjuristen erörtert

Völkerrecht, für die Schmitt, der gerade für ein institutionalistisches ‚Konkretes Ordnungsdenken' geworben hatte, wenig übrig haben konnte. Diese Ansätze spielten gerade in Bezug auf die Rechtfertigung von Interventionen eine Rolle: Vitoria z.B. hatte in seiner *Relactio de temperantia* ein Interventionsrecht unter dem Eindruck der Conquista eingeräumt, und zwar nicht etwa wegen der Sünden der Indianer wider die Natur, sondern allein zur Verteidigung der Unschuldigen. Dominikus Bañez argumentierte, jene Mörder unschuldiger Menschen verübten einen „Überfall auf das Menschengeschlecht", etwa in dem Sinne, in dem Cicero die Piraten „allgemeine Feinde der Menschheit" nennt: „ .. quia illi actu sunt invasores humani generis"[313]. In seiner Relactio *Über das Kriegsrecht* erklärt Vitoria:

> „Die Fürsten haben nicht nur Autorität über ihre eigenen Untertanen, sondern auch über die Außenstehenden. Sie dürfen sie mit Gewalt daran hindern, Unrecht zu tun. Dazu sind sie berechtigt auf Grund des Jus Gentium und kraft der Autorität des ganzen Erdkreises, ja sogar, wie es scheint, kraft des Naturrechts."[314]

Dieses Interventionsrecht ist in der Zwischenkriegszeit wieder als höchst aktuell wahrgenommen worden:

> „Notre opinion est la même que celle de Vitoria; .. nous sommes interventionnistes"[315]

Neben der Auseinandersetzung mit den Renaissance-Versuchen einer naturrechtlichen Argumentation im Völkerrecht ist der Pazifismus Zielscheibe; besonders in Person des „bekannte[n] pazifistische[n] Völkerrechtslehrer[s]"[316] Hans Wehberg, der seit den Dreißiger Jahren immer wieder von Schmitt zur polemischen Auseinandersetzung mit dem Pazifismus herangezogen wird. Wehberg, „de[r] alte[] Genfer Küster[]"[317] ist einer der Vordenker des Briand-Kellogg-Paktes aus dem Jahre 1928, welcher die Kriminalisierung des Angriffskrieges im Völkerrecht etablierte[318]. In Wehbergs eigenen Worten markiert jener den „endgültigen Bruch mit der klassischen Lehre des iusti hostes [Sic!]".[319] Auch später setzte Wehberg sein Engagement für eine Diskriminierung des Angreifers fort:[320]

---

werde, „als sie von den scholastischen Theologen oder von Hugo Grotius gemeint war": 1988 WK, S. 2; siehe auch ebd. S. 39.

313 Bañez zitiert nach: Höffner 1972, S. 353 Anm.

314 Vitoria zitiert nach: Höffner 1972, S. 357.

315 Camilo Barcia Trelles (1928); zitiert nach: Höffner 1972, S. 353 Anm.

316 1934 NV, S. 22.

317 So Schmitt über Wehberg in einem Brief an Axel Freiherr von Freythag-Loringhoven vom 19. 08. 1942; siehe Nachlass Schmitt im Hauptstaatsarchiv NRW, RW 265 - 13007/1.

318 Siehe Kimminich 1993, S. 89 und Wehberg 1927.

319 Hans Wehberg, *Krieg und Eroberung im Wandel des Völkerrechts*, 1953; zitiert nach: Grewe 1988, S. 731f.

320 Wehberg machte sich 1932 mit einem Aufsatz zur japanischen Besetzung der Mandschurei mehr als lächerlich: „Nach geltendem Recht kann man im Falle des chinesisch-japanischen Konfliktes nur von einer militärischen Besetzung, nicht von einem Kriege sprechen. An diesem Ergebnis kann auch

> „Ganz unumwunden hat Hans Wehberg in seinen Vorlesungen über die Ächtung des Krieges (1930) die Folgerung gezogen und die Forderung ausgesprochen, daß die Urheber eines ‚ungerechten' Krieges selbstverständlich als ‚Kriegsverbrecher' vor einen internationalen Gerichtshof gestellt werden müßten"[321]

> „Ein Lehrer des Völkerrechts, der als Vorkämpfer der pazifistischen Bewegung einen Namen hat, Hans Wehberg in Genf, spricht mit Selbstverständlichkeit und ganz allgemein, ohne Unterscheidungen innerhalb der Friedens- und des Kriegsbegriffes, von Anarchie, wenn nur überhaupt Kriege geführt werden."[322]

Es kommt gerade bei den Schriften Carl Schmitts, von dem Hugo Ball, der mit Schmitt zeitweise befreundet war, einmal sagte, er sei „mit seltener Überzeugung Ideologe"[323], darauf an, die ideologischen Frontlinien sichtbar zu machen. Hinter den als ‚Universalismus' oder ‚Pazifismus' bezeichneten Tendenzen im Völkerrecht witterte Schmitt das Anliegen, einen liberal-demokratischen Individualismus universell mit Hilfe einer „konkrete[n] Institution", die „ein den Staat entthronendes internationales Recht"[324] benutze, durchzusetzen. Diese Institution, der Völkerbund, der nicht zuletzt durch seinen Ort für Schmitt vorbelastet war[325], fungiere somit als „Legalisierungssystem"[326] liberaler Legitimität. Strukturananlog zur Dialektik der ‚asymmetrischen Gegenbegriffe' Mensch - Unmensch, mit denen keine Ordnung geschaffen werden kann, da sie sich durch nichts als ihre „ideologische Fungibilität"[327] auszeichnen[328] - oder anders ausgedrückt, die Unentschiedenheit ihrer inhaltlichen Füllung immer nach dem Quis judicabit? fragen läßt - verhält es sich für Schmitt mit der Dialektik von gerechtem und ungerechtem Feind. Wie

> „gerade die Pseudo-Religion der absoluten Humanität den Weg zu einem unmenschlichen Terror"[329]

---

die Tatsache nichts ändern, daß die sog. ‚friedliche Besetzung' (occupatio pacifica), mag sie nun als bewaffnete Intervention zum Schutz von Leben und Eigentum japanischer Staatsbürger oder als Repressalie gegenüber chinesischen Völkerrechtsverletzungen begründet werden, von Bombardements, ja sogar von Schlachten größeren oder kleineren Umfanges begleitet war.": Wehberg 1932, S. 2. Schmitt hierzu: „Wie ist eine Jurisprudenz möglich, die angesichts blutiger Kämpfe, angesichts der Zehntausende von Toten immer noch von ‚friedlicher Besetzung' zu sprechen wagt und dadurch das Wort und den Begriff des ‚Friedens' dem grausamsten Hohn und Spott ausliefert?": 1932 b, S. 177.

[321] 1988 WK, S. 45.

[322] 1988 NE, S. 158.

[323] Ball 1983, S. 100.

[324] 1988 WK, S. 25.

[325] „Genf, die Stadt Calvins, Rousseaus .., deren geistiges Schicksal in der Vergangenheit so eng verknüpft war mit der Welt der angelsächsischen Demokratien": 1988 NE, S. 214 Anm.

[326] 1988 WK, S. 2.

[327] Koselleck 1975, S. 70.

[328] „Die Menschheit als Ganzes und als solche hat keinen Feind auf diesem Planeten. Jeder Mensch gehört zur Menschheit.": 1978 a, S. 338.

[329] 1950 DC, S. 108.

öffne, so ist die Stigmatisierung einer Kriegspartei, die Destruktion einer iustus hostis-Auffassung im Völkerrecht für Schmitt die „Rückkehr .. zu einem quasi-theologischen Feindbegriff“[330], welcher zu einer Totalisierung des Staatenkrieges führen könne, ja diesen in einen ‚internationalen Bürgerkrieg‘ verwandele[331]. Das Schreckensbild des Bürgerkrieges zeichne sich da ab, wo die Institution seiner historischen Hegung, der souveräne Staat, an Gewicht zugunsten des Völkerbundes verliert. War die Krise der Staatlichkeit Ausgangspunkt für eine Konzeption des totalen Staates aus Stärke, so steht sie diesmal wieder unübersehbar hinter dem Wandel des Kriegsbegriffes im Völkerrecht. Beschränkte sich Schmitt hier noch auf die Kritik des noch aus der Taufe zu hebenden ‚modernen‘ Völkerrechtes, so geht es ab 1939 um die Ausarbeitung einer Alternative,

> „sind Krieg und Frieden doch die zentralen Begriffe jedes Völkerrechts, und zwei völlig verschiedene Kriegsbegriffe müßten eigentlich notwendigerweise auch .. zwei völlig verschiedene, ja gegensätzliche Völkerrechtssysteme bedeuten.“[332]

Auffallend ist, daß Schmitt seine Kritik an der Ächtung des Angriffskrieges nicht mit spezifisch rassistischen oder völkischen Argumentationslinien untermauert, vielmehr beschränkt er sich auf den Hinweis auf den Substanzverlust des ‚klassischen‘ Völkerrechts, bzw. der Staatlichkeit. Im Gegensatz hierzu findet sich in der übrigen nationalsozialistischen Völkerrechtspublizistik ein deutlicher Wille zur Ersetzung der bisherigen Begriffe von Krieg und Frieden im Völkerrecht durch solche eines diffus-völkischen Jargons, z.B. bei Norbert Gürke:

> „Sie [die völkische Auffassung, Anm. F.B.] ist bewußt darauf eingestellt, daß ein Volk jederzeit bereit sein muß, sein Dasein zu schützen und daß in erster Linie kerngesunde Körper, Menschen mit festem Charakter ein Volk gesund und leistungsfähig machen. In diesem Sinne erstrebt die völkische Staatsauffassung eine soldatische Haltung des einzelnen, wie des Volkes. Diese Disziplin und Kräftigung ist für die Lebenswahrung und Leistung des einzelnen und des Volkes, nicht aber zur Vorbereitung eines Angriffes, aus Lust am Kriege geboten.“[333]

Daneben aber finden sich auch bei Gürke Attacken gegen den Pazifismus und gegen den „Liberalismus mit dem Primat der Wirtschaft vor der Politik“[334], - jeweils mit dem Verweis auf Carl Schmitt. Insgesamt aber ist - obwohl die Schrift wesentlich früher erschien als Schmitts Untersuchung zur Wendung des Kriegsbegriffes - ein deutlicher Wille zu einem radikalen Wandel des Völkerrechts auf völkischer Grundlage spürbar. Schmitt hingegen blieb in der bloßen Negation stecken, was ihm von seiten der völkisch argumentierenden NS-Völkerrechtspublizistik angelastet wurde und das er rück-

[330] 1988 NE, S. 95.
[331] 1982 L, S. 74 und 1988 WK, S. 43.
[332] *Raum und Großraum im Völkerrecht*, in: 1995 SGN, S. 234-262; 250f.
[333] Gürke 1935, S. 68f.
[334] Ebd. S. 73f.

blickend angesichts seiner Präsentation der auf einem Reichsbegriff fußenden Großraumkonzeption auch selbst eingestand:

> „Als ich im Herbst 1937 meinen Bericht über *Die Wendung zum diskriminierenden Kriegsbegriff* der Abteilung für Rechtsforschung der Akademie für Deutsches Recht .. vorlegte, war die politische Gesamtlage von der heutigen noch wesentlich verschieden. Damals hätte der Reichsbegriff nicht, wie das jetzt hier geschieht, zum Angelpunkt des neuen Völkerrechts erhoben werden können. Im Anschluß an jenen Bericht wurde die Frage gestellt, was ich denn eigentlich Neues an die Stelle der alten Staatenordnung zu setzen hätte, da ich weder einfach beim alten bleiben noch mich den Begriffen der westlichen Demokratien unterwerfen wollte. Heute kann ich die Antwort geben."[335]

II. Der Großraum als Ausstrahlungssphäre des Reiches

Erkenne die Lage![336]

a) Die geschichtliche Ausgangslage

Die konkreten Ereignisse, auf die Carl Schmitt in seiner Schrift *Völkerrechtliche Großraumordnung mit Interventionsverbot für raumfremde Mächte*[337] anspielt und die für ihn Auslöser eines Versuches der Neuordnung des Völkerrechtes nach ‚reichischen' Maßstäben waren, sind der Anschluß Österreichs 1938 sowie die Besetzung der ‚Rest-Tschechei' Mitte März 1939. Erstens markieren diese beiden Ereignisse eine Revision der Versailler Friedensordnung unter dem Deckmantel einer spezifisch-national-sozialistischen Lesart des Selbstbestimmungsrechtes der Völker[338], welches der eigentliche Vater des Völkerbundes, Wilson, so nachdrücklich einer Völkerordnung zugrunde legen wollte und von den Siegern von Versailles dann vehement ignoriert wurde: Der deutschen Bevölkerung in den Gebieten, die an Polen oder die neu entstandene Tsche-

---

[335] 1991 VG, S. 62f.

[336] Ein Motto Gottfried Benns, das Schmitt hoch geschätzt hat: „Das erste Gebot - das allen anderen vorausgeht - lautet: Erkenne die Lage!": C. S. an Julien Freund; 15. 4. 60, in: Schmittiana II 1990, S. 44. „Erstens: Erkenne die Lage! Existentiell: das ist der Todesstoß für die Utopie.": 1991 G, S. 150. Bei Benn: ders., Sämtliche Werke Bd. V, Stuttgart 1991, S. 32.

[337] Die Schrift erschien 1939 in der ersten Auflage; ihr lag ein Vortrag zugrunde, den Schmitt an der Universität Kiel anläßlich des 25-jährigen Bestehens des Institutes für Politik und Internationales Recht am 1. April 1939 gehalten hatte „und dem die Zuhörer vom ersten bis zum letzten Wort wie gebannt lauschten": Böhmert 1940, S. 134.

[338] Nicht ohne Häme fragte Hitler Chamberlain im Vorfeld der Münchener Konferenz laut Protokoll des Diplomaten Paul Schmidt, „ob England jetzt bereit sei, einer Loslösung der sudetendeutschen Gebiete aufgrund des Selbstbestimmungsrechtes der Völker zuzustimmen, wobei er (der Führer) bemerken müsse, daß dieses Selbstbestimmungsrecht nicht etwa von ihm im Jahre 1938 eigens für die tschechoslowakische Frage erfunden worden sei, sondern bereits im Jahre 1918 zur Schaffung einer moralischen Grundlage für die Veränderungen aufgrund des Versailler Vertrages ins Leben gerufen wurde": Schmidt 1950, S. 395f.

choslowakei fielen, wurde eine Volksabstimmung meist ebenso verboten wie auch der Anschluß Deutsch-Österreichs an Deutschland. Zweitens aber bedeutete dies die endgültige Degradierung Osteuropas bis zur russischen Grenze zu ausschließlich deutschem Einflußgebiet. Erreicht wurde dies mit einer Politik aus Zuckerbrot und Peitsche. Schon durch das Münchner Abkommen waren Polen und Ungarn territorial beteiligt worden, Ungarn besetzte Teile der Slowakei und Polens Marschall Edward Rydz-Smigly zog am 2. Oktober 1938 feierlich in den vormals tschechischen Teil der Stadt Teschen ein. (Nach dem Zweiten Weltkrieg erhielt die Tschechoslowakei diese Gebiete zurück.) Rumänien, Jugoslawien, Bulgarien und die Türkei orientierten sich politisch nach Deutschland; das tschechoslowakisch-rumänisch-jugoslawische Bündnis, die sogenannte ‚Kleine Entente'[339], die sich im Anschluß an die Pariser Vorortverträge gebildet hatte, um revisionistische Forderungen Ungarns abzublocken, das durch den Vertrag von Trianon 1920 68 % (Sic!) seines Staatsgebietes verloren hatte, war durch das Münchener Abkommen entwertet worden[340], England und Frankreich hatten sich von der politischen Bühne Osteuropas verabschiedet. 1939 waren Ungarn und Jugoslawien auch wirtschaftlich völlig vom Deutschen Reich abhängig. Die Tage der Rumpftschechoslowakei[341] waren gezählt. Mit deutscher Rückendeckung erklärten sich am 14. März 1939 die Slowaken für unabhängig und der tschechische Präsident Hácha unterzeichnete unter massivem deutschen Druck in der Nacht vom 14. zum 15. März einen Protektoratsvertrag. Das Protektorat Böhmen und Mähren war etabliert, dem Deutsche Reich wurde ein hochindustrialisiertes Land faktisch eingegliedert, Ungarn besetzte die Karpato-Ukraine und am 23. 3. 1939 wurde das Memelland dem Deutschen Reich angeschlossen. Am selben Tag unterzeichnete Rumänien einen Wirtschaftsvertrag mit Deutschland, der das Land in eine noch größere Abhängigkeit brachte. Schon am 2. März 1939 war ein ungarisch-deutsches Wirtschaftsabkommen geschlossen worden.

> „Beide Abkommen sahen weit über den Rahmen üblicher Handelsverträge hinaus die organische und strukturelle Eingliederung zweier Volkswirtschaften des Südostens in die kontinentale Großraumwirtschaft vor."[342]

---

[339] Zur ‚Kleinen Entente' und ihrem schrittweisen Substanzverlust siehe Wendt 1991, S. 52; 77f.; 96;109. Für Schmitt war die ‚Kleine Entente' Beispiel eines ‚unechten' Raumprinzips im Gegensatz zu seiner völkerrechtlichen Großraumordnung. Sie sei durch ihre „inneren Widersprüche und den Mangel jedes wirklichen Ordnungsgedankens" gekennzeichnet und habe sich allein schon dadurch diskreditiert, da sie „hauptsächlich dem französischen Sicherheitsbedürfnis entsprungen[]" sei: 1991 VG, S. 19. (Ähnlich auch von Freythag-Loringhoven: Freythag-Loring-hoven 1941, S. 68.)

[340] Das Bündnis war ohnehin ökonomisch labil; siehe Matis 1995, S. 241.

[341] Und wie Hannah Arendt anmerkte, „hatte Mussolini nicht so unrecht, wenn er unmittelbar nach der Münchner Krise im Jahre 1938 meinte, daß die verzweifelte Lage der Tschechoslowakei daher käme, daß sie eben nicht nur eine Tschecho-Slowakei, sondern eine »Tschecho-Germano-Polno-Ungaro-Rutheno-Rumano-Slowakei« sei": Arendt 1986, S. 428 Anm. Der englische Historiker Robert Harris nennt die damalige Tschechoslowakei gar das ‚Bastardkind aus Versailles', eine Bezeichnung, die den Nagel insofern auf den Kopf trifft, als die ehemaligen Alliierten die Tschechoslowakei wirklich wie einen Bastard behandelten, indem sie diese von der Münchener Konferenz ausschlossen.

[342] Wendt 1991, S. 167.

In Südosteuropa hatte sich ein Großwirtschaftsraum unter deutscher Führung konstituiert, dem sich nur Polen zu entziehen versuchte. Der deutsche Anteil am Außenhandel der südosteuropäischen Länder überschritt 1939 die 50% - Marke[343].

b) Volksgruppenrecht gegen Minderheitenschutz

In Carl Schmitts Schrift spielt die nationalsozialistische Lesart des Selbstbestimmungsrechtes der Völker die Rolle, ein neues völkerrechtliches Raumordnungsprinzip zu untermauern. Er erwähnt eine Rede Hitlers vom 20. Februar 1938, in der dieser ein völkisches Interventionsrecht proklamiert:

> „Allein so wie England seine Interessen über den ganzen Erdkreis hin vertritt, so wird auch das heutige Deutschland seine, wenn auch um so viel begrenzteren Interessen zu vertreten und zu wahren wissen. Und zu diesen Interessen des Deutschen Reiches gehört auch der Schutz jener Volksgenossen, die aus eigenem nicht in der Lage sind, sich an unseren Grenzen das Recht einer allgemeinen menschlichen, politischen und weltanschaulichen Freiheit zu sichern."[344]

Damit sei für den osteuropäischen Raum

> „ein echtes, Interventionen raumfremder Mächte abwehrendes, völkerrechtliches Großraumprinzip"[345]

formuliert worden. Schmitt macht sich die Propagandaschlacht der Nazis zunutze, die initiiert wurde, um Hitlers Expansionspläne gen Osten mit dem Schutzbedürfnis der deutschen Minderheiten, die durch die Friedensordnung der Pariser Vorortverträge entstanden waren, zu legitimieren: Mit dem Hinweis auf ein ‚Volksgruppenrecht' sollte eine nicht-universalistische, Interventionen ausschließende Raumordnung fundiert werden;

> „der Grundsatz der Nichteinmischung raumfremder Mächte als geltendes Prinzip des heutigen Völkerrechts"

solle sich „auch hinsichtlich des Volksgruppenrechts"[346] durchsetzen. Daß speziell seine Version einer neuen Völkerrechtsordnung aber schnell in Konflikt mit einer völkischen Legitimität gerät, soll weiter unten gezeigt werden. In Carl Schmitts Erwägungen zur Problematik der Minderheiten- bzw. Volksgruppenrechte spiegeln sich im kleinen die ‚großen Themen' wider, die Ausgangspunkt seiner Neukonzeption des Völkerrechts sind: die Krise der Nationalstaatlichkeit, die sich in der Unfähigkeit ausdrückte, der

---

[343] Siehe die Übersicht Nr. 2 bei Wendt 1991, S. 246. (Zum Vergleich die Zahlen bei Wirsing 1932, S. 286 und 288f.)

[344] Hitler zitiert nach: Grewe 1988, S. 702. (Siehe auch: Freythag-Loringhoven 1941, S. 18f.)

[345] 1940 VG, S. 31.

[346] 1991 VG, S. 48.

Minderheitenproblematik nach dem Ersten Weltkrieg gerecht zu werden, sowie die Opposition gegen universalistische Legitimierungen von Interventionen insbesondere in Osteuropa:

> „Die zugrunde liegende liberal-individualistische und daher universalistische Konstruktion des Minderheitenschutzes war die Grundlage einer auf dem Weg über den universalistischen Genfer Völkerbund ausgeübten Kontrolle und Intervention der fremdräumigen Westmächte in den europäischen Ostraum.“[347]

Durch dieses kollektive Interventionsrecht, welches der Völkerbund durch seine Minderheitenschutzdeklaration proklamierte, wurde die Souveränität der sie betreffenden Staaten erheblich relativiert[348]. Da aber seit der französischen Revolution neben dem Nationenbegriff jener der Souveränität Kern der Staatlichkeit ist, offenbart sich auch hier deren Krise. Hannah Arendt hat ausführlich darzustellen versucht, wie die „diskriminierende Differenzierung zwischen alten und neuen Staaten“[349] nach 1920 von den staatstragenden Völkern in Osteuropa diese in das vermeintlich moralische Recht versetzte, die Minderheitenrechte so weit wie möglich zu ignorieren, da diese vornehmlich als „Herrschaftsinstrument der Alliierten“[350] empfunden wurde[351]. Funktionierendes Organ der Minderheiten war laut Arendt zwischen den Kriegen der Minderheitenkongreß, der von den beiden zahlenmäßig stärksten Minderheiten, den Deutschen und den Juden bestimmt wurde. Dieser Kongreß hörte in dem Moment auf zu funktionieren, als sich die Sprecher der deutschen Minderheiten nach 1933 mit der neuen Regierung solidarisierten. Dieser Bruch in dem Zusammenhaltsgefühl äußert sich bei Carl Schmitt darin, daß er

> „das durchaus besonders geartete und mit keiner dieser anderen Fragen [dem Minderheitenproblem; Anm. F.B.] vergleichbare Judenproblem“[352]

betonte. Wirkt diese Aussage im Vergleich zu den antisemitischen Ausfällen bis 1936[353] vergleichsweise harmlos, so bedeutet sie im Endeffekt jedoch nichts anderes, als dem

---

[347] Ebd. S. 45f.

[348] Siehe Grewe 1988, S. 700f.

[349] Arendt 1991, S. 427.

[350] Ebd.

[351] Arendt richtet ihr Augenmerk besonders auf Polen, was wohl nicht zuletzt auf den starken polnischen Antisemitismus zurückzuführen ist. Polen hatte die Befugnis des Völkerbundes in Minderheitenfragen 1934 für das eigene Territorium für ungültig erklärt; siehe Grewe 1988, S. 701 Anm.

[352] 1991 VG, S. 43.

[353] Die übelsten antisemitischen Äußerungen Schmitts stammen aus einer Rede, die er auf der von ihm selbst als Leiter der wissenschaftlichen Abteilung des Juristenbundes organisierten Tagung vom 4. Oktober 1936, zu auch der Radau-Antisemit Julius Streicher (!) eingeladen war, (der nicht erschien) hielt. Auf dieser Tagung setzte er sich dafür ein, die rechtswissenschaftliche Publizistik vom ‚jüdischen Bazillus‘ zu reinigen: „Ein jüdischer Autor hat für uns keine Autorität, auch keine ‚rein wissenschaftliche‘ Autorität. Diese Feststellung ist der Ausgangspunkt für die Behandlung der Zitatenfrage. Ein jüdischer Autor ist für uns, wenn er überhaupt zitiert wird, ein jüdischer Autor. .. Erst wenn wir

Bestreben, Juden ihrer fundamentalen Rechte durch Denaturalisation zu berauben, einen legalen Anstrich zu geben.

Die Lücke, welche die Relativierung des nationalstaalichen Souveränitätsprinzip nach 1919 hinterlassen hatte, wurde nicht - und dies hatte fatale Folgen - durch eine allgemein akzeptierte Völkerbunds'souveränität' geschlossen. Man könnte also gegen Schmitts Argumentation, die eine Kritik des als ‚liberal-individualistisch' verdächtigten Universalismus im Sinn hat, einwenden, daß es gar nicht einmal das universalistische Prinzip war, daß die Versailler Friedensordnung in Osteuropa ad absurdum führte, sondern vielmehr der Unwillen und die Unfähigkeit der westeuropäischen Großmächte, dieses Prinzip auch durchzusetzen und es vor allem im eigenen Territorium gelten zu lassen. Allzu deutlich trug die neue Völkerbundsordnung die Handschrift der Siegermächte. Verletzungen der Minderheitenschutzverträge wurden nicht geahndet, sondern lediglich mit Appellen ‚an die Weisheit'[354] der jeweiligen Regierung beantwortet. Die Initiativen zur Verallgemeinerung des Minderheitenschutzes von Seiten einiger nordosteuropäischer Staaten scheiterten[355]. Nach 1933 verlor der Völkerbund durch den Austritt sowohl europäischer als auch außereuropäischer Großmächte an Bedeutung.

International wurde die Konzeption eines ‚Volksgruppenrechtes' im Herbst 1938 durch die Aufhebung der internationalen Garantien für die Minderheiten und deren Ersatz durch den Schutz von seiten des Mutterlandes sanktioniert:

> „Das war ein Verbrechen gegen das Völkerrecht und den Minderheitenschutz, wenngleich eine unausbleibliche Folge des Zusammenbruchs des Völkerbundes."[356]

Das Münchener Abkommen vom September 1938, bei der die Tschechoslowakei bei eigener Abwesenheit von den europäischen Großmächten (und nicht etwa vom Völkerbund!) gezwungen wurde, große Teile ihres Staatsgebietes abzutreten[357], war für die Völkerrechtspublizistik im Dritten Reich willkommene Legitimitätsgrundlage des ‚Volksgruppenrechts':

> „Damit war das Schutzrecht der Mutterstaaten durch einen internationalen Akt, an dem vier Großmächte und drei weitere Staaten beteiligt waren, grundsätzlich ein für allemal anerkannt und zu einem Bestandteil des Völkerrechts erhoben, mochten auch Einzelheiten noch der Klärung bedürfen:"[358]

---

die Frage der Zitierungen in dieser Weise gelöst haben, haben wir ein nicht mehr von Juden infiziertes, sondern ein deutsches rechtswissenschaftliches Schrifttum. .. Schon von der bloßen Nennung des Wortes ‚jüdisch' wird ein heilsamer Exorzismus ausgehen.": 1936 g, Sp. 1195f.

[354] So 1925 im Falle der Verletzung der Rechte der polnischen Minderheit durch Litauen: siehe Freythag-Loringhoven 1941, S. 16.

[355] Siehe ebd. S. 17f.

[356] Neumann 1988, S. 206. Neumann besuchte seit spätestens 1931 die Seminare Schmitts (siehe 1931 f, S. 168.)

[357] Rückblickend stellte auch Carl Schmitt fest: „Schließlich hat dann der innerlich wahrlich unwahre Akt der Münchener Abmachungen vom September 1938 ein Mitglied der Liga einfach geopfert": 1988 NE, S. 221.

[358] Freythag-Loringhoven 1941, S. 20.

Das Scheitern der Nationalstaatlichkeit in Osteuropa am Prüfstein des Minderheitenschutzes hatte insbesondere in Deutschland zur Konsequenz, daß die Idee des Reiches gerade unter dem Gesichtspunkt der Verantwortung für die deutschen Minderheiten an Aktualität gewann. Dies ist eine weitere unglückselige Konsequenz der Pariser Vorortverträge:

> „Auf sie {die Reichsidee, Anm. F.B.} ist Deutschland, damals und heute, verwiesen, weil die ihm möglichen Staatsgrenzen nicht mit den Grenzen seines Volkstums zusammenfallen, für das es - in Anlehnung an die universale Reichsidee - so etwas wie eine stellvertretende Bedeutung zum Ausdruck bringen will."[359]

Die Verbindung von Reichsidee mit der Propagierung eines ‚Volksgruppenrechtes', wobei es sich im Falle von Schmitts Konzeption nicht um die universale Reichsidee handelt, gewann vor dem Hintergrund der Tatsache, daß sich das deutsche Staatsgebiet,

> „durch Versailles noch verkleinert und zerstückelt, sich weniger denn je mit den Grenzen des Volkstums"[360]

deckte, an Plausibilität. Der konservative Publizist Albrecht Erich Günther[361] sah - und dies gilt stellvertretend für viele Konservative zwischen den Kriegen - angesichts der Inkongruenz von Territorium und Siedlungsgebiet der Deutschen keine andere Lösung als das Reich:

> „Für die Deutschen ist also die Lösung nicht möglich, die dem Modell des Nationalstaates entspräche. Sie können weder darauf verzichten, die Deutschen jenseits der Grenzen als ihre Volksgenossen zu betrachten, noch können sie ihre Staatsgrenzen so weit vorschieben, daß sie alle Deutschen umschließen."[362]

Der rechtskatholische Publizist Martin Spahn[363], ein vehementer Verfechter des Reichsgedankens, witterte schon 1928 anläßlich des Scheiterns des Minderheitenschutzes die Chance für ‚bündische' Lösungen:

---

[359] Plessner 1982, S. 49.

[360] Plessner 1982, S. 56.

[361] Albrecht Erich Günther war neben Wilhelm Stapel Herausgeber der Zeitschrift ‚Deutsches Volkstum'. Mit beiden war Schmitt freundschaftlich verbunden, das belegen vor allem die Tagebucheinträge des Jahres 1933; dort wird Stapel einmal als „sympathischer, lieber Kerl" bezeichnet; (Tagebuch Schmitts vom 30. 1. 1933; zitiert nach: Noack 1993, S. 161.) siehe auch 1985 HH, S. 16: „mein 1942 verstorbener Freund Albrecht Erich Günther".

[362] Günther 1933, S. 212.

[363] Der Historiker Martin Spahn ist der Sohn des Zentrumspolitikers Peter Spahn. Er selbst wandte sich jedoch 1921 „unmittelbar nach dem Mord an Erzberger" (so der Historiograph des Zentrum, Rudolf Morsey; zitiert nach: Breuning 1969, S. 100.) vom Zentrum ab und trat der Deutschnationalen Volkspartei (DNVP) bei.

> „Nicht zuletzt aber legt der Rückschlag des Minderheitenrechtes in ganz Mitteleuropa gegen das Experiment von Versailles Zeugnis ab für das Erstarken der Triebkraft des bündischen Staatsgedankens ab."[364]

Ulrich Herbert hat in seiner Studie zum Werdegang von Werner Best, der ähnlich wie Carl Schmitt die Erfahrung der Rheinlandbesetzung gemacht hatte, die Katalysatorwirkung des Versailler Vertrages für das Aufkeimen spezifisch völkischer Konzeptionen darzustellen versucht:

> „Die vertragliche Abtrennung von Gebieten mit deutscher Bevölkerung ebenso wie die seperatistischen Versuche zur Schaffung des Rheinstaates befördern das Denken in den Kategorien des
> ‚Volkstums' statt der ‚Staatsbürgerschaft' und verstärkten sowohl die Forderung nach Einbeziehung deutscher Minderheiten in angrenzenden Ländern in die deutsche ‚Volksgemeinschaft' als auch die Theorien vom Primat des Volkstums vor der sozialen Schichtzugehörigkeit. Das ‚Erlebnis des Abwehrkampfes' hatte dazu beigetragen, das politische Denken in den Begriffen von Volk und Volkstum weit über die Anhängerschaft der Rechten hinaus zu verbreiten."[365]

Insbesondere in den abgetrennten Gebieten wurde das Mißtrauen gegenüber der neuen Völkerbundsfriedensordnung geschürt und mit Alternativen kokettiert:

> „The post-war varients of the Mitteleuropa ideology flourished in those frontier areas where Germans lived in contiguous settlement and yet were kept apart by the new political boundaries. The sense of frustration and anger that were nurtured by these circumstances encouraged disbelief in the whole structue of western democratic values and later led to notable instances of conspiracy with the Nazis to overthrow the entire system."[366]

c) Der wirtschaftspolitische Hintergrund der Großraumlehre

Ähnlich wie Schmitts Konzeption des totalen Staates hat auch die Großraumkonzeption einen wirtschaftstheoretischen Hintergrund. In der Einleitung erwähnt er ausdrücklich den ‚liberalen Imperialisten'[367] Friedrich Naumann[368], dessen berühmtes Mitteleuropabuch[369] von 1915 „Werkzeug für kommende Gestaltung"[370] sein sollte, sowie die Debatte um den Begriff der ‚Großraumwirtschaft'. ‚Mitteleuropa' und ‚Großraumwirt-

---

[364] Martin Spahn, *Das deutsche Volk und der bündische Gedanke*, in: Spahn 1936, S. 70.

[365] Herbert 1996, S. 41.

[366] Meyer, H.C. 1955, S. 341.

[367] Eigentlich eine Bezeichnung für den Kreis um den Reichskanzler von Bethmann-Hollweg, doch paßt er m.E. auf Friedrich Naumann wie die sprichwörtliche Faust.

[368] 1991 VG, S. 12. (siehe auch: 1940 e, S. 146.)

[369] „es war .. der größte Bucherfolg, den ein politisches Buch im Kaiserreich nach Bismarcks *Gedanken und Erinnerungen* je erreicht hat": Einleitung zu den Schriften zum Mitteleuropaproblem Friedrich Naumanns von Theodor Schieder, in: Naumann 1964, S. 374-399; 385.

[370] Friedrich Naumann, *Mitteleuropa* (1915), in: Naumann 1964, S. 483-842; 838.

schaft' sind schwer scharf gegeneinander abzugrenzen: Der Begriff ,Mitteleuropa' taucht in der polit-geographischen Publizistik kurz nach der Jahrhundertwende sowohl bei Joseph Partsch[371] als auch bei Halford Mackinder[372] auf. Partsch ist anscheinend bei seiner Prägung von ,Mitteleuropa' mit Einschluß nicht nur der Zentralmächte, des damaligen Deutschen Reiches und Österreich-Ungarns, sondern auch Hollands und Belgiens, Serbiens, Montenegros, Rumäniens und Bulgariens, 1897 durch Mackinder angeregt worden.[373] Mackinder ist der Erfinder der ,Herzlandtheorie', in der davon ausgegangen wird, daß der Beherrscher des eurasischen Kontinentalblocks - der durch die technische Entwicklung zu einer ,Weltinsel' geworden sei - in Zukunft auch Beherrscher der Welt sein wird:

> „Who rules eastern Europe commands the Heartland. Who rules the Heartland commands the World-Island. Who rules the World-Island commands the World."[374]

Strenggenommen ist aber die Mitteleuropaidee älter; der „Geopolitiker avant la lettre"[375] Constantin Frantz plädierte schon 1848 für eine Föderationspolitik in Osteuropa:

> „Deutschland, in der Mitte der Völker stehend, ist nicht dazu bestimmt sich abzuschließen und zu centralisieren wie Frankreich; es ist dazu berufen die Völkereinheit zu vermitteln, und diese Einheit selbst durch einen großen föderativen Organismus zu repräsentieren."[376]

Neben Frantz muß gerade für die eher juristische Mitteleuropadefinition Otto von Gierke erwähnt werden, in dessen einflußreichem und auch von Schmitt des öfteren herangezogenem[377] *Genossenschaftsrecht* sich folgender Satz findet:

> „Dabei ist freilich nicht zu verkennen, daß sich in unserem Jahrhundert auch hier die Anfänge einer Assoziationsbewegung zeigen, die in näherer oder fernerer Zukunft zu genossenschaftlichen Staaten- und Völkervereinigung und zuletzt zu einer organisierten, rechtlich als Gesamtpersönlichkeit anzuerkennenden Allgemeinheit über den Völkerindividuen führen wird."[378]

Oft wurde der Begriff ,Mitteleuropa' auch mit Verkehrswegprojekten (Rhein-Main-Donau-Kanal; Berlin-Bagdad-Bahn) in Verbindung gebracht.

Der ,Großwirtschaftsraum' wurde schon lange vor dem Ersten Weltkrieg intensiv vor allem von nationalliberaler Seite diskutiert, so im ,Verein für Sozialpolitik' -

---

[371] Siehe Joseph Partsch, *Central Europe*, London 1903.

[372] Siehe Halford Mackinder, The *Geographical Pivot in History*, in: Geographical Magazine, 1904, S. 434-437.

[373] Siehe Haushofer 1942, S. 145.

[374] Mackinder zitiert nach: Ebeling 1992, S. 268.

[375] Schnur 1986, S. 549.

[376] Frantz zitiert nach ebd., S. 561.

[377] *Raum und Großraum im Völkerrecht*, in: 1995 SGN, S. 234-262; 238 sowie 1991 VG, S. 81.

[378] Gierke 1868, Bd. I, S. 843

„des damals wohl einflußreichsten Gremiums der deutschsprachigen Sozialwissenschaft“[379] - von Lujo Brentano, Adolf Wagner und Gustav Schmoller. Schmoller –

> „the founder of modern German economic history and editor of the most important pre-war German economic journal“[380]

(gemeint ist ‚Schmollers Jahrbuch‘) - wirkte auch in dem 1904 von dem österreichischen Ökonomen Julius Wolf gegründeten ‚Mitteleuropäischen Wirtschaftsverein‘ mit. Ahnherr aller großdeutschen Großwirtschaftsraumgelüste aber war Friedrich List, der „den alten Reichsgedanken ökonomisch fortgebildet hat“[381] und welcher schon 1834 die Ziele einer zukünftigen Außenwirtschaftspolitik skizzierte:

> „Die natürliche Straße aus dem inneren Europa nach dem westlichen Asien führte die Donau entlang über das Schwarze Meer nach der kaukasischen Küste .. Ein Blick auf die Karte zeigt, welch bedeutenden Anteil an dem Handel mit dem westlichen Asien Deutschland zufallen dürfte.“[382]

Naumann beruft sich in seiner Mitteleuropakonzeption ausdrücklich auf List:

> „Die von dem weitblickenden Volkswirtschaftler List in vergangener Zeit schon gepredigte Richtung nach der Türkei und Kleinasien stellt sich ein.“[383]

Mitteleuropa- und Großwirtschaftsraumkonzepte wurden - wie auch die Theorie des totalen Staates (s.o.) - verstärkt ab 1930 im schwerindustriellen ‚Langnamverein‘ diskutiert. Zusammen mit dem Reichsverband der deutschen Industrie und dem Deutschen Industrie- und Handelstag gewann der Langnamverein ab 1931 entscheidenden Einfluß auf die deutsche Sektion des Mitteleuropäischen Wirtschaftsstages, einer Planungs- und Schaltstelle europäischer Konzerne.[384] Das Schlagwort ‚Großwirtschaftsraum‘ war jedoch allgemein in vieler Munde und „durch eine schier unübersehbare Flut von Büchern, Broschüren und Aufsätzen verbreitet.“[385]

> „ ‚Mitteleuropa‘ und ‚Großwirtschaftsraum‘ boten ungeachtet tiefgreifender Differenzen zwischen den einzelnen Wirtschaftsbranchen das gemeinsame programmatische Dach, unter dem sich 1933 der Übergang von der Weimarer Republik zum Dritten Reich relativ gleitend und reibungslos vollziehen ließ.“[386]

---

379 Mommsen 1995, S. 17.
380 Meyer, H.C. 1955, S. 64.
381 Erwin Wiskemann, zitiert nach: Srbik 1937, S. 19.
382 List zitiert nach: Mitrovic 1995, S. 41.
383 Friedrich Naumann, *Deutschland und Österreich* (1900), in: Naumann 1964, S. 400-441; 412.
384 Siehe Matis 1995, S. 235.
385 Teichert 1984, S. 1.
386 Wendt 1991, S. 62.

Die weltweite Wirtschaftskrise gegen Ende der Zwanziger Jahre wirkte als ein Katalysator für Großwirtschaftsraumkonzepte, ähnlich wie der Versailler Vertrag Katalysatorwirkung für völkisches Gedankengut hatte. 1938 erklärte der Krupp-Manager Tilo von Wilmowski rückblickend auf der Jahrestagung des Mitteleuropäischen Wirtschaftstags:

> „In den Jahren 1929 und 1930 begannen weiterblickende Kreise der deutschen Industrie, insbesondere der Ruhrindustrie, der chemischen und der Elektroindustrie, ihrer Aufmerksamkeit stärker auf die wirtschaftlichen Möglichkeiten zu richten, die eine Intensivierung der Handelsbeziehungen zu Südosteuropa unter Umständen ergeben könne. .. erklärlicherweise mußte in damaliger Zeit auch Gewicht darauf gelegt werden, vorsichtig und ohne großes Aufsehen in der Öffentlichkeit vorzugehen, um nicht vornherein die sattsam bekannten Angriffe deutsch-gegnerischen Kreise im Südosten auf den Plan zu rufen."[387]

Carl Schmitt erwähnt als Beispiel für ein Großwirtschaftsraumkonzept die ‚Verbundwirtschaft' im Energiesektor, wohl, weil hier am augenscheinlichsten die wirtschaftlichen sich mit den industriell-technischen Tendenzen verbinden. Neben dem programmatisch-wirtschaftspolitischen Gehalt entspricht die Großraumwirtschaftsordnung nämlich vor allem einer konkreten Lage, die sich aus der technologischen Revolution ergibt. Auch hier ist also, wie schon beim ‚totalen Staat', ein semantischer Dualismus im Begriff des ‚Großwirtschaftsraumes' festzustellen. Den Entwicklungen im technisch-industriellen Bereich, welche schon „in einer Zeit staatlicher Ohnmacht"[388] ihren Anfang nahmen, soll eine völkerrechtliche Neuordnung folgen, ein „Bereich menschlicher Planung, Organisation und Aktivität"[389]. „Der Großraumpolitik geht eine Großraumwirtschaft voraus."[390]

Die Schrift zur völkerrechtlichen Großraumordnung hatte umgekehrt auch ihre Wirkung auf die spätere Publizistik zum Großraumwirtschaftsproblem. Der Jurist Justus Wilhelm Hedemann bemerkt 1941 in seinem Aufsatz zum ‚Großraum als Problem des Wirtschaftsrechts', auch für die Wirtschaft gelte, daß durch den Krieg der

> „ ‚Raum' .. den Charakter eines rettenden Elementes [bekam] und wurde darüber hinaus, schon in den Frieden hineinragend, zum Ordnungsfaktor."[391]

Für die Wirtschaft böte sich der Großraum als Lösung zwischen den Tendenzen zur totalen Globalisierung und totalen Autarkie an[392]. Der ‚Bund' sei die Lösung zur Mei-

[387] Zitiert nach: Fritzsche 1976, S. 234.
[388] 1991 VG, S. 13.
[389] Ebd. S. 14.
[390] Neumann 1988, S. 199.
[391] Hedemann 1941, S. 186.
[392] Ebd. ‚Relative Autarkie' propagierte nicht nur schon der Tat-Kreis [Siehe der Exkurs im 2. Teil dieser Arbeit]; 1939 schrieb etwa der Publizist Max Clauss, intellektuelles Ziehkind von Karl Anton Prinz Rohan und inzwischen zum Nationalsozialismus konvertiert: „Der Begriff der Autarkie, der in Deutschland selbst niemals so eng gefaßt worden ist, wie ihn die Kritiker in anderen Ländern verstanden, ist heute schon längst nicht mehr ausreichend, um das Betätigungsfeld der deutschen Wirt-

sterung des Großraums[393], wobei aber beachtet werden müsse, den ‚Führungsgedanken' nicht aus den Augen zu verlieren: „Einer das Haupt des Bundes."[394]

Der Ökonom Friedrich Bülow[395] schreibt ebenfalls 1941 mit unüberhörbarem Einfluß durch Schmitt:

> „Großraumwirtschaft ist die außenpolitische Raumordnung der Wirtschaft. Sie ist ihrem Wesen nach die den politischen Erfordernissen und Notwendigkeiten des Reiches gemäße räumliche Gestaltung der Außenwirtschaft. In ihr kommt außenhandelspolitisch der Primat der Politik voll zum Durchbruch, erfüllt sich der Übergang einzelner Nationalwirtschaften zu einer bewußt geordneten und gestalteten Einheit einander politisch, und das heißt zugleich: natürlich zugeordneter Volkswirtschaften, so daß also nicht mehr wie im Liberalismus die Wirtschaft das Schicksal der Politik ist, sondern die Politik, der Staat das Schicksal der Wirtschaft wird[396], d.h. sie lenkt und leitet."[397]

Im Unterschied zu von Bülow argumentiert der Reichsamtsleiter und Vorsitzende der ‚Gesellschaft für Europäische Wirtschaftsplanung und Großraumwirtschaft e.V.' (in der Schmitt Mitglied war[398]) Werner Daitz auf Grundlage der nationalsozialistischen Rassenlehre. Für Daitz[399] waren Schmitts Vorstellungen „Über-bleibsel einer untergehenden Weltanschauung"[400]. Die zu bildenden Großwirtschaftsräume seien, so Daitz,

---

schaftspolitik zu umschreiben. So haben die politischen Ereignisse, die im Zug der raschen Wiedererstarkung des Reiches Mitteleuropa umgeformt haben .. mitten in der andauernden Wirtschaftskrise einen großen zusammenhängenden Markt neu organisiert, nämlich die weitest gehende Zusammmenarbeit Deutschlands und Italiens mit den Agrarländern des Südostens.": Clauss 1939, S. 18.

[393] Hedemann verweist wie Schmitt in diesem Zusammenhang auf das Beispiel der Verbundwirtschaft im Energiesektor; siehe Ebd. S. 192.

[394] Ebd. S. 193.

[395] Aus dem Nachlaßverzeichnis des Hauptstaatsarchives Düsseldorf geht hervor, daß Schmitt zumindest nach dem Krieg brieflich Kontakt zu Bülow hatte, ob dieser schon während des Krieges bestand, entzieht sich meiner Kenntnis. Bülow trug nach dem Krieg aktiv zur Neugestaltung der Raumforschung bei: Siehe Messerschmidt 1994, S. 126.

[396] Natürlich wird hier angespielt auf das Wort von Walther Rathenau: ‚Wirtschaft ist Schicksal'. Diese Behauptung Rathenaus wandelt wiederum den berühmten Auspruch Napoleons, wonach ‚Politik das Schicksal' sei, ab.

[397] Bülow 1941, S. 46f.

[398] Siehe Lauermann 1988, S. 38.

[399] Daitz hatte allerdings Schmitt am 7. 6. 1939, also nicht lange nach dessen Kieler Vortrag, geschrieben: „Wenn ich erst heute dazu komme, die freundliche Übersendung ihrer wertvollen Abhandlung *Völkerrechtliche Grossraumordnung* zu beantworten, und Ihnen dafür zu danken, so wollen Sie diese bitte damit entschuldigen, dass ich in der Zwischenzeit mit sehr kurzen Unterbrechungen im Auslande weilte. .. Ich stimme Ihnen in allen Teilen bei und werde mir erlauben, Sie im Laufe dieses Monats anzurufen, um mit Ihnen über einige gewisse praktische Konsequenzen Ihrer Ausführungen zu sprechen." Desweiteren schlug er Schmitt die Mitarbeit an einer neuen Zeitschrift für Großraumwirtschaftsfragen vor: siehe Nachlass von Carl Schmitt im Hauptstaatsarchiv Düsseldorf; (HStAD) RW 265 - 2739.

[400] Daitz S. 34 und 43.

> „keine künstlichen geographischen Konstruktionen .., sondern das wirtschaftliche Selbstbehauptungs- und Selbstbestimmungsrecht rassisch gebundener Völkergemeinschaften darstellt, wie die europäische, die ostasiatische, die nordamerikanische, die südamerikanische und die indische Großraumwirtschaft.“[401]

Die Losung ‚Europa den Europäern‘, die Daitz nicht müde wird in diversen Aufsätzen zu deklamieren[402], hat er selbst durch eine vertrauliche Denkschrift als Betrugsformel entlarvt:

> „Wenn wir den europäischen Kontinent wirtschaftlich führen wollen, wie dies aus Gründen der wirtschaftliche Stärkung des europäischen Kontinents als Kernraum der weißen Rasse unbedingt erforderlich ist und eintreten wird, so dürfen wir aus verständlichen Gründen diese nicht als eine deutsche Großraumwirtschaft öffentlich deklarieren. Wir müssen grundsätzlich immer von Europa sprechen, denn die deutsche Führung ergibt sich ganz von selbst aus dem politischen, wirtschaftlichen, kulturellen, technischen Schwergewicht Deutschlands und seiner geographischen Lage.“[403]

Die Führungsriege des nationalsozialistischen Deutschland favorisierte allerdings eine recht einfache Wirtschaftsphilosophie, in der eine Debatte um ‚deutsche‘ oder ‚europäische‘ Großräume keinen Platz hatte:

> „Mir scheint, daß früher die Dinge einfacher waren. In früheren Zeiten hat man geplündert. Wer ein Land erobert hatte, verfügte nach Belieben über die Reichtümer dieses Landes. Heute wird alles menschlicher geregelt. Was mich angeht, ich denke noch ans Plündern, umfassend.“[404]

d) Der Reichsbegriff im Rahmen der Großraumkonzeption

Das ‚Reich‘ soll neuer Zentralbegriff im Völkerrecht werden; es zeichnet sich durch die „Verbindung von Großraum, Volk und politischer Idee“[405] aus. Damit erweist sich das Reich als Kernbegriff des Großraumprinzips, welches an anderer stelle definiert wird als

> „Verbindung von politisch erwachtem Volk, politischer Idee und politisch von dieser Idee beherrschtem, fremde Interventionen ausschließendem Großraum.“[406]

---

[401] Daitz 1940 b, S. 746. Am 5. Oktober 1940 schreibt Daitz an Schmitt: „.. daß für mich Europa, Ostasien, Amerika oder Indien nicht geographische Räume sind, sondern biologisch gebundene Lebensräume. Darin liegt glaube ich etwas grundsätzlich Neues.“: Nachlass von Carl Schmitt im Hauptstaatsarchiv Düsseldorf; (HStAD) RW 265 - 2740.

[402] Siehe ebd. S. 744; Daitz 1940 a, S. 2084; Daitz 1941 b, S. 88.

[403] Werner Daitz in einer vertraulichen Denkschrift über die Errichtung eines Reichskommissariats Großraumwirtschaft vom 31. 5. 1940; zitiert nach: Neulen 1987, S. 72-75; 74.

[404] Hermann Göring 1942; zitiert nach: Bullock S. 966.

[405] 1991 VG, S. 51.

[406] Ebd. S. 30.

Unverkennbar ist auch hier die Orientierung am politisch-trinitarischen Modell der Institutionenlehre Haurious (siehe diese Arbeit S. 21). Innerhalb der Großraumkonzeption kommt dem Reich eine konkrete Ordnungsaufgabe zu:

> „Reiche .. sind die führenden und tragenden Mächte, deren politische Idee in einen bestimmten Großraum ausstrahlt und die für diesen Großraum die Interventionen fremdräumiger Mächte grundsätzlich ausschließen.“[407]

Das jus publicum europaeum soll durch ein jus inter imperia ersetzt werden. Für das jus inter imperia hält Schmitt vier mögliche Arten von Beziehungen fest;

> „solche zwischen den Großräumen im ganzen; dann zwischen-reichische Beziehungen zwischen den führenden Reichen dieser Großräume; zwischen-völkische Beziehungen innerhalb eines Großraumes und endlich .. zwischen-völkische Beziehungen zwischen staatlich organisierten Völkern verschiedener Großräume.“[408]

Impliziert ist damit,

> „daß - neben mancherlei Subjekten des Völkerrechts - nur wenige Schöpfer und Gestalter der erdräumlichen Gesamtentwicklung übrig bleiben.“[409]

Die Schöpfer und Gestalter, die in Frage kommen, sind das Deutsche Reich, das Mittelmeerimperium Italien, das Britische Empire, die Vereinigten Staaten, das Sowjetimperium und die asiatische Großmacht Japan.

e) Geopolitik

Mein Vater hat das Siegel aufgebrochen.
Den Hauch des Bösen hat er nicht gesehen.
Den Dämon ließ er in die Welt entwehen.

(Albrecht Haushofer über seinen Vater Karl H.[410])

Der Reichsbegriff Schmitts ist in seiner Verbindung von politischer Programmatik mit dem Raumbegriff stark von der ‚Geopolitik‘ beeinflußt[411]. Der Begriff ‚Geopolitik‘

---

[407] Ebd. S. 49.

[408] 1940 e, S. 177.

[409] Ebd.

[410] Aus dem Band *Moabiter Sonette* von Albrecht Haushofer. Haushofer wurde im Zusammenhang mit dem Attentat vom 20. Juli verhaftet und Ende April 1945 von der SS im Kleinen Tiergarten erschossen, wo sich auch heute noch sein Grab befindet.

[411] Siehe Schmitts Verweis auf Friedrich Ratzel, den „Vater“ der Geopolitik, [Franz Neumann], (1991 VG, S. 76 und 79; 1988 NE, S. 56) als auch auf den Münchner Professor für Geographie und Mentor von Rudolf Heß Karl Haushofer (siehe 1991 VG, S. 17 und 29.). Neben Halford Mackinder hat auch

wurde um die Jahrhundertwende von dem Schweden Rudolf Kjellén geprägt und hatte als Bezeichnung für die als Teildisziplin einer umfassenden Staatswissenschaft konzipierte „Lehre über den Staat als geographischer Organismus oder Erscheinung im Raum“[412] einen ausdrücklichen Bezug zum Reich, denn ‚geographischer Organismus‘ sei „also de[r] Staat als Land Territorium, Gebiet, oder, am ausgeprägtesten, als Reich.“[413] Maßgeblich geprägt wurde die Geopolitik durch den Begründer der ‚Politischen Geographie‘ Friedrich Ratzel, welcher die

> „Lehre von der Beeinflussung und Gestaltung des staatlichen Lebens durch die im Begriff der ‚Erdoberfläche‘ zusammengefaßten Kräfte“[414]

etabliert hat, oder, mit anderen Worten, erstmals den Raumbegriff in die Staatswissenschaft eingebracht hat. Der Münchener Professor für Geographie Karl Haushofer[415], „Meister der geopolitischen Wissenschaft“[416] und weitgereister Gründer der bedeutenden ‚Zeitschrift für Geopolitik‘, hat den Begriff Geopolitik über den wissenschaftlichen Rahmen hinaus zu einem programmatischen „Schlagwort“, zum „Rüstzeug des politischen Handelns“[417] gemacht. Auch bei Haushofer hat die Geopolitik einen Bezug zum Reich, ist ihm doch die „Lebensfrage jeder Reichsbildung“ die „Raum-Überwindung“[418] und schwebte ihm als „mittelfristiges“ Ziel vor, „die Staatsgrenzen mit den Volksgrenzen in Übereinstimmung zu bringen“[419].

---

der Geograph Heinrich Schmitthenner Einfluß auf Schmitt gehabt; siehe die Fußnote in 1988 NE, S. 24 sowie die Bemerkungen von Maschke in 1995 SGN, S. 468.

[412] Rudolf Kjellén, *Der Staat als Lebensform*, 1916, S. 46; zitiert nach: Winkler 1974, Sp. 327-328; 327.

[413] Ebd.

[414] Vogel 1934, S. 79.

[415] Über Haushofer liegt eine monumentale Monographie vor: Jacobsen 1979. Mohler nennt das Werk mit Vorbehalten „eine der wichtigsten Publikationen zur KR (‚Konservativen Revolution‘, Anm. F.B.) seit 1972“: siehe Mohler 1994, Ergänzungsband S. 25ff.

[416] 1991 VG, S. 29.

[417] Siehe Vogel 1934, S. 88. Vogel orientiert sich anscheinend an der Selbstdefinition der Geopolitik der Herausgeber der ‚Zeitschrift für Geopolitik‘ (Karl Haushofer, Erich Obst, Otto Maull, Hermann Lautensach): „Die Geopolitik ist die Lehre von der Erdgebundenheit der politischen Vorgänge. Sie fußt auf der breiten Grundlage der Geographie, insbesondere der Politischen Geographie als der Lehre von den politischen Raumorganismen und ihrer Struktur. Die Geopolitik will Rüstzeug zum politischen Handeln liefern und Wegweiser im politischen Leben sein. Damit wird sie zur Kunstlehre, die die praktische Politik bis zur notwendigen Stelle des Absprungs vom festen Boden zu leiten fähig ist. Die Geopolitik will und muß zum geographischen Gewissen des Staats werden.“: zitiert nach: Langhans-Ratzburg 1932, S. 5.

[418] Karl Haushofer, *Raumüberwindende Mächte* (1931), zitiert nach: Köster 1971, Sp. 126.

[419] Jacobsen 1979, S. 257.

Bereits Ende der Zwanziger Jahre wurde eine terminologische Brücke von geopolitischer und juristischer Denkweise versucht, und zwar durch Manfred Langhans-Ratzburgs Innovation der ‚Geojurisprudenz'. Für Langhans-Ratzburg beruht die Geojurisprudenz wie auch die Geopolitik auf der „Kunst des dynamischen Sehens"[420], nur daß die Geojurisprudenz „fortwährend wirkenden Einfluß des Raums auf die Rechtsgestaltung aufzeigt."[421] Ebenso wie später bei Schmitt wendet sich Langhans-Ratzburg gegen den juristischen Positivismus und besteht darauf, daß die Norm „nur aus dem Raum heraus verstanden werden kann"[422].

Der Einfluß der Geopolitik auf die Großraumkonzeption Carl Schmitts äußert sich hauptsächlich in der Adaption der Verbindung von Raumbegriff und Staatswissenschaft für das Völkerrecht. Faßte Kjellén das Wort Politik „im Sinne einer dynamischen Staatenkunde"[423] auf, so ist auch der Großraum für Schmitt eine „qualitativ-dynamische Größe"[424]. Mit anderen Worten: Legitimation von Expansion mithilfe der Umfunktionierung von geographischen Begriffen zu ‚Kampfbegriffen' ist, platt gesagt, Ausgangspunkt beider Diskurse. Nicht nur bei Schmitt, sondern auch bei Paul Ritterbusch, dem Direktor des Institutes für Völkerrecht an der Universität Kiel[425], wirkte die Zerschlagung der Rest-Tschechei als Katalysator für die Transformation von Geopolitik in Geojurisprudenz. Die Expansion nach Südosteuropa mache deutlich,

> „daß es sich bei der Raumordnung nicht lediglich um ein statisches, sondern heute mehr denn je um ein dynamisches Problem der politischen Neuordnung handelt. Vordringlich wichtig ist vor allem die Tatsache, daß seit 1938 neue Gebietsteile dem großdeutschen Raum eingegliedert worden sind und dementsprechend ganz neue raumpolitische Aufgaben hinzugekommen sind."[426]

Allerdings zeigt sich die Übernahme von Methoden der Geopolitik keineswegs bruchlos: So hat sich Schmitt von einigen geopolitischen Argumenten distanziert, dazu gehört das der ‚Lebensraum'-Doktrin zugrundeliegende Argument des ‚Bevölkerungsdruckes'[427], wie auch die Lehre von den ‚natürlichen Grenzen'[428]. Die Lehre von den ‚natürlichen Grenzen' ist eigentlich Teil eines ‚natürlichen' Völkerrechts, d.h. der Transformation des Naturrechts auf das Recht der Völker. Sie findet sich bereits bei Bodinus[429] oder auch bei Grotius, der meinte, Flüsse seien als natürliche Grenzen anzusehen, „weil dazu nichts sich besser eignet als ein nicht leicht zu überschreitendes Hin-

420 Langhans-Ratzburg 1932, S. 29.
421 Ebd.
422 Ebd.
423 Vogel 1934, S. 87.
424 1991 VG, S. 14.
425 Ritterbusch spannte in seiner Funktion als Obmann des Reichsministeriums für Erziehung, Wissenschaft und Volksbildung Schmitt auch für den ‚Kriegseinsatz der Geisteswissenschaften' ein: siehe Frank-Rutger Hausmann, ‚Die Aktion Ritterbusch', Franfurter Allgemeine Zeitung vom 13. 03. 1999.
426 Ritterbusch 1939, S. 493.
427 1991 VG, S. 18.
428 Ebd.
429 Siehe Grewe 1988, S. 375ff.

dernis"[430]. Wilhelm G. Grewe resümiert: „Während des ganzen 18. Jahrhunderts hat diese Idee das französische Denken beherrscht."[431] Auch in bezug auf diese Lehre geht Schmitt also auf Distanz zum Naturrecht.

Albrecht Haushofer hat im November 1941 eine Denkschrift verfaßt[432], die er dem Staatssekretär im Auswärtigen Amt vorlegte und Grundlage für einen Vortrag sein sollte, den er vor Hitler halten wollte. In dieser Denkschrift schlug Haushofer eine „föderative Friedensordnung Kontinentaleuropas"[433] vor. Haushofer versuchte die Machthaber von ihrem hybriden Expansionskurs abzubringen, einen Ausgleich mit den westeuropäischen Ländern bei Wiederherstellung von deren Souveränität anzustreben und sich mit der Unmöglichkeit abzufinden, das britische Weltreich, das stalinistische Kontinentalreich oder die amerikanische Hegemonie über Südamerika kurzfristig ernsthaft zu gefährden. Insbesondere der Ausgleich mit England lag Haushofer am Herzen, über dieses Thema hat er sich auch ausgiebig mit Rudolf Heß beraten[434]. Das hier indirekte vorgeschlagene jus inter imperia hat durchaus Ähnlichkeit mit den Gedankengängen Schmitts, stieß aber auf wenig Gegenliebe bei den politisch-strategisch Verantwortlichen, zumal nach dem Englandflug von Heß die Haushofers in eine mißliche Lage gebracht worden waren.

Das Ende des Ost-West-Konfliktparadigmas als weltpolitisches Beurteilungsschema schließlich leistet einer Renaissance der Geopolitik Vorschub, und zwar gerade im frankophonen Raum. In jüngerer Zeit wurden die Werke von Friedrich Ratzel wieder ins Französische übersetzt und Yves Lacoste kommt nicht umhin einzugestehen, daß diese „eine breite Rezeption erfahren haben."[435]

f) Die Feindkonstellation als Fortführung der ‚Ideen von 1914': die Frontstellung gegen England

In Schmitts Visier ist der freie Welthandel als „Methode britischer und angelsächsischer Weltherrschaft"[436]. Die Maßnahmen, die zu dessen Aufrechterhaltung notwendig sind, z.B. die Sicherung der Verkehrswege[437], gehen über den Charakter bloßer staatlicher Souveränitätsakte hinaus. Schmitt will der überstaatlich-wirtschaftlichen Weltordnung angelsächsischer Prägung eine überstaatlich-politische entgegensetzen. Im Gegensatz zur Großraumordnung angelsächsischer Prägung, die aus dem überseeischen Kolonialismus hervorging[438], sei das ‚Reich' nicht durch koloniale Landnahme stigmatisiert:

---

[430] Grewe 1988, S. 375.
[431] Ebd. S. 376. Siehe auch: Kritisches Wörterbuch 1988, S. 1239-1252.
[432] Die Schrift ist abgedruckt in Neulen 1987, S. 79-97.
[433] Siehe Neulen 1987, S. 80.
[434] Siehe die Briefe bei Jacobsen 1979, Bd. II.
[435] Lacoste 1990, S. 7.
[436] 1940 e, S. 164.
[437] Siehe 1991 VG, S. 34-41.
[438] „Die Kolonie ist die raumhafte Grundtatsache des bisherigen europäischen Völkerrechts.": 1991 VG, S. 68. Für Schmitt sorgte andererseits der Kolonialismus durchaus für eine Hegung der Konflikte,

> „Während ‚Imperialismus‘[439] seit dem Ende des 19. Jahrhunderts zu einer oft als bloßes Schlagwort mißbrauchten Bezeichnung ökonomisch-kapitalistischer Kolonisierungs- und Expansionsmethoden geworden ist, blieb das Wort ‚Reich‘ von diesem Makel frei.“[440]

Mit dieser konkreten Frontstellung gegen England bzw. die angelsächsische Welt steht Schmitt in der Tradition der ‚Ideen von 1914‘, welche zwar „der weltgeschichtliche Kontrapunkt gegen die des Jahres 1789“[441] sein sollten, nichtsdestotrotz aber hauptsächlich gegen England gerichtet waren. Die Formel der ‚Ideen von 1914‘ fand Verbreitung hauptsächlich durch das gleichnamige Buch des germanophilen schwedischen Staatsrechtlehrers und Geopolitikers Rudolf Kjellén[442]. Kjellén hatte sie von dem Münsteraner Volkswirt und sozialdemokratischen Theoretiker Johann Plenge[443], der den Kriegsausbruch als „deutsche Revolution“[444] bezeichnete. Die ‚Ideen von 1914‘, das waren für Plenge die „Ideen der deutschen Organisation“[445], oder, in den Worten Kjelléns,

> „eine Konzentration des Staatslebens gegenüber der Anarchie, die auf dem Boden des Individualismus von 1789 lauert.“[446]

Gegen die liberale Atomisierung der Gesellschaft wird ein neuer Ordo propagiert:

> „Ordnung ist .. das große Wort, die erste Idee von 1914, welche die zu Zügellosigkeit entartete Freiheit von 1789 vernichten soll.“[447]

---

und zwar im zweifachen Sinn (Beschränkung auf einen Raum; Domestizierung) des Wortes: der europäische Raum wurde elementaren Konflikten freigehalten, Konflikte konnten hier nach festen Spielregeln geführt werden, jenseits der Linie aber wurden diese Regeln permanent verletzt.

[439] Was den Begriff des Imperialismus angeht, so orientiert sich Schmitt an Werner Sombarts Definition (Siehe 1991 VG, S. 50 FN 61.) aus dessen Monumentalwerk zum *modernen Kapitalismus*, die dezidiert etatistisch ist: „Immer sollte man das Wort (Imperialismus, Anm. F.B.) nur gebrauchen, um damit eine Angelegenheit des Staates auszudrücken, dessen Wesenheit im Imperialismus, wenn auch übersteigert, zur Verwirklichung gelangt.“: Sombart, W. 1987, Bd. III, S. 67.

[440] 1991 VG, S. 50f.

[441] Hermann Lübbe, *Die Philosophischen Ideen von 1914*; in, Lübbe 1963, S. 173-238; 208.

[442] Siehe Kjellén 1918.

[443] „Wenn wir einmal diesen Krieg in einem Erinnerungsfeste feiern können, so wird es das Fest der Mobilmachung sein. Das Fest des 2. August! Das Fest des inneren Sieges! - Da ist unser neuer Geist geboren: der Geist der stärksten Zusammenfassung aller wirtschaftlichen und aller staatlichen Kräfte zu einem neuen Ganzen, in dem alle mit gleichem Anteil leben. Der neue deutsche Staat! Die Ideen von 1914!“: Plenge 1915, S. 189f.90. Zu Plenge und den ‚Ideen von 1914‘: Sieferle 1995, S. 45-75 sowie Schüddekopf 1960, S. 38-42.

[444] Johann Plenge, *Der Krieg und die Volkswirtschaft*, Münster 1915, S. 171; zitiert nach: Kjellen 1918, S. 6.

[445] Ebd.

[446] Ebd. S. 14.

[447] Ebd. S. 34.

Die ‚Ideen von 1914' sind das ideelle Spiegelbild einer sachlich-materialistischen Mitteleuropakonzeption. Obwohl sich die ‚Ideen von 1914' stark von denen Schmitts unterscheiden und sie in einer anderen ‚konkreten Lage' verortet werden müssen, lassen sich doch gemeinsame politische Motive herauslesen, die Schmitts Konzeption in den Traditionszusammenhang eines ‚deutschen Sonderweges' setzen lassen. Dazu gehört die Frontstellung gegen England, gegen eine liberal-individualistische Legitimität sowie der emphatische Nachfrage nach Ordo. Was ferner ‚Mitteleuropa', die ‚Ideen von 1914' und das ‚Reich' (zumindest seit 1806) gemeinsam haben, ist ihre großdeutsche Voraussetzung. War es bei der Mitteleuropaidee und den ‚Ideen von 1914' die konkrete großdeutsche Kriegskoalition, so beim ‚Reich' der Anschluß der ‚Ostmark' und die Zerschlagung der Tschechoslowakei. Alle Konzeptionen gehen aber über diese großdeutsche Voraussetzung hinaus, die Mitteleuropaidee und die ‚Ideen von 1914' in einem „planetarischen Rahmen"[448], so daß gesagt werden kann, daß sie modernistische Transformationen der Reichsidee sind.

III. Das Reich als Supra-Souveränität

a) Friedrich Naumanns Mitteleuropakonzeption als Ausdruck der Krise des Jus Publicum Europaeum

Die Mitteleuropa- und Großwirtschaftsraumpublizistik ist nicht nur wirtschaftspolitisch von Bedeutung, sondern hat eine direkt völkerrechtliche Relevanz; besonders jene des Liberalen Friedrich Naumann. Naumanns Mitteleuropakonzeption ist wesentlich Indikator der Krise des Jus Publicum Europaeum durch den Versuch, dessen Kerngedanken, die nationalstaatliche Souveränität, den hegemonialen Bedürfnissen des Deutschen Reiches in Kontinentaleuropa anzupassen. Insbesondere nach Osteuropa strahle die ‚Großsouveränität'[449] des großdeutschen Bündnisses aus und relativiere damit den außenpolitischen Spielraum der kleineren Staaten, wie auch die anderen Großmächte ihren Einfluß global geltend machen:

> „Die Souveränität, die früher ein sehr verbreitetes Besitztum irdischer Staatsgebilde war, sammelt sich, je länger desto merkbarer, an ganz wenigen Stellen. Es bleiben nur eine gewisse Anzahl von Mittelpunkten der Menschheit übrig, an denen wirklich regiert wird".[450]

Die Ähnlichkeit mit der Großraumtheorie Carl Schmitts ist evident. ‚Großsouveränität' ist bei Schmitt die Fähigkeit eines Reiches, Interventionen anderer Großmächte in seinem erklärten Einflußgebiet zu verhindern. Die politische Perspektive hat sich bei

[448] Troeltsch, 1925 a, S. 51.
[449] Friedrich Naumann, *Mitteleuropa* (1915), in: Naumann 1964, S. 483-842; 665.
[450] Ebd. S. 664.

Schmitt wie bei Naumann auf den ganzen Planeten ausgedehnt: „Wie denken heute planetarisch und in Großräumen.“[451]

> „Der Geist des Großbetriebes und der überstaatlichen Organisation hat die Politik erfaßt. Man denkt, wie einst Cecil Rhodes sich ausdrückte, ‚in Erdteilen‘.“[452]

Gilt bei Schmitt für die kleinen Staaten im Großraum eines Reiches, daß ihre Souveränität - negativ formuliert - durch den Vorbehalt eines Interventionsverbotes anderer Großmächte in deren ‚Staatsgebiet‘, oder, positiv formuliert, durch die Degradierung ihres Staatsgebietes zum Einflußgebiet des Reiches unterminiert wird, so werden bei Naumann die Kleinstaaten in einer völkerrechtlichen ‚kopernikanischen Wendung‘ in eine Umlaufbahn um die ‚Sonnen‘ der Großmächte gezwungen:

> „Was heißt in diesem Zusammenhang Trabantenvolk? Man kann auch sagen: Planetenstaat. Diese Staaten haben ihr Leben für sich, ihren eigenen Sommer und Winter, ihre Kultur, ihre Sorgen und ihren Glanz, aber sie folgen in den großen weltgeschichtlichen Linien nicht mehr den eigenen Gesetzen, sondern wirken als Verstärkung der führenden Gruppe, zu der sie gehören.“[453]

Wie bei Schmitt (siehe der Abschnitt b) hat die Großmachtpolitik der Vereinigten Staaten von Amerika Vorbildcharakter:

> „So suchten die Vereinigten Staaten von Nordamerika im Laufe der Zeit alle amerikanischen Staatsgebilde in Nord- und Südamerika an sich zu ketten, nicht um sie zu verschlingen, sondern um sie zu führen.“[454]

Eine weitere Übereinstimmung findet sich in der Beurteilung der Bedeutung der Technik für das Völkerrecht. So konstatiert Naumann:

> „Wer klein und allein sein will, wird trotzdem von selber mit abhängig von den Lageveränderungen der großen Mächte. Das folgt aus dem Zeitalter des Verkehrs und aus der zentralen Technik der Heere.“[455]

> „Was ist heute ein Gebiet von einer halben Million Quadratkilometern? Es ist eine einzige Tagereise geworden.“[456]

Gerade die verkehrstechnische Entwicklung - nach dem Ersten Weltkrieg besonders die der Luftfahrt - ist auch für Schmitt für den Begriff der staatlichen Souveränität von Wichtigkeit:

---

[451] 1991 VG, S. 61.
[452] Friedrich Naumann, *Mitteleuropa* (1915), in: Naumann 1964, S. 483-842; 493.
[453] Ebd. S. 664.
[454] Ebd.
[455] Ebd. S. 493.
[456] Ebd. S. 665.

> „der Gedanke der territorialen Souveränität des Staates im atmosphärischen Raum [ist] in besonders betonter Weise die Grundlage aller bisherigen vertraglichen und sonstigen Regelungen des internationalen Flug- und Funkwesens geworden. Vom technischen Standpunkt aus ist das sonderbar und geradezu grotesk, besonders bei territorial kleinen Staaten, wenn man bedenkt, wie vielen ‚Souveränitäten' ein modernes Flugzeug unterstehen soll, wenn es in wenigen Stunden über viele kleine Staaten hinwegfliegt, oder gar was aus den vielen Staatshoheiten über alle die elektrischen Wellen wird, die ununterbrochen mit Sekundenschnelle durch den atmosphärischen Raum über den Erdball kreisen."[457]

Auch Johannes Popitz befürwortete in einem Vortrag, den er in der Mittwochsgesellschaft hielt, ein zentralistisches und ‚großsouveränes' Deutsches Reich mit einer Einflußsphäre in Mitteleuropa, wenn auch er nur mit Vorbehalt den Begriff des Staates dem des Reiches opfern wollte (siehe oben). Insofern ist es nicht ganz richtig, wie Hermann Graml bemerkt, daß in diesem Vortrag „jene Renaissance des Reichsgedankens eindeutigen Ausdruck" fand[458]:

> „Das Ringen um einen neuen Reichsbegriff [ist] nur insoweit politisch förderlich, als es dem Staat der Deutschen seine Mission im mitteleuropäischen Raum vor Augen führt und klarlegt, daß diese Mission nur erfüllt ist, wenn dieser deutsche Staat ein machtvoller Staat ist d.h. ein Vollstaat, der alle Wesenselemente des staatlichen Lebens fest in der Hand hält, ein vom Gemeinschaftsbewußtsein durchdrungenes national homogenes Volk - das ganze deutsche Volk - umschließt, der zwar nicht durch öde Zentralisierung der Verwaltung Gleichmacherei treibt, aber doch alle föderativen und partikularistischen Hilfskonstruktionen ablehnt."[459]

Die Mitteleuropaidee ist in ihrer technisch-ökonomischen Semantik Ausdruck der sachlichen Anforderungen des Weltkrieges[460]. Dennoch vermag sie in

> „keiner ihrer Versionen .. völlig ihre Verwandtschaft mit dem alten universalen Reichsgedanken zu verleugnen."[461]

Als ‚Auftrag', d.h. säkularer ‚Sendung', ist sie eindeutig einer Nation und einem Volk anheimgegeben:

> „So ist Mitteleuropa ein Begriff des politischen Willens, und aller Vielfalt politischer Deutung, Umdeutung und Verdrehung offen. Mitteleuropa ist eine deutsche Prägung; das muß

---

[457] 1991 VG, S. 60.

[458] Graml 1966, S. 15-72; 37.

[459] Johannes Popitz, *Begriff des ‚Reichs' in seinen zwei Hauptbedeutungen*, Vortrag vom 11. 12. 1940; zitiert nach: Bentin 1972, S. 58f.

[460] Und wie Henry Cord Meyer und Wolfgang Mommsen dargelegt haben, hat es trotz der mannigfaltigen Mitteleuropa- und Großwirtschaftsraumkonzeptionen „vor 1914" keine „ernsthafte[] Mitteleuropapolitik des Deutschen Reiches" gegeben: Mommsen 1995, S. 11.

[461] Rumpf 1943, S. 527.

> festgehalten werden gegenüber den zahlreichen Versuchen der Umdeutung, die neuerdings von Prag, Budapest und Warschau aus unternommen werden."[462]

Für Schmitt konnte ‚Mitteleuropa' durch sein allzu eindeutiges Primat im Ökonomischen und seine mangelnde Intensität im Politischen kaum ein reizvoller ‚Kampfbegriff' werden. Wie der Schmitt-Schüler Helmut Rumpf[463] feststellt, hat die

> „wirtschaftliche Mitteleuropa-Idee, und das ist auch die Naumanns im wesentlichen, .. in der Tat ein sehr viel blasseres Aussehen als der stets mystisch verklärte Reichsbegriff. Von ihr kann man mit Karl Renner sagen: ‚Bourgeois und ökonomisch ausgedrückt heißt Mitteleuropa Kartell statt Konkurrenz.' Insoweit ist Mitteleuropa das Reich ohne dessen Mythus."[464]

b) Vorbehalt des Reiches: Interventionsverbot als ‚Deutsche Monroedoktrin'

Wie ich bereits dargelegt habe, ist der Anspruch des Reiches auf Supra-Souveränität negativ im Interventionsverbot ‚raumfremder' Mächte manifestiert. Daß Schmitt besonderen Wert auf das Nichtinterventionsprinzip legt, mag auch daran liegen, daß er als Rheinländer den entwürdigenden Status eines Besetzten im eigenen Land kennengelernt hatte[465]. Die Art der Legitimation der Besetzung des Rheinlandes weist, so Schmitt, auf einen Wandel im Völkerrecht hin:

> „Das Charakteristische daran ist, daß sich eine rechtliche Form der Herrschaft entwickelt hat, welche darin besteht, ein Besatzungsrecht mit einem Interventionsrecht zu verbinden."[466]

Der Begriff der Okkupation des klassischen Völkerrechts wird damit umgangen. Die Tendenz zum Interventionismus nach dem Ende des Ersten Weltkrieges sieht Schmitt vor allem im auf Individualismus und Universalismus aufgebauten System eines ‚Droit constitutionnel international' Georges Scelles (s.o.): „Die Intervention wird zur normalen und zentralen Rechtsinstitution dieses Systems."[467]

Ausdrücklich gegen die universalistische Legitimation von Interventionen ist das Nichtinterventionsprinzip der Schmittschen Großraumtheorie gerichtet. Die außenpolitische Situation nach der Zerschlagung der ‚Resttschechei' im Frühjahr 1939 versetzt Schmitt in die Lage, dieses Prinzip als völkerrechtlichen Vorbehalt für den entstandenen konkreten Großraum zu proklamieren. Indem er dem Vorbehalt diesen großen Stellenwert einräumt, folgt Carl Schmitt einerseits einer Entwicklung im Völkerrecht, da es

---

[462] Haushofer, A. 1930, S. 151.
[463] Rumpf hat bei Schmitt 1939 promoviert: siehe Laak 1993, S. 162 Anm. 136.
[464] Rumpf 1943, S. 524.
[465] In der Biographie von Paul Noack (Noack 1993) findet sich im Bildteil eine Photographie der Ausweiskarte von Carl Schmitt von 1922, welche ihn als ‚Einwohner des besetzten Gebietes' ausweist.
[466] 1925 a, S. 29.
[467] 1988 WK, S. 17.

> „eine für jede völkerrechtswissenschaftliche Betrachtung der Gegenwart zentrale Tatsache [ist], daß es in der Geschichte des Völkerrechts noch niemals so viele und so fundamentale ‚Vorbehalte' gegeben hat, wie seit etwa 30 Jahren. .. je mehr es sich positivistisch erweiterte, ist das Gebäude dieses Normensystems von innen heraus durch Vorbehalte entleert worden, so daß nur noch die Fassade steht."[468]

Andererseits aber bleibt er sich auch philosophisch treu, ist der Vorbehalt doch strukturgleich mit dem extremen Fall, den der Dezisionist fast 20 Jahre früher in seiner *Politischen Theologie* als „Kraft des wirklichen Lebens" gefeiert hatte, welche „die Kruste einer in Wiederholung erstarrten Mechanik"[469] durchbreche. Die Vorbehalte, hieß es schon in der dritten Ausgabe von *Der Begriff des Politischen*, sind,

> „was ihre logische Struktur angeht, nicht etwa bloße Ausnahmen von der Norm, sondern sie geben der Norm überhaupt erst ihren konkreten Inhalt, es sind keine, Ausnahmen vorbehaltende, peripherische Einschränkungen der Verpflichtung, sondern normgebende Vorbehalte, ohne welche die Verpflichtung inhaltslos ist"[470]

Für die Situation Anfang 1939 gelte, daß

> „das Völkerrecht in besonders hohem Grad ein Vorbehaltsrecht ist. Vor normativistischen Verallgemeinerungen und universalistischen Auflösungen findet die Wirklichkeit schließlich in solchen Vorbehalten ihre eigentliche Stätte."[471]

Wirklichkeit, das ist für Schmitt der osteuropäische Raum, der nun als deutsches Einflußgebiet von westlich-liberaler Legitimität freigehalten werden soll analog zur US-amerikanischen Monroedoktrin von 1823, die als Abwehr des monarchistisch-dynastischen Legitimitätsprinzips intendiert war. Der Kernsatz der Monroedoktrin lautet:

> „The political system of the allied powers is essentially different, in this respect, from that of America. .. we should consider any attempt on their part to extend their system to any portion of this hemisphere, as dangerous to our peace and safety."[472]

---

[468] 1934 NV, S. 24.

[469] 1985 PT, S. 22.

[470] 1933 BdP, S. 33f. Siehe auch die Rezension Schmitts des Buches von Ulrich Scheidtmann über das Problem des Vorbehaltes: „So ist es dazu gekommen, daß heute nicht mehr die Verträge, sondern die Vorbehalte den interessantesten Teil des Völkerrechts darstellen.": 1934 b.

[471] 1991 VG, S. 25. [siehe auch S. 36 sowie die Fußnote 44 auf derselben Seite, die auf Schmitts Schrift *Nationalsozialismus und Völkerrecht* von 1934 verweist.]

[472] Zitiert nach: Reibstein 1957, Bd. II, S. 419f. Weitere Punkte bei Berber 1942 b, S. 291: „In die bestehenden Kolonien oder Nebenländer irgendeiner europäischen Macht haben wir uns nicht eingemischt und werden wir uns nicht einmischen." „In bezug auf die Regierungen, die ihre Unabhängigkeit erklärt und aufrechterhalten haben, und deren Unabhängigkeit wir nach guter Überlegung und auf Grund gerechter Prinzipien anerkannt haben, könnten wir irgendeine Einmischung irgendeiner europäischen Macht mit der Absicht, sie zu unterdrücken oder ihr Schicksal in irgendeiner anderen Weise zu kontrollieren, in keinem anderen Licht betrachten denn als Ausdruck einer unfreundlichen Haltung

Die Monroedoktrin hat als Vorbehalt, der sich völkerrechtlich durchgesetzt hat, (er wurde durch den Artikel 21 der Völkerbundssatzung[473] anerkannt, obwohl die Vereinigten Staaten von Amerika kein Völkerbundsmitglied waren) Vorbildfunktion:

> „Sie ist eben doch ein wesentlicher Teil des internationalen Rechts, einmal insofern, als sie gewisse allgemeine Prinzipien, zum Beispiel das Recht auf Selbstverteidigung, zur konkreten Anwendung bringen will, dann, weil sie in allen Verträgen der Vereinigten Staaten wenigstens als Vorbehalt anerkannt ist. Mit der wachsenden Macht der Vereinigten Staaten haben sich alle Staaten stillschweigend der Monroedoktrin unterworfen."[474]

Die Wertung der Monroe-Doktrin als Präzedenzfall eines völkerrechtlichen Prinzips offenbart darüber hinaus Schmitts Auffassung des Verhältnisses von Recht und Realität, ist doch die Monroe-Doktrin eine eigentlich politische Erklärung, nicht aber ein Gegenstand des internationalen Vertragsrechts: „Völkerrechtliche Bindungen entstehen durch solche Erklärungen nicht."[475] Für Schmitt kommt es aber darauf an, daß Recht aus Tatsachen abgeleitet werden kann, und sei es eine konkrete Raumordnung.

Zum Zeitpunkt des Kieler Vortrages wollte Schmitt sein Großraumprinzip noch nicht ausdrücklich als ‚deutsche Monroedoktrin' bezeichnen:

> „Es ist keine ‚deutsche Monroedoktrin', wohl aber eine der heutigen politischen und geschichtlichen Lage des Deutschen Reiches wie des osteuropäischen Raumes entsprechende Anwendung des völkerrechtlichen Großraumgedankens"[476].

Nicht einmal einen Monat nach dem Kieler Vortrag allerdings proklamierte Hitler in einer Rede genau diese ‚deutsche Monroedoktrin', nachdem der amerikanische Präsident Roosevelt von ihm und Mussolini in einer am 14. April 1939 gerichteten Botschaft verlangt hatte, nach der Annexion der ‚Resttschechei' durch das Deutsche Reich und Albaniens durch Italien auf weitere Okkupationen zu verzichten. Roosevelt forderte u. a. Hitler in seiner Note auf,

> „die Zusage abzugeben, daß ihre Streitkräfte das Gebiet oder die Besitzungen folgender unabhängiger Nationen nicht angreifen bzw. nicht in diese Gebiete oder Besitzungen einfallen werden: Finnland, Estland, Lettland, Litauen, Schweden, Norwegen, Dänemark, die Niederlande, Belgien, Großbritannien und Irland, Frankreich, Portugal, Spanien, Schweiz, Liechtenstein, Luxemburg, Polen, Ungarn, Rumänien, Jugoslawien, Rußland, Bulgarien, Griechenland, Türkei, Irak, Arabien, Syrien, Palästina, Ägypten .. Eine Zusage darf natür-

---

gegenüber den USA." „Unsere Politik in bezug auf Europa .. bleibt die gleiche, nämlich uns nicht in die inneren Belange irgendeiner seiner Mächte einzumischen".

[473] „Internationale Abreden wie Schiedsgerichtsverträge und Abmachungen über bestimmte Gebiete wie die Monroedoktrin, welche die Erhaltung des Friedens sicherstellen sollen, gelten nicht mit einer der Bestimmungen der gegenwärtigen Satzung unvereinbar." Artikel 21 der Vökerbundssatzung zitiert nach: Reibstein 1957, Bd II, S. 422.

[474] 1932 b, S. 168.

[475] Kimminich 1993, S. 455.

[476] 1991 VG, S. 47.

> lich nicht nur für die Gegenwart gelten, sondern auch für eine ausreichend lange Dauer in der Zukunft .. Ich schlage daher vor, daß Sie das Wort ‚Zukunft‘ für eine gesicherte Nichtangriffszeit von mindestens zehn Jahren bis zu einem Vierteljahrhundert .. gelten lassen.“[477]

Hitler konterte mit dem Hinweis auf den anerkannten Vorbehalt der Monroedoktrin:

> „Wenn aber nun der amerikanische Präsident Roosevelt sich berufen glaubt, ausgerechnet an Deutschland oder an Italien eine solche Anforderung richten zu dürfen deshalb, weil Amerika so weit von Europa entfernt sei, dann würde, da die Entfernung Europas von Amerika die gleiche ist, mit demselben Recht auch von unserer Seite an den Herrn Präsidenten der Amerikanischen Republik die Frage gerichtet werden können, welche Ziele denn die amerikanische Außenpolitik ihrerseits verfolge, und welche Absichten denn dieser Politik zugrunde liegen, sagen wir zum Beispiel den mittel- oder südamerikanischen Staaten gegenüber. Herr Roosevelt wird sich in diesem Falle sicherlich auf die Monroe-Doktrin berufen und eine solche Forderung als eine Einmischung in die inneren Angelegenheiten des amerikanischen Kontinents ablehnen. Genau die gleiche Doktrin vertreten wir Deutsche nun für Europa, auf alle Fälle aber für den Bereich und die Belange des Großdeutschen Reiches.“[478]

Schmitt kommentierte diesen Passus in einem im Mai 1939 veröffentlichten Aufsatz wie folgt:

> „Damit ist der Gedanke einer schiedlich-friedlichen Abgrenzung der Großräume in einfachster Sachlichkeit ausgesprochen“ .. „wir legen nur den gesunden Kern eines völkerrechtlichen Großraumprinzips frei und bringen ihn für unseren europäischen Großraum zu sinngemäßer Entfaltung.“[479]

Wenn das Nichtinterventionsprinzip einer ‚deutschen Monroedoktrin‘ negativ die Ausgrenzung ‚raumfremder‘, westlich-liberaler Legitimität aus Osteuropa bedeutet, so könnte es - positiv formuliert - als Fähigkeit des Reiches definiert werden, diesen Vorbehalt völkerrechtlich durchzusetzen. Eingedenk der berühmten Formulierung Schmitts, demnach Souverän sei, wer über den Ausnahmezustand entscheide[480], könnte über das Reich gesagt werden: Die Supra-Souveränität des Reiches, das in einen Großraum „ausstrahlt“[481], besteht darin, über den Vorbehalt eines Interventionsverbotes zu entscheiden. Dieser soll für das Völkerrecht „normgebend“[482] sein, wie sich auch der Ausnahmezustand als „ideale[r] Normalfall“[483] erweise. Innerhalb des Völkerrechts soll anerkannt

---

[477] Zitiert nach: *Anhang des Herausgebers* zum Aufsatz *Völkerrechtliche Großraumordnung* von C.S., in: 1995 SGN, S.341-371; 347.

[478] Max Domarus, *Hitler. Reden und Proklamationen 1932-1945. Kommentiert von einem deutschen Zeitgenossen*, Bd. II (1939-1940), S. 1173. Laut Bendersky erhielt Schmitt nach der Rede Hitlers einen Anruf von Hans Frank, der ihm mitteilte, das der ‚Führer‘ die Originalität des Konzeptes einer ‚europäischen Monroedoktrin‘ für sich beanspruche: siehe Bendersky 1983, S. 258f.

[479] 1939 e, S. 302.

[480] 1985 PT, S. 11.

[481] 1991 VG, S. 49.

[482] 1933 BdP, S. 33f.

[483] 1989 D, S. XVII.

werden, „daß nicht Staaten, sondern Reiche die wahren ‚Kreatoren' des Völkerrechts sind“[484], wie vormals „der Souverän .. Schöpfer eines nichts als irdischen Friedens, Creator Pacis“[485] war. Hatten „mit der wachsenden Macht der Vereinigten Staaten .. sich alle Staaten stillschweigend der Monroe-Doktrin unterworfen“ (siehe das Zitat in dieser Arbeit auf S. 78.), so sollen sie nun ebenso die Einflußnahme des Deutschen Reiches auf den osteuropäischen Raum akzeptieren. Hat Schmitts Großraumlehre einerseits damit den Sinn,

> „die politische Wirklichkeit des Imperialismus als einen rechtlichen Tatbestand anzuerkennen und sie zur Grundlage eines neuen völkerrechtlichen Systems zu machen“[486],

wie sein ehemaliger Bonner Schüler Ernst Rudolf Huber „auf semantische Hüllen verzichtend, die Dinge beim Namen“[487] nennend in seiner Rezension von *Positionen und Begriffe* bemerkt, so geht es doch dem Ideologen Schmitt um mehr als bloßer Legitimation von Machterweiterung; bestehe das Großraumprinzip doch in der

> „Verbindung von politisch erwachtem Volk, politischer Idee und politisch von dieser Idee beherrschtem, fremde Interventionen ausschließendem Großraum.“[488]

Der Vorwurf, die Großraumlehre versuche lediglich, das Streben nach Raumerweiterung zu einem Rechtsinstitut zu machen, und der ähnlich schon der Monroedoktrin gemacht wurde[489], ist neben Huber auch noch von Lothar Gruchmann oder auch von dem Amerikaner Robert Edwin Herzstein gemacht worden:

> „Die ‚völkerrechtliche Großraumordnung' besteht, wie wir sehen werden, dann im Grunde nur darin, die politische Realität Imperialismus dann als Rechtsinstitution anzuerkennen und zu sichern, wenn sie sich für einen geographisch zusammenhängenden Raum als gegeben erweist.“[490]

> „ .. Carl Schmitt's theories were political doctrines, not real international law. They were masks for the boundless expansionism of Hitler's Germany.“[491]

Schmitt hätte jedoch dem Vorwurf, einem ideenlosen Imperialismus Vorschub zu leisten, entgegengehalten:

> „Für uns gibt es weder raumlose politische Ideen noch umgekehrt ideenlose Räume oder Raumprinzipien.“[492]

---

[484] 1991 VG, S. 65.
[485] 1982 L, S. 51.
[486] Huber 1941 b, S. 39.
[487] Quaritsch 1991, S. 56 Anm.
[488] 1991 VG, S. 30.
[489] Siehe 1940 VG, S. 12.
[490] Gruchmann 1962, S. 124.
[491] Herzstein 1982, S. 22.

c) Der ideelle Kern des Großraumprinzips: Combat spirituel[493]

Carl Schmitt hat politischen Begriffen und Benennungen immer eine große Bedeutung beigemessen. Nicht umsonst gab er seiner wichtigsten Aufsatzsammlung, die während des Nationalsozialismus erschien, den Titel *Positionen und Begriffe im Kampf mit Weimar - Genf - Versailles*. Dies ist auch Huber nicht entgangen, aus dessen Rezension dieses Bandes oben bereits zitiert wurde:

> „Denn für Schmitt ist der Begriff keine aus dem gesetzlichen Tatbestand oder seiner logischen Interpretation gewonnene Norm, sondern er ist ein Mittel der dialektischen und damit kämpferischen Entfaltung."[494]

Auch der Soziologe Hans Freyer weist in seiner Rezension von *Positionen und Begriffe* affirmativ auf diesen Sachverhalt hin:

> „In dem Kampf der Begriffe und der Worte, die sie bezeichnen, vollzieht sich also zu einem wesentlichen Stück die politische Geschichte und ihre Weiterführung in die Zukunft."[495]

Der Kampf um Begriffe und Worte gibt der wissenschaftlichen Publizistik die Qualität des Politischen, denn

> „es gehört eben zur Aufgabe der Wissenschaft des öffentlichen Rechts, echte Begriffe zu erkennen und auszuprägen. Im politischen Kampf sind Begriffe und begrifflich gewordene Worte alles andere als leerer Schall. Sie sind Ausdruck scharf und präzis herausgearbeiteter Gegensätze und Freund-Feind-Konstellationen."[496]

Wie bei jeder politischen Auseinandersetzung hat gerade hier die Frage nach dem Quis judicabit? elementare Bedeutung :

> „Bei jenen entscheidenden politischen Begriffen kommt es eben darauf an, wer sie interpretiert, definiert und anwendet; wer durch die konkrete Entscheidung sagt, was Frieden, was Abrüstung, was Intervention, was öffentliche Ordnung und Sicherheit ist. Es ist eine der wichtigsten Erscheinungen im rechtlichen und geistigen Leben der Menschheit überhaupt, daß derjenige, der wahre Macht hat, auch von sich aus Begriffe und Worte zu bestimmen vermag. Caesar dominus et supra grammaticam: der Kaiser ist Herr auch über die Grammatik .. Es ist ein Ausdruck echter politischer Macht, wenn ein großes Volk die Redeweise und

---

[492] 1991 VG, S. 29.

[493] Besonders gern hat Schmitt folgenden Satz Arthur Rimbauds zitiert: „Le combat spirituel est aussi brutal que la bataille d'hommes; mais la vision de la justice est de plaisir de Dieu seul."

[494] Huber 1941 b, S. 3.

[495] Freyer 1940, S. 264.

[496] 1933 h, S. 191.

> sogar die Denkweise anderer Völker, das Vokabularium, die Terminologie und die Begriffe von sich aus bestimmt."[497]

Konkret beweist das Deutsche Reich seine Dignität durch seine geistige Hegemonie über den osteuropäischen Großraum. Heinrich Triepel hat in seinem Buch *Die Hegemonie* diese ideelle Seite eines völkerrechtlichen Hegemonialprinzips ebenfalls betont:

> „jedes hochstehende Volk legt Wert darauf, seiner Kultur im Auslande Achtung zu verschaffen."[498]

Sind die Begriffe und Worte, die neu im Völkerrecht etabliert werden sollen, klar ersichtlich, nämlich ‚Großraum' und ‚Reich', so gilt dies nicht für die politische Idee. Zu dieser äußert sich Schmitt nicht eindeutig, die Absätze, in denen von einer politischen Idee die Rede ist, lassen jedoch annehmen, daß schlicht die nationalsozialistische Ideologie (was immer das heißen mag) gemeint ist. Für die neue völkerrechtliche Ordnung ist insbesondere die völkische Komponente innerhalb der NS-Ideologie von Belang. Das Reich bekommt so bei Schmitt die sakrale Aufgabe zugewiesen, „die Heiligkeit einer nichtuniversalistischen, volkhaften, völkerachtenden Lebensordnung"[499] zu verteidigen. Die eingeforderte „rechtliche Ordnung auf der Grundlage der Achtung jedes Volkstums"[500] erweist sich eingedenk der Bemerkungen zur Dignität einer geistigen Hegemonie eines Volkes über ein anderes als Betrug. (Als sei es Ausdruck des Respekts jedes Volkstums, die Tschechen ihrer nationalen Eigenständigkeit zu berauben.) Die Diskrepanz von Realität und völkischer Ideologie erregte selbst bei hohen SS-Führern Mißbehagen, so erinnert sich Reinhard Höhn an die Reaktion von Werner Best (von beiden wird später noch die Rede sein) im März 1939 nach der Besetzung Prags:

> „Kamerad Höhn, das ist das Ende. Bisher haben uns die Leute geglaubt, daß der Nationalsozialismus die völkische Idee verkörpert und daß diese völkische Idee Grenzen kennt. Mit dem Einmarsch in Prag aber wird der Nationalsozialismus zum Imperialismus."[501]

Das ‚Interventionsverbot raumfremder Mächte' ermöglicht die Errichtung einer Supra-Souveränität eines Großstaates auf Kosten der Souveränität der kleineren Staaten, bedeutet es faktisch doch eine Liquidierung des Rechtes auf Selbstbestimmung. Lothar Gruchmann stellt resümierend fest:

---

[497] 1932 d, S. 141; siehe auch: 1932 b, S. 179. Weiter 1967 a, S. 38: „daß die stärksten Gegensätze im entscheidenden Moment als ein Streit um Worte ausgefochten werden."

[498] Triepel 1974, S. 225.

[499] 1991 VG, S. 51.

[500] Ebd. S. 50.

[501] Mündliche Mitteilung von Reinhard Höhn an Heinz Höhne vom 17. 01. 1967; in: Höhne o. J. S. 454. Best verfaßte „nach eigener, allerdings glaubhafter, Darstellung" (Herbert 1996, S. 236.) zudem eine (nicht mehr erhaltene) Denkschrift, die er Himmler und Heydrich vorlegte und „in der er sich gegen die Inkorporation der Tschechen als ‚Reichsbürger' aussprach, weil dies gegen die völkische Lebensauffassung verstoße". (ebd.)

> „Die Übertragung dieser Entscheidungsrechte an das Reich aber bedeutet, daß unter der Großraumdoktrin die Staaten im Großraum ihre Souveränität, ihre Unabhängigkeit und territoriale Unversehrtheit verlieren"[502].

Die Großraumordnung beseitigt für Gruchmann zudem echte Neutralität, was Schmitt dem Völkerbundsrecht anlasten wollte:

> „In der Großraumtheorie wird nunmehr offenbar, daß die Totalität über Volk und Staat hinausgreift und beansprucht, benachbarten Staaten nicht nur die faktische Möglichkeit, sondern sogar das Recht zur Neutralität zu nehmen."[503]

Ferner laufe das Interventionsverbot letztlich auf eine Totalisierung von Konflikten innerhalb des Großraumes hinaus:

> „Stellen sie (die Staaten; F.B.) sich aber auf die Seite eines raumfremden (und damit ideologischen!) Gegner des Reiches, der vom Reich der Verletzung des Interventionsverbotes der Großraumordnung bezichtigt wird, dann führen sie keinen nichtdiskriminierten Staatenkrieg mehr, sie begehen Rechtsbruch, Rebellion, Verrat, Bürgerkrieg und erleben eine Reichsexekution. Damit tritt im Großraum genau das ein, was Schmitt auf universaler Ebene bekämpfen wollte: der totale Krieg."[504]

Lag das Gewicht beim dezisionistischen Schmitt der Weimarer ‚Systemzeit', was die Definition von Souveränität angeht, noch stark auf der Entscheidungsfähigkeit des Staates über den inneren Ausnahmezustand, der Fähigkeit zur Bürgerkriegsprävention[505], so rückt mit der wachsenden Bedeutung der Außenpolitik eine andere Form des Ausnahmezustandes in den Vordergrund: der Staatenkrieg. Das ius belli ac pacis, die Entscheidungsfähigkeit des Staates über den außenpolitischen Ausnahmezustand ist für Schmitt - dies hatte er in der Schrift zur *Wendung zum diskriminierenden Kriegsbegriff* betont - Kern staatlicher Souveränität. Hatte sich vormals dieses Recht, wie Gustav Adolf Walz bemerkt, „gegen die Ordnungsmacht des Reiches durchgesetzt"[506], so soll es nun wieder beim Reich monopolisiert werden und seinen Wirkungsbereich in dessen Großraum haben. In den Worten von Hermann Jahrreiß ist mit dem Nichtinterventionsprinzip „nichts anderes" gemeint „als die Ernstfallsouveränität politischer Kontinente"[507], wobei er unter dem Begriff ‚politischer Kontinent' das umschreibt, was Schmitt unter ‚Großraum' versteht[508].

[502] Gruchmann 1962, S. 128.
[503] Ebd. S. 127.
[504] Ebd. S. 126.
[505] Schmitt hatte z.B. vehement die Auffassung kritisiert, daß das Deutsche Reich durch die Belastungen, welche ihm durch das Versailler Friedensdiktat aufgebürdet worden waren, seine Souveränität verloren hätte: siehe 1970 VL, S. 74; siehe auch 1925 a, S. 32.
[506] Walz 1942, S. 21.
[507] Jahrreiß 1942, S. 533.
[508] Siehe ebd. S. 523:

Darüber hinaus äußert sich die Supra-Souveränität des Reiches auch und vor allem darin, daß das Reich ideell und ‚begrifflich' ausstrahlt, daß es seine Dignität als völkerrechtlicher Begriffskreator unter Beweis stellt. Da aber ein Staat innenpolitisch souverän durch seine Selbstentscheidung über die „existentiellen Begriffe"[509] der Verfassung ist, - wobei der Entscheidung über den Ausnahmezustand ein Offenbarungsindex zukommt - wäre er zwangsläufig dieser Souveränität verlustig, ließe er sich diese Begriffe von außen diktieren. In der erst 1950 veröffentlichten, aber im wesentlichen schon 1945 abgeschlossenen Arbeit[510] zum *Nomos der Erde* räumte Schmitt für die Monroe-Doktrin, die ja „precedent"[511] seiner Großraumordnung sein soll, genau diesen Substanzverlust der Verfassungen der kleinen Staaten ein:

> „Der äußerliche territoriale Gebietsbestand mit seinen linearen Grenzen wird garantiert, nicht aber der soziale und wirtschaftliche Inhalt der territorialen Integrität, ihre Substanz."[512]

Diese Inkongruenz des Anspruches auf Verwirklichung des Selbstbestimmungsrechtes der Völker und der Propagierung eines Reiches, welches eine idealistische Sendungsaufgabe ausstrahle, hat auch der Kieler Völkerrechtler Viktor Böhmert in einer zeitgenössischen Rezension ausgemacht und plädiert daher für eine Aufgabe des Reichsbegriffes:

> „Das Verhältnis des von Schmitt entwickelten Großraumbegriffs, in dem alle Völker des Großraums, sich auf Grund einer von ihnen allen gemeinsamen Idee als Gemeinschaft empfindend, die Intervention raumfremder Mächte abweisen, zu dem Reichsbegriff, dem eine in den offenbar der gemeinsamen Idee entbehrenden Großraum hineingestrahlte Idee des Reichsvolkes begriffswesentlich ist, bleibt ungeklärt. Es erscheint innerlich so widerspruchsvoll, daß es doch zweckmäßig sein dürfte, den Reichsbegriff aus der großzügigen Schmittschen Konzeption des völkerrechtlichen Großraums ganz zu streichen."[513]

Unterschwellig macht sich auch bei der Schmittschen Reichskonzeption bemerkbar, was man als das kleinste gemeinsame Vielfache aller Reichskonzeptionen bezeichnen könnte: Im Begriff des Reiches ist stets eine ideologische Abwehrhaltung gegen den ‚Westen' mitgedacht, die Vorstellung, daß liberaldemokratische Legitimität nicht mit der nationalen Gefühligkeit in Einklang zu bringen sei, das Empfinden von Parlamentarismus, Menschenrechten etc. als etwas Fremdes, einer „natürliche[n] Verschiedenheit"[514] von ‚Reich' und ‚westlicher' Legitimität, eine Vorstellung, welche sich z.B. auch in der Differenzierung von ‚Kultur' und ‚Zivilisation' äußert[515]. Latent ist der an-

---

[509] 1970 VL, S. 74.

[510] Siehe Maschke 1987 a, S. 62 und Quaritsch 1991, S. 54 Anm. 94.

[511] 1991 VG, S. 22.

[512] 1988 NE, S. 226.

[513] Böhmert 1940, S. 139.

[514] Eckrich 1937, S. 10.

[515] Siehe hierzu Lübbe 1963, S. 188-196; Elias 1993, Bd. 1, S. 1-10. Neuerdings auch: Bollenbeck 1996, S. 268ff. Geradezu zu einer populären Losung wurde diese Differenzierung durch Spenglers *Untergang des Abendlandes*.

tiwestlichen Haltung eine Sendungsaufgabe beigeordnet. Auch wenn Schmitt von der Singularität eines Reiches im Völkerrecht absieht und mehrere Reiche zulassen will, ist die oben kritisierte Antinomie von idealistischer Ausstrahlung des Reiches und dem Anspruch eines Respekts ‚jedes Volkstums' nicht auflösbar.

Von den Völkerrechtlern, die Schmitt aus einer biologistisch-rassischen Perspektive kritisierten, wurde ihm vor allem vorgeworfen, das Nichtinterventionsprinzip sei eine nur

> „sichtbare negative Umschreibung einer minimalen Führungsordnung innerhalb des beanspruchten politischen Lebensraums"[516].

Auch Reinhard Höhn, der schon maßgeblich an der Diffamierungskampagne des ‚Schwarzen Korps' beteiligt war, behauptet:

> „Die Deuter des Rechts der Beziehungen zwischen befreundeten Großräumen wären, wenn das Nichtinterventionsprinzip zu dem entscheidenden Kriterium für ein neues Völkerrecht erhoben würde, darauf angewiesen, diese mögliche Gegnerschaft stets von neuem zu betonen, während es gerade darauf ankäme, das Positive hervorzukehren und es an die Stelle des Trennenden treten zu lassen."[517]

Was dem Schmittschen Großraumgedanken fehle, so Höhn, sei der Lebensraumgedanke als positiv-völkische Substanz:

> „Erst wenn man den Nichtinterventionsgedanken mit dem Gedanken des Lebensraumes verbindet, erhält das Nichtinterventionsprinzip seinen Sinn."[518]

Besonders die Beurteilung der amerikanischen Monroe-Doktrin als völkerrechtlicher Präzedenzfall erregte den Verdacht der rassischen Völkerrechtslehrer:

> „Sollte wirklich das Amerika des 19. Jahrhunderts schon die auf neuer weltanschaulicher Haltung und auf dem tiefen Bewußtwerden lebensgesetzlicher Bindungen beruhende Idee einer neuen Völkerordnung in ihrem Kern vorweggenommen haben?"[519]

Werner Daitz wollte die ‚deutsche Monroedoktrin' gar in eine „rassische[] Monroedoktrin[]"[520] transformieren und den Großraum als Lebensraum kennzeichnen:

> „An die Stelle imperialistischer geographischer Monroedoktrinen treten jetzt wieder biologische Monroedoktrinen, an Stelle nur geographisch begrenzter Räume echte Lebensräume."[521]

---

[516] Walz 1942, S. 141; siehe auch Walz 1941, S. 42.
[517] Höhn 1941, S. 275.
[518] Höhn 1942, S. 139.
[519] Höhn 1941, S. 281f.
[520] Daitz 1940 a, S. 2081.
[521] Daitz 1941 a, S. 643.

Die Behauptung, Schmitt begründe seine Großraum-Doktrin durch das Nichtinterventionsprinzip bloß ex negativo, trifft diese an ihrem wunden Punkt: die politische Idee als das Substanzhafte der neuen Ordnung ist, wie ich oben versucht habe darzustellen, in der Tat nur mangelhaft herausgearbeitet. Allerdings hat die ‚deutsche Monroedoktrin' mehr als einen bloß negativen Sinn, und zwar einen, der in erkennbarer Opposition zur rassischen Lebensraum-Doktrin steht:

In seiner Rezension des Buches „des reaktionären, aber keineswegs nationalsozialistischen Verfassungsrechtlers"[522] Heinrich Triepel *Die Hegemonie* von 1938 kritisiert Schmitt dessen, in seinen Augen überkommenen, auf dem Dualismus von Landes- und Völkerrecht beruhenden Begriff der Hegemonie. Die Weigerung Triepels, den „überkommenen"[523] Zentralbegriff einer dualistischen Lehre, den des Staats, aufzugeben, hindere ihn an der Ausarbeitung einer Konzeption von ‚echter' Hegemonie. So unterscheide er noch zwischen ‚indirekter' und ‚direkter' Hegemonie. Echte Hegemonie aber, so Schmitt, dulde keine indirekte Gewalt, diese sei vielmehr eine Methode des westlichen Universalismus:

> „Ich gebe zu, daß das britische Weltreich mit indirekten Methoden arbeitet und daß die britische Politik es darin zu großer Virtuosität gebracht hat. Auch der Genfer Völkerbund ist .. ein Versuch indirekter Methoden."[524]

Das Reich als ein den alten Staatsbegriff überwindendes Gebilde zeichne sich im Gegensatz durch die Negation indirekter Gewalt aus und bewege sich damit in der Tradition der klassischen Souveränitätsdenker. Rhetorisch fragt Schmitt:

> „Und lag nicht auch die Ehrlichkeit des alten Souveränitätsbegriffes darin, daß er die Lehre von der ‚potestas indirecta' überwandt? Ist nicht ein durchschlagendes und entscheidendes Kapitel von Hobbes' *Leviathan* dem Kampf gegen diesen barocken Pseudobegriff aus dem System des Kardinals Bellarmin gewidmet?"[525]

Das Reich wird als direkte Gewalt in einen Zusammenhang mit dem absolutistischen Souveränitätsbegriff gebracht, der dem neuzeitlichen Staat zugrundeliegt. Die ‚indirekten Gewalten', die das Reich abwehrt, sind die - aus einem universalistischen Völkerrechtsverständnis legitimierten - Interventionen ‚raumfremder' Mächte. Schmitts Reichskonzeption ist also zu verstehen als Versuch, die

---

[522] Neumann 1988, S. 175. Triepel war in der Weimarer Zeit Herausgeber des ‚Archivs für öffentliches Recht', Mentor der Staatsrechtslehrer-Vereinigung und Rektor der Berliner Universität.

[523] Carl Schmitt, *Führung und Hegemonie*, in: 1995 SGN, S. 225-231; 228.

[524] Ebd. S. 230. Auch in seiner Beurteilung der Habilitation seines Schülers Hans Franzen (*Irland und Großbritannien. Ein Beitrag zur Verfassungslehre*) spricht Schmitt von der „ ‚indirekten' Art britischer Herrschaftsmethoden": zitiert nach: Franzen 1992, S. 77.

[525] Carl Schmitt, *Führung und Hegemonie*, in: 1995 SGN, S. 225-231; S. 231.

> „großen Wandlungsversuche des gegenwärtigen Völkerrechts - insbesondere die Beseitigung des ius ad bellum, die Änderung der Position des einzelnen im Völkerrecht, die Stärkung der Menschenrechte, die Intensivierung der internationalen Zusammenarbeit“[526]

- aufzuhalten. Die Dialektik des Schmittschen Gedankengangs der Überwindung des Staatsbegriffes im Völkerrecht besteht also darin, die Ordnungsaufgabe der Friedenserhaltung einem - mit dem vollen ius belli ac pacis[527] ausgestatteten und in seinen Großraum ausstrahlenden - Reich zu übertragen und den im Großraum liegenden kleinen Staaten die Souveränität zu entziehen; damit übernimmt aber das Reich gerade die Ordnungsaufgabe, die vormals die Dignität der absolutistischen Staaten ausmachte. Das ist der tiefere Sinn des Satzes:

> „Im Reich ist, mit dem berühmten Doppelsinn des Hegelschen Begriffs, der Staat ‚aufgehoben‘ “.[528]

Das Reich übernimmt im Völkerrecht die Aufgabe, die Schmitt vorher dem ‚totalen Staat‘ zuweisen wollte: die Überwindung indirekter Gewalt. Ist der ‚totale Staat‘ die Überwindung des ‚totalen Staats aus Schwäche‘, so das ‚Reich‘ die Überwindung der Souveränität der schwachen Staaten im Großraum und der indirekten Interventionsgewalt ‚raumfremder‘ Großmächte. Das ‚Reich‘ ist die Transformation des ‚totalen Staates‘ ins Völkerrecht. Damit erweist sich der durchaus positive Sinn des Nichtinterventionsprinzip als Option einer Supra-Souveränität im Völkerrecht. Sollte der ‚totale Staat‘ als societas perfecta „souverän und autark“[529] in seinem Bereich sein, so soll die Souveränität im Großraum beim Reich monopolisiert werden.

Das Reich soll die „völkerbundrechtliche[] Gemengelage von erlaubten und nicht erlaubten Kriegen“[530], ferner die Gemengelage der kleinen, osteuropäischen Staaten in einem „kleinräumig zerteilten, balkanisierten Kontinental-Europa“[531] beenden, wie einst die souveränen Staaten die „Gemengelage der feudalen Bindungen persönlicher Art“[532] aufgehoben hatten.

---

[526] Kimminich 1993, S. 107.

[527] Das Schmitt einmal als das „völkerrechtlich ausschlaggebende Recht“ bezeichnet hat: zitiert nach: Franzen 1992, S. 78f.

[528] 1939 b, S. 294. Es handelt sich hierbei um eine Rezension von Christoph Stedings beühmt-berüchtigtem Buch *Das Reich und die Krankheit der europäischen Kultur*. Dieses Buch ist, was die Propagierung des Reiches und seine Kampfansage an den Liberalismus angeht, „brutal deutlich[] wie kaum ein zweites: Bolz 1989, S. 89.) „Außerhalb des Reiches aber in Mitteleuropa kein Heil! Denn das Reich ist wesentlich heiliges Reich, weil es allein Europa von seinen mannigfaltigen Krankheiten, insbesondere der des Liberalismus und Marxismus zu heilen vermag.“: Steding 1938, S. 644.

[529] 1963 BdP, S. 42 Anm. 13.

[530] 1988 WK, S. 44 Anm.

[531] 1940 c.

[532] 1988 NE, S. 100.

d) Der etatistische Kern[533] der Reichskonzeption

Der ehemalige Bonner Schüler Ernst Rudolf Huber hat in der schon erwähnten Rezension von *Positionen und Begriffe* den etatistischen Kern einer Großraumordnung, die mit direkter Herrschaft ausgestattet ist, bemerkt und fragt,

> „ob es einen wirklichen Unterschied zwischen Gebietshoheit und Raumhoheit gibt und ob der mit Raumhoheit ausgestattete Großraum sich noch von einem Großstaat oder Überstaat unterscheidet."[534]

Damit lenkt er die Aufmerksamkeit auf das Problem einer Revision der tradierten Vorstellung von ‚Staatsgebiet'. Schmitt muß zwangsläufig, um die territoriale Integrität der Kleinstaaten im Großraum zu überwinden, einen den Staatsgebietsbegriff übergeordneten Begriff etablieren:

> „Der Begriff ‚Staatsgebiet' ist zum eigentlichen Bollwerk kleinräumiger Begriffsbildung und damit zu einer Fehlerquelle schlimmster Art geworden, weil er der Mannigfaltigkeit des Zusammenlebens und Zusammenarbeitens zwischen Großräumen und innerhalb der Großräume nicht gerecht zu werden vermag und mit seinem Monopolanspruch der Wahrheit im Wege steht, daß es auch andere Arten der Ausschließung von Interventionen und Einmischungen geben kann, die elastisch und doch wirksam sind."[535]

‚Reich' und ‚Großraum' erweisen sich somit in erster Linie als Überwinder des Staatsbegriffes, um die klassischen Vorstellungen von Staatsgebiet den akuten Revisionsbedürfnissen anzupassen.

> „Der Gedanke des Großraumes dient uns insbesondere dazu, die Monopolstellung eines leeren Staatsgebietsbegriffs zu überwinden und verfassungs- wie völkerrechtlich das Reich zum maßgebenden Begriff unseres Rechtsdenkens zu erheben."[536]

Konkretes Ordnungsdenken heißt an diesem Punkt vor allem Negation jener ‚starren' dualistischen (oder pluralistischen) Auffassung des Verhältnisses von Landes- und Völkerrecht, welche die strikte Trennung dieser beiden Bereiche festschreiben will. Schmitt hat hier vor allem Heinrich Triepel im Visier, den „eigentlichen Begründer der dualistischen Theorie"[537]. In jedem bündischen Gebilde, so Schmitt - „mag es nun ein Staatenbund oder ein Bundesstaat sein"[538] - ergeben sich Beziehungsmuster, die sich durch das dualistische Modell nicht erschließen lassen:

---

[533] So die Formulierung von Günter Maschke in der Aussprache zu dem Referat von Jean-Louis Feuerbach in Complexio 1988, S. 421. Als Etatist wird Schmitt auch bei Quaritsch 1991, S. 36-58, verortet.

[534] Huber 1941, S. 44.

[535] Carl Schmitt, *Raum und Großraum im Völkerrecht*, in: 1995 SGN, S. 234-262; 259.

[536] 1991 VG, S. 82.

[537] Kimminich 1993, S. 262.

[538] 1940 a, S. 5.

> „[N]eben rein innerstaatlichen und rein zwischenstaatlichen Beziehungen der einzelnen Länder“[539]

bestände immer auch die

> „auf die Alternative von innerstaatlich und zwischenstaatlich nicht zurückführbare dritte Kategorie der gesamtbündischen und eine vierte der gemeinsamen Länderbeziehungen“.[540]

Der Dualismus laufe auf die „Zwangsjacke der Fragestellung: Staatenbund der Bundesstaat?“[541] hinaus. Wie wenig anti-etatistisch Schmitts bündisches Denken ist, wird deutlich, da er in diesem Zusammenhang von der

> „Überwindung und Überhöhung [Hervorhebung von mir; F.B.] des isolierten Staatsbegriffs durch Gebilde wie Bund, Großraum und Reich“[542]

spricht.

Entsprach der Begriff des ‚totalen Staates‘ der Krise der Staatlichkeit, so der des ‚Reiches‘ jener der Nationalstaatlichkeit: für Schmitt ist das Reich das den technisch-wirtschaftlichen Änderungen gemäße politische Gebilde - ein mutierter Überstaat. Mit der Aufgabe des Staatsbegriffes im Völkerrecht ist keineswegs auch die Abkehr vom Staatsethos verbunden, ganz im Gegenteil wird die besondere Würde betont, die in der Fähigkeit zum Staat liege:

> „Das Völkerrecht setzt bei jedem Staat ein Mindestmaß innerer staatlicher Organisation und äußerer Widerstandskraft voraus.“[543]

Im Unterschied zu einer sozialdarwinistischen Argumentation, wie jene von Georg Hahn, einem Schüler von Paul Ritterbusch, der abstreitet, daß die Tschechoslowakei je ein souveräner Staat gewesenen sei, was jeder erkannt haben müßte, der „hinter die formalen Begriffe auf die Wirklichkeit des Lebens schaut“[544], beurteilt Schmitt die Lebensfähigkeit der Staaten nach ihrem sittlichen Potential. Die kleinen Staaten, wie die Tschechoslowakei vor ihrer Umwandlung in ein deutsches Protektorat, haben, in dem

---

[539] Ebd.

[540] Ebd. So auch Huber: „In Wahrheit sind im Staatenbund wie im Bundesstaat völkerrechtliche und verfassungsrechtliche Elemente vereint. Beide gründen sich auf einen völkerrechtlichen Vertrag, der zugleich ein Verfassungsvertrag ist. Im Staatenbund entwickeln sich staatsrechtliche Elemente; im Bundesstaat wirken völkerechtliche Elemente fort. Beide sind zugleich ein Rechtsverhältnis zwischen gleichgeordneten Gliedstaaten und ein Rechtssubjekt, das über ihnen steht. Der Staatenbund ist nicht nur völkerrechtlich (‚nach außen‘), sondern auch staatsrechtlich (‚nach innen‘) eine mit eigenen Rechten und Pflichten ausgestattete Einheit, die ihren Gliedern in hoheitlicher Überordnung mit einer echten Bundesgewalt gegenübertritt.“: Huber 1960, S. 663f.

[541] 1933 h, S. 196.

[542] 1940 a, S. 5.

[543] 1939 b, S. 285.

[544] Walz 1942, S. 189.

sie zu ‚Objekten' des Völkerrechts, zu Kleinstaaten in einem Großraum geworden sind, auch die fundamentalen sittlichen Voraussetzungen nicht, die für Schmitt mit dem Begriff des Staates untrennbar verbunden sind:

> „Völker und Länder, die nicht imstande sind, die zu einem modernen Staat gehörende Organisation aufzubringen, sind ‚unzivilisiert' ; sie können sich, wie es im Genfer Völkerbundspakt (Art. 22) sehr exakt heißt, ‚in den ganz besonders harten Bedingungen der modernen Welt' .. nicht selbst lenken; sie werden zu Kolonien, Protektoraten oder sonstwie zu Objekten des Schutzes und der Beherrschung durch solche Staaten, die dieser organisatorisch-technischen Leistung fähig sind und daher die Qualität von ‚Subjekten' dieses Völkerrechts haben."[545]

Mit diesem Argument bewegt sich Schmitt in der Tradition des klassischen Okkupationsrechtes, z.B. eines Emer de Vattel, der in seinem Werk *Le droit des gens* die Landnahme mit dem Argument der Ineffektivität der Herrschaft der Eingeborenen legitimiert hatte[546]. Die Erwähnung der Völkerbundsatzung hat einen konkreten Hinter-grund: Um die Großraumordnung mit Interventionsverbot raumfremder Mächte völkerrechtlich durchsetzen zu können, mußte das Interventionsrecht der Staatengemeinschaft laut Artikel 16 (siehe oben S. 51) negiert werden. Da der Artikel aber nur einmal angewandt wurde, und zwar anläßlich der Besetzung Abessiniens, galt es, die Haltlosigkeit einer völkerbundrechtlichen Intervention zu belegen. Schmitt bestreitet nun ganz einfach die Fähigkeit Abessiniens, als Völkerrechtssubjekt aufzutreten:

> „Das moderne Zusammenleben der verschiedenen Völker .. erfordert eben eine straffe Organisation im eigentlichen Sinne des Wortes; es verlangt ein Mindestmaß von innerer Konsistenz und sicherer Berechenbarkeit. Dazu gehören hohe geistige und sittliche Qualitäten, und bei weitem nicht jedes Volk ist schon als solches diesem Mindestmaß an Organisation und Disziplin gewachsen. .. Im Frühjahr 1936 .. hat sich gezeigt, daß Abessinien kein Staat war. Nicht alle Völker sind imstande, die Leistungsprobe zu bestehen, die in der Schaffung eines guten modernen Staatsapparates liegt, und sehr wenige sind einem modernen Materialkrieg aus eigener organisatorischer, industrieller und technischer Leistungskraft gewachsen."[547]

Auch bei dieser Argumentation orientiert er sich am institutionellen Rechtsdenken:

> „Ein berühmter Jurist des italienischen öffentlichen Rechts, Santi Romano, der Präsident des italienischen Staatsrates, stützt den Erwerb Abessiniens auf eine debellatio, d.h. auf die vollständige und endgültige Vernichtung der gesamten staatlichen Macht und Existenz des Gegners."[548]

[545] 1982 L, S. 72f.
[546] Siehe Grewe 1988, S. 468-470.
[547] 1991 VG, S. 59.
[548] 1936 b, S. 212.

Die Annexion Abessinien war in diesem Sinne ,precedent' für die Errichtung einer Großraumordnung mit etatistischem Kern.

Von den rassischen Theoretikern, allen voran Reinhard Höhn, wurde dieses Staatsethos schroff zurückgewiesen. Die Staatsidee sei nicht mit der Reichskonzeption kompatibel:

> „Der Staatsgedanke stand bisher jeder Reichsbildung hemmend im Wege. .. Das Reich bedeutet Aufbau von arteigenen völkischen Kräften, die sich über jedes dem Staat zugeordnete Denksystem erheben."[549]

Der Staat habe Existenzberechtigung lediglich als ,Apparat', als Mindestmaß an Organisation[550]. Als Rückendeckung für die Aufhebung des Staates im Reich bemüht Schmitt die Autorität von Hans Heinrich Lammers, dem vielleicht einflußreichsten Juristen des Dritten Reiches:

> „Staatsidee und Volksidee in sich vereinend, scheint mir das Wort vom Dritten Reich der Deutschen aber auch von tiefer staatsrechtlicher Bedeutung und zum ersten Mal die richtige Bezeichnung für den deutschen Staat zu sein."[551]

e) Völkerrechtliche oder völkische Legitimität des Reiches? Die Debatte um die Großraumordnung

Die Schrift *Völkerrechtliche Großraumordnung mit Interventionsverbot raumfremder Mächte* erschien bis 1942 in vier Ausgaben und wurde breit rezensiert, auch im Ausland[552]. Die Inland-Rezeption läßt sich mit Einschränkung in drei Gruppen unterteilen: in die Autoren, welche von einem eher traditionellen Rechtsverständnis ausgingen und den Staatsbegriff nicht dem des Reiches opfern wollten, den Autoren, die Schmitts Großraumkonzeption in ihrer Substanz bejahten und denen, die sie von einer rassisch-

---

[549] Höhn 1942, S. 126.

[550] Siehe die Erwiderung Schmitts auf die Vorwürfe Höhns: 1991 VG, S. 58f. Schmitt erteilte dem ,Apparattheoretiker' Höhn Nachhilfe in Metaphysik: „Apparat und Organisation sind aber, wie auch Höhn selbstverständlich weiß, durchaus keine ,ungeistigen' Dinge": ebd. S. 58.

[551] Hans Heinrich Lammers zitiert nach: 1991 VG, S. 55 Anm. Schmitt bemerkt, damit sei „die staats- und verfassungsrechtliche Bedeutung des Reichsbegriffes .. klargestellt": ebd. Lammers war für Hitler laut Picker 1993, S. 267, der einzige Jurist, der ,wirklich etwas tauge'.

[552] „Dieser Vortrag hatte ein internationales Echo gehabt. So hatten die TIMES und die DAILY MAIL Berichte darüber gebracht, mit Einblendungen wie: ,Herrn Hitlers Key Man', oder ,Leading international lawyer in Germany'. Und in der Zürcher WELTWOCHE war Carl Schmitt mit Jean Jacques Rousseau (!) bzw. dessen Rolle für die französische Revolution verglichen worden.": Kröll 1995, S. 111. Der Satz in der ,Weltwoche', den Kröll hier meint, lautet: „Dieser entscheidende Theoretiker des Dritten Reiches spielt für die von Deutschland ausgehende Revolution eine Rolle wie Rousseau für die französische Revolution": ,Weltwoche' vom 6. 12 1940; zitiert nach: *Anhang des Herausgebers* zum Aufsatz *Völkerrechtliche Großraumordnung* von C.S., in: 1995 SGN, S.341-371; 351.

biologistischen oder völkischen Sicht verwarfen und ihrerseits eigene Großräume konzipierten. Matthias Schmoeckel unterteilt in seiner Arbeit zur ‚Großraumtheorie'[553] die deutschen Völkerrechtler in solche völkischer und solche etatistischer Lehre. Dies hat Plausibilität, nur ist die Trennung manchmal mehr als schwierig.

Zu den eher traditionellen Rechtsvorstellungen verhafteten Theoretikern gehört Johannes Popitz, der meinte, der Reichsbegriff

> „widerspreche der Wirklichkeit, ist politisch unbrauchbar und, weil den Widerstand aller anderen Staaten herausfordernd, gefährlich."[554]

Nur mit Einschränkung wollte er ihn gelten lassen. Auch der Staatsrechtler Carl Bilfinger, der neben Schmitt einer der Prozeßvertreter des Reiches beim ‚Preußenschlag' 1932 war, wollte den Staat und staatliche Souveränität nicht dem Reich preisgeben:

> „Diese Lehre .. schießt über das Ziel hinaus, soweit sie den Staatsbegriff und das Prinzip der Souveränität im Sinne des klassischen Völkerrechts anzugreifen und zu erschüttern versucht."[555]

Erschreckt über die Konstruktion einer Supra-Souveränität einiger Reiche in der Großraumordnung fragt er: „Sollen künftig nur die Leviathane rechtlich Souveränität besitzen?"[556] Bilfingers Entsetzen läßt sich vor allem auch damit erklären, daß er die Staatengleichheit für die conditio sine qua non des Völkerrechts hielt, und genau dieses Prinzip wird schließlich von Schmitt in Frage gestellt:

> „Wer den Gleichheitssatz in der Lehre und Wissenschaft des Völkerrechts angreift, gleichwie mit welcher Begründung, muß sich darüber klar sein, daß er damit wider das Völkerrecht streitet."[557]

Zu den Rezensenten, die Schmitts Großraumordnung in ihrer Substanz bejahten, gehört zuerst und vor allem sein ehemaliger Schüler Ernst Rudolf Huber. Huber beweist seine Nähe durch den hohen Grad der Fähigkeit, die Denkweise Schmitts nachzuvollziehen. Der Reichsbegriff wird dort kritisiert, wo er mit dem Versuch einer Abwehr des universalistischen Völkerrechtsverständnisses kollidiert:

---

[553] Schmoeckel 1994. Eine informative Arbeit, wenn auch nicht frei von Fehlern, so schreibt Schmoeckel (S. 68): „Schmitt berief sich auf den deutsch-russischen Nichtangriffspakt vom 28. 9. 1939 (‚Hitler-Stalin-Pakt') ". Gemeint ist natürlich der deutsch-sowjetische Grenz- und Freundschaftsvertrag vom 28. 9. 1939. Der ‚Hitler-Stalin-Pakt' mit dem berühmten geheimen Zusatzprotokoll, welches die Einzelheiten über die Aufteilung Polens enthielt (und dessen Existenz erst nach dem Zusammenbruch der SU offiziell bestätigt wurde), wurde am 23. 8. 1939 geschlossen.

[554] Johannes Popitz, *Begriff des ‚Reichs' in seinen zwei Hauptbedeutungen*, Vortrag vom 11. 12 1940; zitiert nach: Bentin 1972, S. 57.

[555] Bilfinger 1941, S. 173.

[556] Ebd. S. 178.

[557] Carl Bilfinger, *Gleichheit und Gleichberechtigung der Staaten*, 1934; zitiert nach: Huber 1941, S. 38.

> „Wenn man den ‚Universalismus' verwirft, wird es allerdings nicht möglich sein, den Großraumgedanken auf die Idee des mittelalterlichen Reiches und auf Hegels Vorstellung vom ‚führenden Weltvolk' zu gründen, da in beiden die universalistische Tendenz unverkennbar ist."[558]

Zudem weist Huber auf die Schwierigkeit hin, eine Großraumordnung mit dem vermeintlichen Legitimationshintergrund der Negation ‚indirekter Gewalten' (er gehört zu den wenigen, die diese Negation als für Schmitt zentrales Anliegen erkannten) zu etablieren und fragt rhetorisch:

> „Gibt es eine Großraumordnung ohne indirekte Gewalt und ohne unsichtbare Herrschaft"?[559]

Zu den Kritikern Schmitts, die eine rassisch-biologistische Fundierung der Reichskonzeption in den Vordergrund stellten, gehören zuallererst die SS-Offiziere Werner Best[560] und Reinhard Höhn.

> „Never straying from the official Nazi ideology, they tried to present ‚Großraum as Lebensraum' "[561].

So schreibt Best, der „Justitiar der Gestapo"[562] im Hinblick auf den Schmittschen Großraumentwurf:

> „Der Gegenstand der Großraum-Gestaltung ist nicht die Physik eines Raumes, sondern das diesen Raum erfüllende Menschentum."[563]

Best sieht in einer ‚echt' nationalsozialistischen Großraumordnung prinzipiell einen Bruch mit dem Völkerrecht. Die neue Ordnung solle weniger von traditionellen juristischen Vorstellungen denn nach ‚lebensgesetzlichen' bestimmt sein:

> „In der Völkerordnung zwingen die stärkeren Völker den schwächeren ihren Willen auf. Und die Großraum-Ordnung wird gestaltet von dem Volk, das stark genug ist, seinen Volks-

---

[558] Huber 1941, S. 40 Anm.

[559] Ebd. S. 43.

[560] Werner Best wurde schon vor der Machtübertragung als Verfasser der *Boxheimer Dokumente*, welche die NSDAP Ende 1931 - Best war zu dieser Zeit noch Gerichtsassessor - in eine peinliche Situation brachte, bekannt: siehe Bracher 1984, S. 381-384. Die Frage, welche Rolle Best als Reichsbevollmächtigter im besetzten Dänemark bei der gescheiterten Judendeportation gespielt hat, wird von Heinz Höhne und Ulrich Herbert sehr unterschiedlich beantwortet. Hat Best laut Höhne „die Vernichtung des dänischen Judentums aktiv sabotiert[]" (siehe Höhne o. J. S. 366.), so weist Herbert darauf hin, daß Best die Deportation der dänischen Juden dem Auswärtigen Amt selbst vorgeschlagen hat, und zwar am 8. September 1943: siehe Herbert 1996, S. 359.

[561] Bendersky 1983, S. 260.

[562] Fraenkel 1974, S. 93.

[563] Best 1941 b, S. 34.

> raum zu einem Großraum zu erweitern, in dem sein Wille die Dauerbeziehungen zwischen den Völkern, die den Großraum erfüllen, gestaltet"
>
> „Damit ist die ‚Rechtsnatur'[564] der Großraum-Ordnung ebenso bestimmt .. Der neue Begriff der ‚Ordnung' .. läßt zwar noch Fragen der inhaltlichen und formalen Gestaltung der einzelnen Regeln - also des konkreten ‚Rechtes' - offen, nach denen sich die Beziehungen der Menschen und Völker jeweils vollziehen sollen, aber er ist als der ‚völkische Rechtsbegriff' geeignet, alle Dauerbeziehungen zwischen Menschen und Völkern in gleicher Weise zu kennzeichnen.
>
> Die Großraum-Ordnung ist also weder eine ‚staatsrechtliche' noch eine ‚völkerrechtliche' Erscheinung in dem bisher gebrauchten Sinn. .. es gibt begrifflich nur die völkische Großraum-Ordnung."[565]

In seiner 2. Auseinandersetzung mit Schmitt wird diese Programmatik der Liquidierung des Völkerrechts ‚nochmals' betont;

> „der Begriff des ‚Völkerrechts' [ist] tot .., seit der Begriff der Großraumordnung aus dem neuen Werden geschöpft wurde."[566]

Ulrich Herbert hat in seiner Studie zu Werner Best eindrucksvoll belegt, daß diese Ablehnung jeglicher völkerrechtlicher Kategorien keineswegs nur im theoretischen, ‚luftleeren' Raum Sinn machen, sondern

> „zu einer rechtstheoretischen Begründung und Rechtfertigung für das - nach den Maßstäben des Völkerrechts rechtswidrige und zu ächtende - Vorgehen von Sicherheitspolizei und SD gegen Tschechen, Polen und Juden"[567]

gedacht waren. Kaum ein anderer hat jemals so brutal offen im Rahmen einer auf den ersten Blick rechtstheoretischen Debatte die Shoah antizipiert:

> „Vernichtung und Verdrängung fremden Volkstums widerspricht nach geschichtlichen Erfahrungen den Lebensgesetzen nicht, wenn sie vollständig geschieht."[568]

Reinhard Höhn wittert den etatistischen Kern des Nichtinterventionsprinzips:

---

[564] Anführungszeichen im Original (sic!).

[565] Best 1941 b, S. 35f. Exemplarisch für die völkische Neuordnung Europas unter deutscher Hegemonie hat Best als Verwaltungsjurist in Frankreich die Rolle des Bretonen erörtert: Das bretonische Volk wäre „nach einer völkischen Reorganisation ebensogut wie die Slowaken und die Kroaten in der Lage .., in der neuen, europäischen Großraumordnung unter dem militärischen und politischen Schutz des Reiches sein völkisches Eigenleben zu führen.": Werner Best, *Die Bedeutung der bretonischen Bewegung für das Deutsche Reich. Bemerkungen zu der Denkschrift ‚Freie Bretagne!'*, die im Auftrage des bretonischen Nationalrats dem Auswärtigen Amt in Berlin am 3.9.1940 überreicht wurde, Paris, Dezember 1940, (MS) HStAD, Rep. 242, Plc(40); zitiert nach: Herbert 1996, S. 269.

[566] Best 1941 a, S. 1533.

[567] Herbert 1996, S. 276.

[568] Werner Best, *Großraumordnung und Großraumverwaltung*, in: Zeitschrift für Politik, 32, 1942, S. 406-412; zitiert nach: Herbert 1996, S. 283.

> „Das Prinzip der Nichtintervention, auf das engste mit der Entstehung des zentralstaatlichen Absolutismus verbunden, bleibt nach der Ablösung der souveränen Fürsten durch die souveränen Staaten als wesentliches Begriffsmerkmal und Säule der staatlichen Souveränität erhalten. Wo die staatlichen Machtsphären begannen, wurde das aus der Souveränität sich ergebende Verbot der Intervention gegenüber anderen souveränen Staaten ausgesprochen. Der Großraum ist nun gerade das Gegenstück zu den willkürlichen Abdichtungen und Abgrenzungen des bisherigen Staatensystems."[569]

Gegen die Schmittsche Großraumordnung mit dem Kern des Nichtinterventionsprinzip als bloß negative und damit substanzlose Konzeption will Höhn eine Großraumordnung mit rassisch-völkischem Gehalt.

> „Aufgabe der Völkerrechtswissenschaft muß es daher sein, das Wesen der Großräume einmal nicht vom Boden der Abgrenzung, sondern vom Boden der Substanz aus zu erfassen und hier zu einer Beinhaltung zu gelangen."[570]

Den wunden Punkt der Großraumkonzeption Carl Schmitts, die Unklarheit über die politische Idee, welche er als einen Teil der Institution des Reiches zugrundelegen will, hat Höhn genau registriert:

> „Bei Schmitts Großraumlehre ist scharf das Innen- und das Außenverhältnis im Großraum zu trennen. Nach innen ist der Großraum beinhaltet mit irgendeiner politischen Idee und irgendeinem politisch erwachten Volk. Insofern ist irgendein Reich jeweils der Träger irgendeiner politischen Idee und irgendeines politisch erwachten Volkes. .. nach außen (tritt) .. entscheidend nur das Prinzip der Nichtintervention in Erscheinung."[571]

Zudem kritisiert Höhn die Zulassung von mehreren ‚Reichen':

> „Stellt man die Frage nach dem Wesen des Reichs, so ist in erster Linie festzuhalten, daß es sich für uns dabei nicht um einen allgemeinen Begriff handelt, sondern um einen aus germanisch-deutscher Eigenart erwachsenen Gedanken, der Anerkennung und Geltung im neuen Europa erfordert, ebenso wie von seiten des faschistischen Italiens der Begriff des Imperiums auf seiner römischen Tradition und seinem neu erwachten zivilisatorischen Sendungsbewußtsein beruht."[572]

Auch Hitler hat übrigens auf der Singularität des Reichsbegriffes bestanden; so meinte er, „es gäbe viele Staaten, aber nur ein Reich"[573]. Höhn orientiert sich bei seinem Reichsbegriff aber keineswegs am Mittelalter, wie vermutet werden könnte, sondern legt wie Best diesem ein ‚Lebensgesetz' zugrunde. (Der Begriff ist immer Indiz für eine

[569] Höhn 1941, S. 279.
[570] Ebd. S. 283.
[571] Ebd. S. 263.
[572] Höhn 1942, S. 45.
[573] Zitiert nach: Kluke, S. 250.

völkische Legitimität; er findet sich nicht bei den traditionellen Theoretikern oder denen, die Schmitts Großraumkonzeption in ihrer Substanz bejahten.)

> „Soweit wir dabei vom Reich sprechen, tritt es uns nicht als eine abstrakte Größe entgegen, sondern als Lebenskern des Großraums als Lebensraum in seiner ganzen Dynamik und seiner lebensgesetzlichen Stellung. Das Reich ist uns tragende und führende Macht, Träger und Verkünder einer neuen politischen Ordnung und eines neuen sozialen Ethos, Wahrer des Friedens und der Gerechtigkeit."[574]

Der Höhn-Schüler Roger Diener, der mit einer Arbeit zum *Reich im Weltanschauungskampf und Theoriestreit* bei Schmitt 1943 habilitierte[575] und für einen

> „grundlegenden Wandel von einem staatsbezogenen Denken zu den Grundlagen einer völkischen Reichsgestaltung auf europäischer Grundlage"[576]

plädierte, unterstützt die Kritik seines Lehrers Höhn an der Zulassung mehrerer Reiche sowie die zentrale Funktion der ‚deutschen Monroedoktrin'. Für eine Großraumkonzeption, welche das Reich als „Symbol einer vom nationalsozialistischen Deutschland ausgehenden völkischen Erneuerung europäischer Lebenskräfte"[577] ernstnehme, gelte, daß

> „die rechtliche Abgrenzung der Reichsmacht und der ihm zugeordneten, europäischen Großraumordnung nach außen in Form des Interventionsverbotes nur noch eine sekundäre Bedeutung [erhält]. Zugleich erscheint die verallgemeinerte Anwendung des am europäischen Vorbild geprägten Begriffspaares ‚Reich – Großraum' auf andere Kontinente problematisch."[578]

Die prinzipiellen Überlegungen Schmitts zur Frage des ‚Raumes' fanden aber Dieners Unterstützung: In einem Schreiben an Schmitt vom 2. 12. 1942 bedankt sich Diener für die Übersendung der Schrift *Land und Meer* und merkt an, daß

> „die von Ihnen eingeführten Begriffe der Raumordnung und Raumrevolution aus einer zukünftigen Geschichtsbetrachtung nicht mehr hinweggedacht werden können."[579]

In seiner Rezension des Buches in der Zeitschrift ‚Reich - Volksordnung – Lebensraum' fragt Diener jedoch kritisch, ob nicht der ‚juristische' Standpunkt überbetont sei zuungunsten des „gesamtmenschlich-europäische[n]", „der als sinngebender weltan-

[574] Höhn 1941, S. 262.
[575] Siehe Tilitzki 1992, S. 77-81.
[576] Diener 1941, S. 178.
[577] Diener 1943 b, S. 219.
[578] Ebd. S. 220.
[579] Brief an C.S. von 6. 12. 1942; Nachlass von Carl Schmitt im Hauptstaatsarchiv Düsseldorf; (HStAD) RW 265 -2885.

schaulicher Blickpunkt" nicht entbehrt werden könne[580]. Wenn auch sehr verhalten, so ist der Hinweis auf ‚weltanschauliche' Defizite Carl Schmitts nicht zu überhören.
Der Staatssekretär im Innenministerium Wilhelm Stuckart[581] behandelt in seinem Aufsatz, der ebenfalls in der SS-Zeitschrift ‚Reich - Volksordnung – Lebensraum' erschien, den Großraum aus verwaltungsrechtlicher Sicht. Stuckart fragt, wie die Entwicklung zum kontinentaleuropäischen Großraum unter deutscher Führung

> „auf dem Gebiet des Staats- und Verwaltungsrechts der neuen Rechtsentwicklung nutzbar gemacht werden kann."[582]

Auf der Grundlage der „Achtung des fremden Volkstums"[583] müsse insbesondere für den Wirtschaftssektor eine überstaatliche Planung stattfinden:

> „Denn eine nach einheitlichen Grundsätzen gestaltete staatliche Wirtschaftslenkung muß bei der engen Verflechtung im europäischen Raum schon während des Krieges eine der Hauptaufgaben der von der britischen Blockade bedrohten europäischen Staatengemeinschaft sein."[584]

Das gelte vor allem für den „Austausch verfügbarer Arbeitskräfte zwischen den einzelnen Staaten"[585]. In der Praxis hieß dies: Ausplünderung und Zwangsarbeit. Die Feststellung Stuckarts „Deutschland und seine Nachbarn .. sind auf Gedeih und Verderb aufeinander angewiesen"[586] klingt denn auch mehr wie eine Drohung nach dem Motto ‚Willst Du nicht mein Bruder sein, so schlag ich Dir den Schädel ein'.

Günter Küchenhoff vermißt in seiner Erörterung der Schmittschen Großraumlehre deren fehlende völkische Grundlage; Schmitt stelle

> „keine nähere Beziehung .. zwischen dem Gedanken der Großraumordnung und dem völkischen Rechtsdenken"[587]

her, dabei komme es darauf an, der „organischen Grundlage, die im Volke liegt", eine „anorganische"[588], die des Raumes, beizuordnen. Kern der Kritik von Küchenhoff ist die Feststellung,

---

[580] Diener 1943 a, S. 365.
[581] Stuckart nahm als Staatssekretär an der ‚Wannseekonferenz' im Januar 1942, bei der die ‚Endlösung der Judenfrage' beschlossen und Schritte für ihre Umsetzung koordiniert wurden. Bei dieser Konferenz schlug Stuckart Zwangssterilisationen für ‚Mischlinge' vor: siehe Poliakov 1989, S. 125.
[582] Stuckart 1941, S. 7.
[583] Ebd. S. 10.
[584] Ebd. S. 20.
[585] Ebd.
[586] Ebd. S. 27.
[587] Küchenhoff 1944, S. 43.
[588] Ebd. S. 61.

„daß nicht der Großraumgedanke, sondern die völkische Idee, nicht der Großraum, sondern das Führungsvolk das Primäre ist“[589].

Als Ersatz des Großraumbegriffes, der das Primat völkisch-rassischer Motivation in den Hintergrund dränge, schlägt Küchenhoff den Begriff ‚völkischer Herrschaftsraum‘ vor.

Die fehlende völkische Grundlegung seines Großraumkonzeptes ist Schmitt aber schon direkt im Anschluß an seinen Kieler Vortrag vorgehalten worden: Hans-Helmut Dietze faßte in seinem Bericht über die Tagung in Kiel die Vorwürfe mit folgenden Worten zusammen :

> „Allein, der Vorschlag, den vom deutschen Volkstum getragenen mitteleuropäischen Raum als ‚Reich‘ zu bezeichnen und somit den Reichsbegriff in das Völkerrecht einzuführen, muß doch auf verschiedene Gegengründe stoßen. Nicht nur, daß das ‚Reich‘ für uns Deutsche seit jeher das Sinnbild der völkischen Totalität, nicht aber irgendeiner übervölkischen Raumordnung bedeutet hat - entscheidend ist vielmehr gerade die Tatsache, daß wichtiger als die Räume die Völker sind, die diese Räume besiedeln.“[590]

Gustav Adolf Walz, der auch als Referent in Kiel zugegen war, bezieht sich auf diese lebhaften Auseinandersetzungen in einem Brief an Schmitt vom 28. 4. 1939:

> „Für die freundliche Übersendung Ihres Kieler Vortrages lassen Sie mich Ihnen herzlich danken. Nachdem ich leider versäumt habe, Ihren Vortrag in Kiel zu hören, war mir die Lektüre angesichts des allgemeinen Aufruhrs der Kieler doppelt interessant. Ihre Formulierungen haben auch in diesem Falle etwas außerordentlich Eindrucksvolles und Glänzendes. Über die Sache - glaube ich - kann man kaum verschiedener Meinung sein, wenn auch aus taktischen Gründen eine gewisse Differenzierung bestehen mag. Dies scheint mir ja letzten Endes auch die Basis der Kieler Auseinandersetzung gewesen sein.“[591]

Auch Georg Hahn betont die völkische Grundlage des neuen nationalsozialistischen Völkerrechtsdenkens und die Notwendigkeit zur Abkehr vom Etatismus:

> „Substanzhaftes Völkerrechtsdenken darf letztlich nicht etatistisch orientiert sein, sondern es muß zum Ausgangspunkt die Völker selbst nehmen.“[592]

Die Betonung des Großraumes als Lebensraum und die Hervorhebung seiner völkischen Legitimität ist auch das Anliegen von Hans Spanner:

> „Der Großraumgedanke setzt die Geltung völkischer Lebensprinzipien voraus und die gedankliche Erfassung einer im Werden begriffenen Großraumgestaltung muß daher von vornherein ausschließlich eine völkische Gesamtschau zum Ausgangspunkt haben. Wenn es

---

[589] Ebd. S. 75. Schmoeckel ordnet Küchenhoff zu den ‚Etatisten‘, m.E. ist dies in Berücksichtigung seiner Einwände gegen Schmitt nicht zulässig: siehe Schmoeckel 1994, S. 164.

[590] Hans-Helmut Dietze zitiert nach: Tommissen 1996, S. 162f.

[591] Nachlass von Carl Schmitt im Hauptstaatsarchiv Düsseldorf; (HStAD) RW 265 - 17419.

[592] Hahn 1939, S. 74.

> sicher auch noch nicht möglich ist, schon jetzt eine geschlossene Lehre mit der entsprechenden Systematik und Begriffsbildung aufzustellen, so muß dennoch schon jetzt die Theorie darauf abzielen, das Wesen des Großraums als Lebensraum in seiner Substanz von innen her zu entwickeln."[593]

Gustav Adolf Walz operiert, um den Führungsanspruch des deutschen Volkes für den mitteleuropäischen Großraum zu untermauern, mit dem Fichtschen Begriff des Urvolkes[594], allerdings wird dieser genetisch aufgeladen:

> „Urvolk in diesem Sinne ist die durch Blutsgemeinschaft der Artgleichen bestimmte historische Schicksalsgemeinschaft, die im Bewußtsein ihrer artgemäßen Sendung zur politischen Tat gewillt und geeignet ist. Die Absetzung vom Artfremden wird zur elementaren Aufgabe der Selbsterhaltung."[595]

Hatte Fichte die besondere Stellung der Deutschen in Europa auf deren sprachliche Eigenart zurückgeführt, so Walz auf die deutsche Leistung der Schöpfung der „völkischen Konzeption"[596], welche im Begriff ‚Urvolk', der laut Plessner „die beständige Ursprünglichkeit schlechthin"[597] meine, ihren Ausdruck finde. Ein solches Urvolk, das als einziges einen Bezug zum Ursprung nachweisen kann, ist naturgemäß auch nicht auf die bloß historische Organisation des Staates angewiesen:

> „Ein seiner Arteigenheit solchermaßen bewußt gewordenes Urvolk ist nicht von der organisierten Macht des Staates abhängig."[598]

Übertragen auf die Großraumproblematik ergibt sich für Walz folgende Hierarchie: Die politische Führung komme dem „Kern des Reichsvolks" zu, der „jene politische Teilgemeinschaft des Urvolkes" bilde, „die die Reichsangehörigkeit" und üblichlicherweise auch die „Reichsbürgerschaft"[599] besitze. An zweiter Stelle ständen die prinzipiell „reichsbürgerschaftsfähigen" „Artverwandten nichtdeutschen Volkstums"[600], z.B. die Tschechen. Auf Platz drei schließlich landen die „rassisch Fremden"[601], die zwar die deutsche Staatsbürgerschaft besitzen, jedoch „vom völkischen Standpunkt reichsbürgerschaftsunfähig"[602] seien, gemeint sind in erster Linie Juden und Zigeuner. Walz begreift

---

[593] Spanner 1942, S. 34.

[594] Fichte 1971 b, S. 374. „Fichte hat in der Tat das, was man Deutschtumsphilosophie nennen könnte, begründet.". Er „münzte die Ideale eines politischen Universalismus mit derselben Energie ins Deutsch-Nationale um, mit der er sie zuvor auf dem Forum der Menschheit verkündet hatte.": Lübbe 1963, S. 196f.

[595] Walz 1942, S. 88. (Siehe auch: Walz 1941, S. 8f.)

[596] Ebd. S. 141.

[597] Plessner 1982, S. 59.

[598] Walz 1942, S. 88.

[599] Walz 1941, S. 10.

[600] Ebd.

[601] Ebd. S. 11.

[602] Ebd.

seine Ausführungen als Versuch, die schon im Staatsrecht - insbesondere durch die Nürnberger Rassegesetze - umgesetzte Rassenideologie auch im Völkerrecht zu etablieren. Unter dem Deckmantel des Minderheitenschutzes befürwortet Walz die Intervention als völkerrechtliches Rechtsinstitut. Sie sei

> „praktisch ein[] Generalvorbehalt gegenüber der aus dem Souveränitätspostulat sich ergebenden rechtlichen Verselbständigungs- und Ausschließungstendenzen auf dem Gebiet des nicht vertraglich geregelten Völkerrechts“[603].

Damit werden die Minderheitenverträge gänzlich ignoriert. Ebenso wie Schmitt verweist Walz auf die Hitlerrede zum ‚Volksgruppenrecht‘ vom 20. Februar 1938 (s.o.). Im Gegensatz zu den faschistischen Staaten sei der nationalsozialistische Staat zwar ‚totalitär‘, dennoch aber kein ‚totaler Staat‘:

> „ ‚Totalitär‘ in ihrem Bereich ist ihre hoheitliche Ordnungsfunktion, wobei der die politische Ordnung bestimmende Ordnungsmaßstab im völkischen Staat das Urvolk ist, im wirklich totalen Staat dagegen primär der Staat, bzw. die vom Staat geformte konzipierte Staatsnation.“[604]

Gegen Schmitt und dessen Betonung des Raumbegriffes vertritt Walz das „Primat des Völkischen“[605], und die dezidiert völkische Ausrichtung seiner Konzeption ist - neben der positiven Fundierung der Großraumsouveränität (völkisches Interventionsrecht statt Interventionsverbot) - der Hauptdifferenzpunkt zum Schmittschen Reich.

Der Kölner Jurist Hermann Jahrreiß sieht in seiner *Auseinandersetzung mit der Völkerrechtslehre von Carl Schmitt* die Großraumordnung hauptsächlich als Alternativkonzeption zum „angelsächsischen Weltherrschaftsanspruch“[606]. Die Bildung von Großräumen, oder wie Jahrreiß sie nennt, ‚politischen Kontinenten‘ hat hierbei den Sinn

> „die technischen Errungenschaften und die nächstnachbarlichen Erzeugungsmöglichkeiten besser auszunützen und eben damit auch die Selbstbehauptung im Ernstfall gegenüber den angelsächsischen Versuchen zu sichern, die durch wirtschaftliche Abdrosselung politische Unterwerfung erpressen wollen“[607].

Die Errichtung von autarken Großwirtschaftsräumen wird zu einer Notwehrhandlung; konsequent spricht Jahrreiß von „Notautarkie“[608]. Politisch falle Deutschland die Rolle einer hegemonialen Führungsmacht in Europa zu, legitimiert durch die normative Kraft des Faktischen[609]:

---

[603] Ebd. S. 20.
[604] Ebd. S. 28.
[605] Ebd. S. 37.
[606] Jahrreiß 1942, S. 521.
[607] Ebd. S. 524.
[608] Ebd. S. 525.
[609] Eine berühmte Redewendung von Georg Jellinek (*Allgemeine Staatslehre*, Darmstadt 1960, S. 338.).

„Die Verwirklichung des Selbstbestimmungsrechtes der Völker bedeutet eben für die einzelnen Völker nach ihrer Lage und Größe, nach ihren Hilfsmitteln, nach ihrer Begabung und ihrer geschichtlichen Wucht Verschiedenes. Für einige bringt sie den unentrinnbaren Zwang, die Führung ihrer Umgebung zu übernehmen, für ihre Umgebung den Zwang, dieser Führung zu folgen.“[610]

Auch auf den Einfluß der technischen Entwicklung auf die völkerrechtliche Entwicklung geht Jahrreiß ein, und ähnlich wie bei Schmitt steht dabei die Luftwaffe im Mittelpunkt des Interesses:

„Die Entwicklung der Luftwaffe, die nicht zuletzt die jetzige Normal-Staatsgröße kriegstechnisch als zwergenhaft und überlebt erscheinen läßt und so vom militärischen Gesichtspunkt her zu ‚Kontinenten‘ drängt, wird für das Küstenmeerrecht der neuen ‚Völkerrechtsordnung‘, d.h. der Ordnung zwischen politischen Kontinenten, das moderne Maß gegeben, so wie einst die Drei-Meilen-Zone vom Können der damals weitestreichenden Waffe, der Küstenartellerie, bestimmt worden ist.“[611]

Die Großraumkonzeption Jahrreiß‘ verläßt jedoch stärker als jene Schmitts den Kontakt zu der konkret gegeben Lage, so stellt er sich die Frage,

„ob nicht die Welt vom Nordkap bis zum Südkap politisch eine Einheit Eurafrikas wird bilden müssen, soll sich das Abendland in der Welt von morgen behaupten.“[612]

Aufgrund der Entwicklung hin zu ‚politischen Kontinenten‘, die allein mit voller Souveränität gerade im Sinne des ius ad bellum ausgestattet sind, schlägt Jahrreiß die Liquidierung des Begriffes des ‚Völkerrechtes‘ und dessen Ersatz durch ein interkontinentales Recht vor. Jahrreiß teilte dies auch direkt Schmitt mit: In einem Brief vom 1. 10. 1940[613] schreibt Jahrreiß:

„ich bin - wie sie wissen - je länger, je mehr der seit Jahren vertretenen Überzeugung, daß nur der Großraum vom Nord- zum Südkap neben der ‚westlichen Hemisphäre‘, ‚Großasien‘ und der russischen Welt ein eigenes Leben führen kann. ‚Europa‘ als die von Deutschland

---

[610] Jahrreiß 1942, S. 528.

[611] Jahrreiß 1942, S. 532. (Im *Nomos der Erde* widmet Schmitt diesem Zusammenhang zwischen der Erstreckung der Herrschaft in die See und dem jeweiligen Stand der Waffentechnik am Beispiel der Drei-Meilen-Zone besondere Aufmerksamkeit: siehe 1988 NE, S.154f.) Die Praxis, die Erstreckungsgewalt auf das Meer an die Reichweite der Küstenartellerie zu binden, scheint auf den niederländischen Juristen Cornelius van Bynkershoek zurückzugehen. (siehe ders.: *De dominio maris*, Den Haag 1702; gefunden bei: Reibstein 1957, Bd. I, S. 285.)

[612] Ebd. S. 533.

[613] Fälschlicherweise schreibt Maschke „1. 10. 1941“: siehe *Anhang des Herausgebers* zu *Raum und Großraum im Völkerrecht* von C.S., in: 1995 SGN, S. 267f; 267.

und Italien zu ordnende Welt muß auf die Dauer so weit gefaßt werden. Dann hätten wir also einen Großraum unter der ordnenden Kraft zweier con-duces."[614]

Die von Jahrreiß als auch von Schmitt angesprochene Relativierung des Souveränitäts- wie des Staatsgebietsbegriffes durch die technische Entwicklung in der militärischen Luftfahrt wurde auch von deutschen und ausländischen Luftkriegsstrategen erörtert: Der englische Captain Norman Macmillan konstatierte schon 1937, daß Deutschland fähig wäre, eine strategische Luftoffensive bis nach Sofia, Bukarest, Odessa und Kiew zu führen, durch die Einbeziehung Ostpreußens sogar Leningrad und Moskau erreichen könne. Freilich hatte Deutschland zu diesem Zeitpunkt keine strategische Bomberwaffe zur Verfügung - übrigens auch später nicht; die Entwicklung der ‚Viermotorigen' war 1937 nach dem tödlichen Flugunfall von Generalleutnant Wever eingestellt worden - Macmillan war auf die deutsche Auslandspropaganda hereingefallen[615]. Der deutsche Major Herhuth Rohden stellte in seinen *Gedanken über Führung und Einsatz moderner Luftwaffen* 1938 fest, daß „die Einsatzmöglichkeit einer operativen Luftwaffe .. zur Kollektivität von Völkern in geopolitisch gleichartigen Räumen" führe[616]. Diese besondere Berücksichtigung der Entwicklung der militärischen Luftfahrt findet sich bei vielen Reichs- und Großraumpublizisten, so auch beim Hamburger Historiker Adolf Rein:

„Großmächte sind heute aber nur als Weltmächte auf der Grundlage großer Raumeinheiten möglich; allein schon die Entwicklung der Luftwaffe macht die Großräumigkeit der Machtbildung auf der Erde heute unabwendbar."[617]

Der Kieler Völkerrechtler Viktor Böhmert kritisiert Schmitts Affirmation der Monroedoktrin als völkerrechtlichen Präzedenzfall und meint, diese habe schon „die Keime ihrer späteren imperialistischen Umfälschung"[618] in sich enthalten. Außerdem sei das Verhältnis von Großraum- und Reichsbegriff ungeklärt; Böhmert schlägt deshalb die Streichung des Reichsbegriffes vor. Schmitt reagiert in der Ausgabe von 1941 von *Völkerrechtliche Großraumordnung* auf diese Kritik Böhmerts und versucht, das Verhältnis von Reich und Großraum zu präzisieren[619]. Am 8. Juli 1940, also kurz nach dem Sieg über Frankreich, schreibt Böhmert an Schmitt über dessen Großraumordnung:

„Ich halte sie für sehr zukunftssreich und glaube, daß sie auch an zuständigen Stellen so gewertet wird. In den Einzelheiten der Ausgestaltung wird sie sich aber kaum so verwirklichen lassen, wie es Ihnen offenbar nach Ihrem Kieler Vortrag vorschwebt. Darin haben mich Ihre Ausführungen im letzten Heft der Akademiezeitschrift[620] bestärkt. Aber letzten Endes wird

[614] Zitiert nach: *Anhang des Herausgebers* zu *Raum und Großraum im Völkerrecht* von C.S., in: 1995 SGN, S. 268. (Ich zitiere hier nach Maschke, da mir dieser Brief nicht vom Nachlaßverwalter zur Publikation freigegeben wurde.)

[615] Macmillan zitiert nach: Völker 1967, S. 71f.

[616] Herhudt Rohden zitiert nach: Völker 1967, S. 72.

[617] Rein 1943, S. 86.

[618] Böhmert 1940, S. 136.

[619] Siehe 1991 VG, S. 67.

[620] Gemeint ist 1940 f.

> das von der konkreten politischen Situation bei Friedensschluß abhängen, die jetzt noch nicht vorhergesehen werden kann.“[621]

Die Beiträge des Völkerrechtlers Heinrich Rogge in der Zeitschrift ‚Geist der Zeit‘ beschäftigen sich einerseits (in weitestgehender Übereinstimmung mit den Thesen Schmitts) mit der Monroedoktrin, aber vor allem auch mit der Großraumproblematik. Rogge weist auf den völkischen Kern des Großraumes und die notwendige Ergänzung des Großraumbegriffes durch den Lebensraumbegriff hin:

> „Inzwischen aber haben die völkischen Begriffe des ‚Lebensraumes‘, des großen Mehrvölker-Lebensraumes, nun sich den geopolitischen und wirtschaftspolitischen Gedankenkomplex zum Raumproblem einverleibt. Wir denken den deutschen Lebensraum als Mehrvölker-Lebensraum, als gemeinsamen Großraum, als Objekt der Planung und Ordnung. Und wir denken das Großraum-Problem als Frage des völkischen Lebensraumes.“[622]

Dennoch aber scheint diese Annäherung an die NS-Rassenterminologie nicht mehr als ein Lippenbekenntis zu sein. In einem Brief an Carl Schmitt schreibt Rogge - kaum in Übereinstimmung mit den Gralshütern der Rassenideologie - am 17. 5. 1939:

> „Zu den grossen Aufgaben der Staatslehre gehört es, ‚das Blut‘ nicht als biologistische Anleihe zu übernehmen, sondern als systembestimmendes Grundsymbol unserer Rechts- und Staatslehre rechtsphilosophisch zu fassen“[623].

Der Berliner Völkerrechtler und „zeitweilige[r] Ribbentrop-Protegés“[624] Friedrich Berber, Direktor des Deutschen Institutes für Außenpolitische Forschung, kritisiert die von Schmitt, dem „anregendsten Vertreter der gegenwärtigen deutschen Staatsrechtslehre“[625], eingeführten Begriffe von ‚Großraum‘ und ‚Reich‘. Diese könnten

> „nicht als sachgemäße terminologische Vorschläge für die außenpolitische Ordnungsaufgabe Europas angesehen werden“[626].

Insbesondere auf den Reichsbegriff hat es Berber abgesehen:

> „Das Wort ‚Reich‘ hat nicht nur in der Geschichte, sondern auch in der diplomatischen Sprache eine einmalige überaus prägnante Bedeutung: es bezeichnet das Deutsche Reich, und seine Verwendung für irgendeine führende Macht in irgendeinem Großraum ist deshalb schon ganz allgemein unangebracht, erst recht für eine konkrete politische Wirklichkeit Europas, in der es nicht eine führende Macht gibt, sondern zwei, das Reich und Italien.“[627]

---

[621] Nachlass von Carl Schmitt im Hauptstaatsarchiv Düsseldorf; (HStAD) RW 265 - 1925.
[622] Rogge 1941 b, S. 120f..
[623] Nachlass von Carl Schmitt im Hauptstaatsarchiv Düsseldorf; (HStAD) RW 265 - 11713/2.
[624] So Hachmeister 1998, S. 21.
[625] Berber 1942 a, S. 192.
[626] Ebd.
[627] Ebd. S. 193.

Berber favorisiert statt dessen den Begriff des ‚Bundes'[628]. Zudem lehnt Berber strikt eine Berufung auf die Monroedoktrin ab:

> „Die Monroedoktrin hat sich als eine im Interesse der USA erfundene Legende erwiesen. Wir haben keinen Anlaß, in der Geburtsstunde Europas zur Begründung seines Lebensrechtes auf exotische Legenden zurückzugreifen."[629]

Der Philosoph und Sozialwissenschaftler Jürgen von Kempski, der im Krieg ebenfalls Referent für Völkerrecht am Deutschen Institut für Außenpolitische Forschung war, widmete sich in zwei Aufsätzen auch der Großraumordnung Schmitts[630], welchen er später als einen der „would be - Kirchenväter eines neuen Zeitalters"[631] verortete. Gegen Schmitt wendet der Berber-Epigone Kempski ein, die Monroedoktrin sei keineswegs als völkerrechtlicher Präzedenzfall zu bewerten. Sie enthalte

> „keine irgendwie gearteten Ideen über die innere Organisation von ‚Panamerika', weder in ihrer ursprünglichen Form noch in der Gestalt, die sie in den Interpretationen der späteren Zeit angenommen hat. Sie ist ein imperialistisches Rezept, nicht mehr."[632]

Walter Mallmann, der in der Zeitschrift ‚Geistige Arbeit' mehrere Artikel zur Großraumproblematik veröffentlichte, meinte 1940 zu Schmitts[633] Schrift zur völkerrechtlichen Großraumordnung, diese sei

> „nach der Teilung Polens und dem Drei-Mächte-Pakt[634] fast noch aktueller als damals"[635].

Kritisch verweist er auf die fehlende Erörterung der Kolonialfrage hin, aber auch auf Defizite in der völkischen Unterbauung der Theorie:

> „Es kommt in C.S.s Erörterungen nicht deutlich zum Ausdruck, .. daß der völkische Gedanke durch das Großraumprinzip zum mindesten erheblich modifiziert wird."[636]

---

[628] Ebd. S. 194.

[629] Berber 1942 b, S. 300. Berber beschäftigte sich auch mit dem Einfluß, den die spanische Kolonialpolitik auf die Genese des modernen Völkerrechts hatte (Siehe Berber 1942 c), ein Themenkomplex, der auch in Schmitts *Nomos der Erde* eine große Rolle spielt.

[630] Vor allem aber ist der Einfluß von Friedrich Berber virulent.

[631] Kempski 1992, S. 557.

[632] Kempski 1942, S. 877f.

[633] „einer der umstrittensten, zweifellos aber auch einer der geistvollsten und wirkungsreichsten Rechtsdenker der Gegenwart": Mallmann 1940 b, S. 11.

[634] Gemeint ist der Pakt zwischen Italien, Japan und Deutschland vom 27. 9. 1940. In ihm wird Deutschland und Italien die Ordnungsaufgabe für Europa und Afrika sowie Japan diejenige für Ostasien zugesichert. Im Falle des Eingriffsversuchs ‚raumfremder' Mächte sichern sich die drei Bündnispartner Hilfe zu. Der Pakt war hauptsächlich gegen vermeintliche Versuche der USA gedacht, in Europa bzw. Asien Einfluß zu nehmen.

[635] Mallmann 1940 b, S. 11.

[636] Ebd, S. 12.

In Italien stieß die Schrift Schmitts ebenfalls auf Resonanz[637]; Carlo Costamagna, mit Schmitt auch freundschaftlich verbunden, (s.o. FN 110) wollte die Neuordnung Europas aber auf traditionelle Grundlagen, nicht auf Großraumkonzeptionen stellen:

> „In größerem Umfang und auf verfassungsrechtlicher Grundlage könnten die Institute der Symmachie und der Hegemonie, die schon die hellenischen Stadtstaaten in ihren bescheidenen Einigungsversuchen gekannt haben, wieder rechtliche Bedeutung gewinnen, indem bestimmte Rechtsverhältnisse und bestimmte Funktionen mit ihnen verbunden werden. Sie scheinen besser als der rationalistische Begriff der Souveränität dazu geeignet zu sein, dem Gefüge als Grundlage zu dienen, dem in der Zukunft eher der Erfolg sicher sein wird, als der Form des Bundesstaates."[638]

Julius Evola sieht zwar anhand der Krise der nationalstaatlichen Souveränität die Notwendigkeit „zu ‚imperialen Ganzheiten' bzw. reichischen Organismen"[639], meldet aber Vorbehalte gegen die in der Formel ‚Ein Volk, ein Reich, ein Führer' beinhaltete Suprematie eines Volkes:

> „Eine ausschließlich durch ein bestimmtes Volk sich legitimierende Autorität wird jenseits der Grenzen dieses Volkes nicht als viel mehr gelten können denn als bloße Gewalt."[640]

Ferner wurde gegen die Schmittsche Großraumordnung eingewandt, daß diese die „Gleichheit und Freiheit kleinerer Staaten hinfällig werden lasse"[641] und „zwangsläufig zur Mißachtung von Minoritäten führe."[642]

Die Kritik an Schmitts Innovationsversuch der Etablierung des Reichsbegriffes auf völkerrechtlicher Grundlage ist im großen und ganzen in zwei Arten zu scheiden; nämlich jene der Autoren, denen die Neuerungen zu weit gingen und jene, die eine radikalere Neuformulierung des Völkerrechts auf eindeutig völkisch-rassischer Grundlage in den Mittelpunkt stellten. Gerade die Kritik der rassisch-völkischen Theoretiker, allen voran die SS-Juristen Best und Höhn, weisen auf den neuralgischen Punkt des Schmittschen Reichsbegriffes hin, nämlich die mangelnde Betonung der völkischen Legitimität. Obwohl die ‚politische Idee' fester Bestandteil der neuen Ordnung sein soll, wird sie auffällig im Unklaren belassen und das Reich hauptsächlich durch seine Fähigkeit, Interventionen in seinen Großraum zu unterbinden, definiert. Ausdrücklich hat sich Schmitt gegen eine Legitimität des Lebensraumes verwahrt, die Räume nur als Kornkammer oder Rohstoffreservoir wahrnimmt[643]:

---

[637] Sie erschien übersetzt 1941. Zudem wurden diverse Arbeiten von Schmitt zum Großraumproblem in italienischer Sprache veröffentlicht; siehe Staff 1991, S. 83 Anm. 2.

[638] Costamagna 1941, S. 203.

[639] Evola 1942, S. 69.

[640] Ebd. S. 71.

[641] So Giacomo Perticone; siehe Staff 1991, S. 89.

[642] Dies ist der Einwand des Jesuiten Messineo; siehe Staff 1991, S. 91.

[643] Ludwig Reichhold (Reichhold 1940, S. 363ff.) hat überdeutlich und völlig im Ernst als neues nationalsozialistisches Rechtsprinzip die „Idee der Nahrung" proklamiert!

> „Im Zusammenhang unserer Erörterung aber kann jenes ‚demographische' Recht auf Land zwar als eine allgemeine Rechtfertigungsgrundlage territorialer Forderungen angesehen werden, nicht jedoch in einem spezifischen Sinne als ein konkretes völkerrechtliches Großraumprinzip, das erkennbare Abgrenzungen und Maßstäbe in sich enthält."[644]

Schmitt wollte ein völkerrechtliches Prinzip definieren, die rassisch-völkischen Theoretiker jedoch das Völkerrecht insgesamt liquidieren. Dies wird besonders in den Äußerungen von Werner Best deutlich. Daß sein Reichsbegriff anstößig sein mußte, wird überdeutlich, wenn man einmal die Definition von ‚Reich' der damals verfaßten Enzyklopädien heranzieht, und diese mit dem Schmittschen Reichsbegriff vergleicht; so bestimmt der Meyer den Begriff ‚Reich' wie folgt:

> „Das Reich bezeichnet mythisch, geschichtlich und doch zugleich lebendig wirksam den durch das deutsche Volk bluthaft bestimmten Herrschafts- und Lebensraum und die schicksalhafte Sendungsaufgabe der Deutschen in Europa."[645]

---

[644] 1991 VG, S. 18f.

[645] Meyer, 8. Aufl., Bd. 9 (1942), 178; Art. Reich.

Fazit: Abschließende Bemerkungen zum ‚Reich' bei Schmitt als völkerrechtlicher Begriff

Der Reichsbegriff Carl Schmitts beinhaltet trotz des mit ihm verbundenen Versuches einer völkerrechtlichen Neuordnung viele typologische Konstanten. Mit der Zerschlagung der ‚Resttschechei' bekam der Kampf gegen die Versailler Nachkriegsordnung weltgeschichtliche Bedeutung. Diese Ordnung war stets im Fadenkreuz der Schmittschen Publizistik. Gehört der Vorbehalt einer „unheimlich geschärften clausula rebus sic stantibus"[646] allgemein zu seiner Rechtsphilosophie - eine Norm verlangt eine „normale Gestaltung der Lebensverhältnisse, auf welche sie tatbestandsmäßig Anwendung finden soll"[647] - so wird die damit implizierte Ablehnung einer status-quo Vorstellung im Recht anläßlich des Diktates von Versailles zu einem politischen Programm, gelte es doch zu verhindern,

> „daß diejenigen, welche nach den bestehenden Verträgen im Recht sind, dauernd im Recht bleiben."[648]

Schmitt bewegt sich hier in der Tradition von Hobbes und vor allem von Spinoza, bei dem die clausula, vor allem in seinem *Tractatus Politicus*[649], extrem betont wird. Der Kampf gegen die „Windstille eines ideenlosen status quo"[650], welcher dem bürgerlichen Sekuritätsbedürfnis entspreche[651], heißt zugleich Kampf gegen normativistische Rechtsvorstellungen. In diesem Sinne ist der Kampf um eine Revision des Diktates von Versailles auch einer um Positionen und Begriffe mit Weimar - Genf - Versailles. In der Aufsatzsammlung *Positionen und Begriffe im Kampf mit Weimar - Genf - Versailles 1923-1939* von 1940 kulminiert dieser Kampf schließlich in der Proklamation des Reiches. Wie Hans Freyer in seiner Rezension des Buches feststellt, ist mit

---

646 Hofmann 1992, S. 63.

647 1985 PT, S. 19.

648 1925 b, S. 41. Siehe auch Bilfinger 1938, S. 30f.: „Clausula rebus sic stantibus, von dem Überholtwerden und Hinfälligwerden der Verträge durch Änderung der bei ihrem Abschluß vorausgesetzten Verhältnisse, berücksichtigt den Fluß der Entwicklung, das fortschreitende Leben der Staaten, nach einem üblich gewordenen Ausdruck, etwa: das dynamische Element." Carl Schmitt hat sich nur selten zur clausula rebus sic stantibus geäußert, was vielleicht mit dem wenig freundschaftlichen Verhältnis zu Erich Kaufmann zusammenhängt. Auf eine Äußerung sei hier hingewiesen: „Die Maßnahme ist also ihrem Begriffe nach durchaus beherrscht von der clausula rebus sic stantibus.": *Die Diktatur des Reichspräsidenten nach Artikel 48 der Weimarer Verfassung*, in: 1989 D, S. 213-259; 248.

649 Baruch de Spinoza, *Sämtliche Werke in sieben Bänden*, Bd. V, Hamburg [5]1977, S. 79 (Abhandlung vom Staate, cap. III, § 14).

650 1926 c, S. 58.

651 1939 b, S. 131.

> „dem Begriff ‚Reich' .. nun das Ziel bezeichnet, auf das hin sich die einzelnen Stücke des Buches zur Einheit zusammenschließen."[652]

Der Appell an eine neue Ordnung als Negation jener von Versailles kommt auch zum Ausdruck durch das „verschwiegene[] Motto des Werkes"[653]: Ab integro nascitur ordo[654]. Sollte die Präsentation und Anordnung der Aufsätze in dem Band das ‚Reich' als alleiniges telos erscheinen lassen, so erweist sich bei näherem Hinsehen eher eine Konstanz in der Konstatierung einer Krise der Staatlichkeit, die es zu überwinden gelte. Hier offenbart sich das ‚Reich' als Transformation des ‚totalen Staates' ins Völkerrecht: Beide Konzeptionen zielen auf direkte Herrschaft: der totale Staat soll sie durch die Beseitigung der indirekten Gewalten der sozialen Interessengruppen, das Reich durch die Verhinderung ‚raumfremder' Interventionen in seinen Großraum garantieren. Beide Begriffe haben ihren Ursprung in einem wirtschaftstheoretischen Diskurs, sollen aber gerade den Primat des Politischen über das Ökonomische deklarieren, beide sollen sich der Moderne als angemessen erweisen, indem sie die technologische Entwicklung berücksichtigen - der totale Staat reagiert z.B. auf die mediale Entwicklung wie das ‚Reich' auf die der Verkehrstechnik. Beiden Begriffen ist die Beiordnung voller Souveränität eigen, und sei es als Supra-Souveränität, der dialektischen Aufhebung der nationalstaatlichen. Zudem stehen beide Begriffe zwischen völkisch-rassistischer nationalsozialistischer Legitimität auf der einen, Theologie auf der anderen Seite: Der totale Staat hat weder als Parteidiktatur noch als Reichstheologie Evidenz, der Reichsbegriff zeichnet sich durch seine fehlende rassische Legitimität ebenso aus wie durch seine Absetzung vom reichstheologischen Zusammenhang durch die Zulassung mehrerer Reiche, womit er gegen den Grundsatz der Universalität des sacrum imperium verstößt: „Es gibt nur ein Reich, wie es nur eine Kirche gibt"[655].

Symbol des totalen Staates wie des Reiches ist der Leviathan. Hatte der Leviathan des Hobbes sich sein Grab selbst durch die Trennung der Sphären des Privaten und des Öffentlichen gegraben[656], so soll seine dialektische Aufhebung - Totalstaat oder Reich - Ordnung schaffen aus Öffentlichkeit, Ganzheit und Repräsentationsfähigkeit.

---

[652] Freyer 1940, S. 265.

[653] Ebd. S. 266.

[654] 1988 PB, S. 132 und 312. Ferner: 1941 d, S. 117. Das Motto hat Schmitt von Vergil [nicht von Ovid, wie Meuter 1994, S. 402, behauptet] : ‚Magnus ab integro saeculorum nascitur ordo' (Ecloga IV,5): Erhaben entspringt von neuem die Ordnung der Zeit. Im Siegel der amerikanischen Verfassung ist dieses Motto in der Kurzform ‚Novus ordo saeculorum' zu finden: siehe Faber 1979, S. 85. Fabers Arbeiten zur ‚Konservativen Revolution' können aufgrund ihres Materialreichtums mit Gewinn gelesen werden, wenn auch vollkommen unverständlich ist, daß er deren Apologeten allesamt zu „Schmitt-Schülern" deklarieren will; so Reinhard Höhn (Faber 1975, S. 111.) oder auch Christoph Steding (siehe Faber 1979, S. 13; siehe auch Faber 1981, S. 74.). Beide waren aber nie ‚Schmitt-Schüler' (Höhn hat sich sogar vehement gegen diese Titulierung gewehrt; siehe Bendersky 1983, S. 232f.) und kommen aus einem völlig anders gelagerten geistigen Umfeld. Vielleicht ist diese Manie dadurch zu erklären, daß Faber Taubes-Schüler ist?

[655] Moeller 1933, S. 6.

[656] Siehe 1982 L.

Das ‚Reich' repräsentiert in hohem Maße durch seinen Führungsanspruch, durch es kommt gar ein ontologischer Zustand besonderer Dignität zum Tragen:

> „In der Repräsentation dagegen kommt eine höhere Art des Seins zur konkreten Erscheinung. Die Idee der Repräsentation beruht darauf, daß ein als politische Einheit existierendes Volk gegenüber dem natürlichen Dasein einer irgendwie zusammenlebenden Menschengruppe eine höhere und gesteigerte, intensivere Art Sein hat. Wenn der Sinn für diese Besonderheit der politischen Existenz entfällt und die Menschen andere Arten ihres Daseins vorziehen, entfällt auch das Verständnis für einen Begriff wie Repräsentation."[657]

Das Reich ist Aufhalter der Repräsentationsunfähigkeit des Ökonomismus. Als dialektische Aufhebung des Staates in vielerlei Hinsicht bewahrt es einen etatistischen Glutkern. Dies gilt schon für den vor-völkerrechtlichen Begriff des Reiches, der „selbstverständlichen Anspruch auf Staat und volle Staatlichkeit"[658] habe. (s.o.) Walter Mallmann stellt in einem Artikel in der Zeitschrift ‚Geistige Arbeit' von 1940 einen Zusammenhang her zwischen dem

> „seltsamen Schicksal der Formel vom ‚totalen Staat', die zunächst in aller Munde war, dann aber scharf abgelehnt wurde und fast spurlos aus dem Rechtsschrifttum verschwand"[659]

und dem Auftauchen des Großraumprinzips im Völkerrecht, das sich gegen den Versuch wendet, das Völkerrecht

> „ausschließlich vom völkischen Gedanken aus zu erneuern" und „auch die Ordnungswerte des Staatsgedankens in sich aufnimmt"[660].

Carl Schmitt hat viele Ordnungselemente der Konzeption vom ‚totalen Staat' nach dessen Scheitern in das ‚Reich' transformiert.

Wie viele andere täuschte sich Schmitt in den grundsätzlichen Zielen Hitlers. Hitler ging es nicht um Revision von Versailles und Hegemonie Deutschlands in Mitteleuropa, sondern um ‚Rassereinheit' und Lebensraum. Hitlers ‚Großgermanisches Reich' hat keine Ähnlichkeit mit Schmitts Großraumordnung. Dennoch aber

> „fungierte der Revisionismus psychologisch als eine wichtige Brücke, auf der nicht nur die konservativen Führungsschichten, sondern nahezu die gesamte Nation mehr oder weniger problemlos ihren Weg ins Dritte Reich gehen und sich mit dem Regime arrangieren konnten."[661]

---

[657] 1970 VL, S. 210.
[658] 1933 h, S. 196.
[659] Mallmann 1940 a.
[660] Ebd.
[661] Wendt 1993, S. 48.

Daß Schmitt über die Ziele Hitlers im Unklaren blieb, äußert sich vor allem darin, daß er, wenn überhaupt, dann aus dessen außenpolitischen Reden von 1936-1939[662] zitiert, die nur der Täuschung der Weltöffentlichkeit dienten und deren Aussagen nur solange Geltung hatten, wie sie mit der ‚konkreten Lage' der Expansionsziele in Einklang zu bringen waren. Insofern ist vielleicht der Vorbehalt der clausula noch viel gefährlicher als die Konzeption der konkreten Großraumordnung, die schließlich nur der erst sehr begrenzten Expansion nach Osteuropa Gestalt geben sollte, kommt er doch einer bloß taktischen Relevanz von Vertragsschlüssen entgegen. Nach dem Überfall auf die Sowjetunion Ende Juni 1941 hatte der Zweite Weltkrieg endgültig den Charakter eines totalisierten, internationalen Bürgerkrieges angenommen. Spätestens zu diesem Zeitpunkt hatte die Konzeption einer völkerrechtlichen Großraumordnung jeden Bezug zur Wirklichkeit verloren. Dementsprechend wurde sie zu einer ‚abendländischen'[663] metaphysiziert. In dieser eurozentrischen Sicht offenbart die Fähigkeit zu klar abgegrenzten Großräumen die „Substanz Europas"[664]. Nach dem Krieg wollte Schmitt das Ende des eurozentrischen Völkerrechts an der Verwässerung der Grenzen zwischen Europa und dem Rest der Welt festmachen, wie sich dies z.B. in der Kongo-Akte von 1885 zeige[665]. Resignierend mußte er nach dem Scheitern der Großraumordnung auf ‚abendländischer' Grundlage feststellen:

> „Ich bin der letzte, bewußte Vertreter des jus publicum europaeum, sein letzter Lehrer und Forscher in einem existentiellen Sinne."[666]

Das ‚Reich' war in diesem Sinne die emphatische Proklamation eines europäischen jus gentes anläßlich der Diagnose des Legitimitätsschwundes seiner Grundlagen, d.i. die Staatlichkeit in staatsrechtlicher wie in völkerrechtlicher Lesart. Insofern ist der Reichsbegriff Schmitts elementar mit der historisch-politischen Situation gekoppelt, weswegen ein Vergleich mit dem des Mittelalters, wenigstens was die völkerrechtliche Seite anbelangt, sich nicht anbietet. Es sind jedoch, neben der schon oben genannten, in der Aura des Reichsbegriffes begründeten besonderen Repräsentationsfähigkeit, Analogien zwischen dem mittelalterlichen und dem Schmittschen ‚Reich' denkbar. So die

---

[662] So behauptet Hitler in der Rede vom 28. April 1939, in der er die ‚deutsche Monroedoktrin' proklamierte (s.o.): „Die Vorsehung .. hat es gestattet, die einzige Aufgabe meines Lebens zu erfüllen: Mein deutsches Volk .. aus den Fesseln des schandvollsten Diktates aller Zeiten zu lösen. Denn dies war das alleinige Ziel meines Handelns." Zitiert nach: Clauss 1939, S. 20. Max Clauss leitete von 1926 bis 1932 die Redaktion der ‚Europäischen Revue' des Prinzen Karl Anton Rohan. In einem Vortrag zur *Erziehung der Nation zum Reich* von 1928 wies Clauss auf „das verpflichtende Vermächtnis der alten Reichsidee" hin. Obwohl er keine Sympathien für die Nazibewegung hatte, benutzte auch Clauss die Camouflage der Naziterminologie. Das oben zitierte Buch zur *Wiedergeburt des Reiches* ist ein eindrücklicher Beleg hierfür. Zu Clauss siehe der Aufsatz von Müller, G. 1997.

[663] 1942 b.

[664] Carl Schmitt, *Die letzte globale Linie*, in: 1995 SGN, S. 441-448; 447.

[665] Siehe 1988 NE, S. 188ff.

[666] 1950 ECS, S. 75.

im Reichsbegriff von jeher[667] mitgedachte Negation des Imperialismus, der als ,unkonkretes' Raumordnungsprinzip dem Schmittschen diametral ist. Jedoch ist das Reich als dialektische Aufhebung des Staates ein ebenso ,konkreter, an eine geschichtliche Epoche gebundener Begriff'[668] wie dieser. Obwohl es möglich wäre, das mittelalterliche deutsche Reich mit der Etablierung eines neuzeitlichen Staatsgebildes in Verbindung zu setzen, nämlich in dessen Präfiguration im staufischen Kaisertum unter Friedrich II.[669], so beschäftigt Schmitt eher die Neutralisierungsleistung des Leviathan Thomas Hobbes'. Im Nichtbezug auf die Kaisergeschichte der Staufer und der Negation des Reichsuniversalismus unterscheidet sich Schmitts völkerrechtlicher Begriff des Reiches von rassistischen und biologistischen Stellungnahmen. Ebenso wie Hitler[670] sah der Historiker Karl Richard Ganzer vom ,Reichsinstitut für Geschichte des neuen Deutschlands' im Kaisertum der Staufer die Berechtigung für einen Führungsanspruch Deutschlands[671].

Auch wenn der Souveränitätsbegriff Schmitts derjenige des 17. Jahrhunderts ist, so darf doch nicht aus den Augen verloren werden, das zur Politischen Theologie dieses Begriffes gehört, durch die Konzeption der päpstlichen Souveränität innerhalb der Kirche (plenitudo potestatis[672]) vorformuliert worden zu sein. Die plenitudo potesta-

[667] „Es war nicht Ausdruck eines expansiven Imperialismus, sondern eines Strebens nach Einheit, Ordnung und Frieden.": Kimminich 1993, S. 67.

[668] Siehe 1941 b.

[669] Siehe Kantorowicz 1991, S. 207-238. Kantorowicz hat später angemerkt, das Buch sei „in der Hochstimmung der zwanziger Jahre geschrieben, mit all seinen Hoffnungen auf den Sieg des geheimen Deutschland und auf die Erneuerung des deutschen Volkes durch den Blick auf seinen größten Kaiser": Edgar Salin, *Ernst Kantorowicz 1895-1963*, Privatdruck o. O., 1963, S. 11; zitiert nach: Grünewald, 1982, S. 158.

[670] „Wenn wir überhaupt einen Weltanspruch erheben wollen, müssen wir uns auf die deutsche Kaisergeschichte berufen. Alles andere ist etwas so Junges und derart Fragliches und nur bedingt Gelungenes. Die Kaisergeschichte ist das gewaltigste Epos, das - neben dem alten Rom - die Welt je gesehen hat. Diese Kühnheit, wenn man sich nur vorstellt, wie oft die Kerle über die Alpen geritten sind. Die Männer haben ein Format gehabt! Von Sizilien aus sogar haben sie regiert!": Adolf Hitler, zitiert nach: Picker 1993, S. 102. Im Bewußtsein um die alte Symbolmacht des Reiches ließ Hitler nach dem Anschluß Österreichs die alten Reichsinsignien - die sog. Krone Karls des Großen, Reichskreuz, -apfel, -schwert, das Pluviale Kaiser Friedrich II., die heilige Lanze, etc. - von Wien in die Katharinenkirche nach Nürnberg schaffen: siehe Hamann 1996, S. 158f.

[671] Siehe Ganzer 1941. Ganzers Buch war ein „Bestseller unter den Schriften des Reichsinstituts": Heiber 1966, S. 378. Das Werk erschien mit einer Gesamtauflage von 850 000 Exemplaren! Bei Heiber auch folgende Anekdote zu Ganzer (S. 376.) : „Ganzer war ein nationalsozialistischer reiner Tor, für den vor allem Hitler und alles, was mit ihm zusammenhing, tabu waren und der dann einen Schock erlitten haben soll, als er den geliebten Führer im Verlauf des Krieges bei einer offensichtlichen Lüge ertappte."

[672] Der Juristenpapst Innozenz IV. (1243-1254) hatte diese Formel auch für die weltliche Machtfülle verwandt (im Gegensatz zu Innozenz III. , für den sie dem spirituellen Bereich vorbehalten war; siehe Kempf 1954, S. 296-298.): Kommentar Innozenz' IV. zur Absetzungsbulle *Ad apostolice dignitatis*, mit der auf dem Konzil von Lyon 1254 Friedrich II. für abgesetzt erklärt wurde: „Ipse solus (der Papst, Anm. F.B.) habet plenitudinem potestatis": *Apparatus in V libros decretalium*, Frankfurt 1570, II. 27. 27, fol. 316v-317v.

tis hatte „den mittelalterlichen Lehnsstaat bereits im 13. Jahrhundert überwunden“[673], und trägt, wie Otto Brunner anmerkt, „ohne Zweifel Merkmale des frühneuzeitlichen Souveränitätsbegriffes an sich“[674]. In dem *Tractatus de ecclesiastica potestate* des Aegidius Romanus, der im Vorfeld der Bulle *Unum sanctam* entstand, wird dem Papst zugestanden, kraft seiner plenitudo potestatis innerhalb der Kirche alles selbst anordnen und bewirken zu können: „Totum posse, quod est in ecclesia, reservatur in summo pontifice.“[675] Analog zur Fähigkeit Gottes, unmittelbar in das Naturgeschehen einzugreifen und die Wirkung der causae secundae im Wunder selbst zu setzen, könne der Papst das Wirken der ihm nachgeordneten Instanzen durch Suspension selbst beeinflußen. Der Papst kann, mit anderen Worten, das Walten der lex generalis durch seine Kompetenz einer lex specialis relativieren[676]. Berücksichtigt man diesen Hintergrund der Ausbildung des neuzeitlichen Souveränitätsbegriffes, hört das berühmte Diktum von Schmitt, das die souveräne Entscheidung normativ betrachtet aus einem Nichts geboren sei[677], somit mit dem Wunder strukturverwandt ist, und daß souverän sei, wer über den Ausnahmezustand entscheide, sehr schnell auf, ein Skandalon zu sein. Der kirchenrechtliche Hintergrund des Souveränitätsbegriffes wird zudem von vielen Seiten bestätigt, neben Bodin könnte Schmitt als Zeugen noch Otto von Gierke[678] und den Vertreter der pluralistischen Staatstheorie John Neville Figgis[679] benennen. Auch in anderer Hinsicht arbeitete das Papsttum dem modernen Staat vor: Der Vatikan hatte schon frühzeitig ein stehendes Heer, seit 1543 permanente direkte Steuer, das erste permanente diplomatische Corps, zentralisierte Verwaltung und förderte den Merkantilismus durch den Bau von Straßen und Häfen.[680]

Die völkerrechtliche Reichskonzeption Schmitts hat in ihrer Gebundenheit an eine konkrete Lage Aktualitäten und Inaktualitäten gleichermaßen. Aktuell zeigt sie sich in der Konstatierung der Legitimitätskrise im Völkerrecht, die sich keineswegs entschärft hat, wie die Debatte um den Menschenrechtsuniversalismus zeigt. Inaktuell zeigt sie sich aber schon vor ihrer Entfaltung durch das Mißverständnis des Charakters der deutschen Außenpolitik. Keine andere Legitimität hat das klassische Völkerrecht,

---

[673] 1989 D, S. 43; siehe auch: Kantorowicz 1991, S. 213. Diese Behauptung Schmitts geht direkt auf die Bemerkung Bodins zurück, daß sein Begriff der Souveränität von der Lehre der plenitudo potestatis Innozenz‘ IV. vorweggenommen worden sei: Zitiert bei Quaritsch 1970, S. 65 Anm. 90. Der Hinweis auf Innozenz IV. findet sich nur in der (in manchen Aussagen verschärften) lateinischen Fassung der *Six Livres de la République*: Jean Bodin, *De republica libri sex*, I, 8, Frankfurt/M. 1641, S. 160.

[674] Brunner 1984, S. 144.

[675] Aegidius Romanus, *Tractatus de ecclesiastica potestate*, III, 9.

[676] Siehe Miethke 1993, S. 371-377 sowie Miethke 1987, S. 275.

[677] Siehe 1985 PT, S. 42 sowie 1989 D, S. 23.

[678] „Zuerst wurde in der Kirche die Idee der monarchischen Machtvollkommenheit in dem Begriff der plenitudo potestatis des Papstes ausgeprägt. .. Auch auf weltlichem Gebiet empfing die monarchische Idee eine absolutistische Prägung, seitdem in der Hohenstaufferzeit dem Kaiser von den Juristen die plenitudo potestatis des römischen Cäsar vindicirt und bald die kaiserliche Machtvollkommenheit als Typus der Monarchie überhaupt behandelt wurde.“: Gierke 1868, Bd. III, S. 566ff.

[679] Siehe John Neville Figgis, *Studies of Political Thought from Gerson to Grotius 1414-1625*, Cambridge [2]1931, S. 4.

[680] Siehe Po-chia Hsia 1998, S. 134.

welches insgeheim von Schmitt zugrundegelegt wird, so radikal negiert als die rassistische jener, die im nationalsozialistischen Deutschland an den Schalthebeln der Macht saßen. Als Möchtegern-Klein-Demiurg einer neuen Weltordnung ist Schmitt nicht mehr zeitgemäß, wohl aber als scharfsinniger Begriffsanalytiker.

Exkurs: »Zentraleuropa« : Geopolitik bei Giselher Wirsing

Eine Person aus dem Schmitt-Freundeskreis, die im folgenden näher beleuchtet werden soll, hat sich schon frühzeitig mit geopolitischen Fragen beschäftigt und befand sich zudem mit Schmitt in einem produktiven Austauschverhältnis: der Soziologe Giselher Wirsing. Wirsing war 1929 bis 1932 in Heidelberg Assistent bei dem Soziologen Carl Brinkmann[681], der Schmitt einmal schrieb, er fände es „wissenschaftlich unwürdig", dessen Namen in einer Bibliographie nicht zu nennen[682]. Wirsing war der jüngste der Publizisten aus dem ‚Tat'[683]- Kreis, zu dem neben dem Herausgeber Hans Zehrer vor allem noch der Ökonom Friedrich Zimmermann[684], der in der ‚Tat' mit dem Pseudonym ‚Ferdinand Fried' zeichnete, und der Soziologe und Alfred Weber-Schüler Ernst Wilhelm Eschmann gehörten. Ab 1930 spielen geopolitische Fragen in Form der Mitteleuropa-, bzw., um im Jargon Wirsings zu bleiben, ‚Zwischeneuropa'problematik eine verstärkte Rolle in der ‚Tat'. Wirsings Schrift *Zwischeneuropa und die deutsche Zukunft*, erschien zwar erst 1932, war aber in wesentlichen Zügen bereits im Herbst 1930 abgeschlossen[685] und stellt eine Umarbeitung seiner bei Brinkmann entstandenen Dissertation dar[686]. Mit dem Begriff ‚Zwischeneuropa' orientiert sich Wirsing an Alfred Penck[687], gemeint ist der Ostraum Mitteleuropas (der Raum zwischen Frankreich und der Sowjetunion), also nach der damaligen politischen Lage die baltischen Staaten, Polen, die Tschechoslowakei, Ungarn, Jugoslawien, Bulgarien und Rumänien.[688] Ideeller Anlaß des Buches ist der „Ablösungsprozeß Deutschlands vom Abendlande"[689]. Diese „Abwendung von der imaginären Idee des Abendlandes"[690] muß gelesen werden als Frontstellung gegen die Erfüllung der Reparationsansprüche einerseits (die sich z.B.

[681] Brinkmann und Schmitt standen von 1925 bis zu Brinkmanns Tod 1954 in brieflichem Kontakt.

[682] Zitiert nach: 1991 G, S. 99.

[683] Schmitt warb mit folgenden Worten für die ‚Tat': „Ich halte sie in ihrem gegenwärtigen Status für eine der wenigen Zeitschriften der Gegenwart, die weder Residien der Vorkriegszeit noch Vehikel einer gegenstandslosen Fortschrittlichkeit sind, sondern eben aktuell und Aktion, nicht opinon.": Schmitt relativierte diese Worte allerdings später im Gespräch mit Klaus Fritzsche: „Das sollte ein Appell sein, daß mehr herauskäme; der Ansatz war schon interessant.": Fritzsche 1976, S. 347 Anm. 56.

[684] Zum Mitteleuropaproblem aus Sicht des Ökonomen Zimmermann siehe dessen Schrift zum *Ende des Kapitalismus* : Zimmermann 1931, S. 255-257.

[685] Siehe Wirsing 1932, Vorwort.

[686] Fritzsche 1976, S. 376 Anm. 418.

[687] Siehe Wirsing 1932, S. 7. Der Professor für Geographie Alfred Penck (1858-1945), der sich mit Fragen der Geopolitik beschäftigte [Albrecht Haushofer, war Sekretär bei Penck], prägte im Ersten Weltkrieg den Begriff ‚Zwischeneuropa' als „Zwischenzone der großen Kampfmächte". (Siehe Pöpping, 1997, S. 356.) Sowohl ‚Mittel'- als auch ‚Zwischeneuropa' sind also Produkte des Ersten Weltkrieges.

[688] Ebd. S. 9.

[689] Ebd. S. 7.

[690] Ebd. S. 255.

in der Forderung nach einem Abgehen vom Goldstandard äußerte[691]), die Wirtschaftskrise andererseits: „die Krise wurde zum wichtigsten Faktor der zwischeneuropäischen Raumintegration."[692] Tiefere Berechtigung des Buches jedoch sind für Wirsing die Föderations-bestrebungen in Mitteleuropa, die Wirsing als

> „politische Synthese zwischen mitteleuropäischer Raumintegration und einzelstaatlicher Integration"[693]

interpretiert. Mit dem Begriff der ‚Integration', den Wirsing dem Staatsrecht Rudolf Smends entlehnt[694], ist beabsichtigt, die Dynamik der sozialen Wirklichkeit im Sinne der clausula rebus sic stantibus zu betonen. Das mit außerordentlicher Detailkenntnis geschriebene Buch ist der Versuch, den Europa-Vorstellungen à la Coudenhove-Kalergi[695] eine soziologisch fundierte Großraumkonzeption für Mitteleuropa entgegenzustellen, in der Deutschland als Hegemonialmacht für Zentraleuropa fungieren soll. Es gelte,

> „den Wolkenkuckucksheimen der europäischen Pan-Konstruktionen konkrete Vorstellung über den Lebensraum der mitteleuropäischen Völker entgegenzusetzen"[696].

Selbst Kurt Sontheimer, dem eine Sympathie für den ‚Tat'-Kreis sicher nicht nachgesagt werden kann, bestätigt Wirsings Bemühen um eine nüchterne Analyse:

> „Gemessen an dem hybriden Charakter der Reichsidee bei anderen Publizisten, hatte Wirsing das Verdienst, politische Konzeptionen zu entwickeln, die auf konkreten Analysen basierten und auf die Zuhilfenahme metaphysischer Formeln weitgehend verzichteten."[697]

Der von Wirsing sowohl für Deutschland als auch für Osteuropa konstatierte Ablösungsprozeß vom Abendland läßt einen Topos der Mitteleuropaidee sichtbar werden, nämlich das Ressentiment gegen die ‚Ideen von 1789', die Ablehnung des französischen Modells eines zentralistischen Nationalstaates. Es habe sich erwiesen,

---

[691] Siehe z.B. das Statement von Eschmann bei Wirsing 1932, S. 250. (Zur Forderung der Abkehr vom Goldstandard siehe auch: Barkai 1995, S. 65.)

[692] Ebd. S. 255.

[693] Ebd. S. 10.

[694] Ebd. S. 316 Anm.

[695] Coudenhove-Kalergi und seiner Paneuropa-Bewegung schwebte ein kontinentaleuropäischer Staatenbund vor, der auf dem status-quo der Versailler Grenzziehungen und einer starken Betonung der Rolle Frankreichs beruhen sollte. Laut Heinz Gollwitzer stieß diese Konzeption gerade beim politischen Katholizismus auf Resonanz, die freilich ‚Paneuropa' mit ‚Abendland' eintauschen wollten. (Siehe Gollwitzer 1972, Bd. II, S. 467.) Für den deutschen Katholizismus gilt dies aber sicherlich nicht; siehe die Verweise bei Koenen 1995 a, S.135 FN 275.

[696] Wirsing 1932, S. 17.

[697] Sontheimer 1964, S. 235.

> „daß nirgends in der zwischeneuropäischen Völkerzone der zentralistische Nationalstaat getragen werden kann wie ein Konfektionsanzug. Was für den Westen sich als dauernde und .. endgültige Form herausbildete, stellt sich Deutschland und Zwischeneuropa als Übergangsstadium dar.“[698]

Ähnlich wie auch bei anderen Reichs- oder Großraumkonzeptionen der Weimarer Zeit ist das Problem der deutschen Minderheiten in den osteuropäischen Staaten auch für Wirsing fundamental für die mitteleuropäischen Föderationspläne[699]. Darüberhinaus wird eine Tendenz der ‚zwischeneuropäischen‘ Staaten betont, die deren eigenartigen, d.h. unwestlichen nationalstaatlichen Gang präge, nämlich deren Hang zur extremen Staatsquote, also zur etatistischen Wirtschaftssteuerung[700], mit anderen Worten: deren Tendenz zum totalen Staat[701]. Was von konservativen oder konservativ-revolutionären Kreisen in Deutschland herbeigesehnt wurde, war in den meisten osteuropäischen Staaten bereits Wirklichkeit: der Staatsdirigismus im Wirtschaftssektor. Verantwortlich für diesen Dirigismus und die extreme Staatsquote ist laut Wirsing das Autarkiedenken, das aus einer hauptsächlich militärischen Logik sich speise. Die Wirtschaftskrise habe aber deutlich gemacht, daß die Zeit reif sei für föderative Lösungen. An diesem Punkt tritt die vermeintliche Aufgabe Deutschlands auf den Plan:

> „Ein föderativer Nationalismus kündigt sich an. Hier wird aber für die Staaten der zwischeneuropäischen Zone die Verbindung mit Deutschland nicht zu umgehen sein, mit jenem Deutschland, das sich am schärfsten in der Krise einer Übergangsepoche befindet.“[702]

Aber nicht nur aus der konkreten Lage heraus wird der Föderationsplan Deutschlands mit den osteuropäischen Staaten legitimiert, sondern von Wirsing wird diese Verbindung - die sich zudem durch ihren antiwestlichen Impetus auszeichnet - als geradezu organisch beschrieben:

> „Es ist unmöglich, Deutschland isoliert zu betrachten. Man muß die zwischeneuropäischen Völker, mit denen wir durch tausend Fäden historisch, politisch, wirtschaftlich und geographisch auf das Engste verflochten sind, mit einbeziehen; man muß auch von Anbeginn die notwendige Abgrenzung nach dem Westen und die ebenso notwendige Verbindung mit dem antikapitalistischen russischen Großraum durchdenken.“[703]

[698] Wirsing 1932, S. 162.
[699] Ebd. S. 163.
[700] Dazu gehört für Wirsing die „Monopolisierung von Ein- und Ausfuhr durch die Staaten“ Mitteleuropas: Ebd. S. 306.
[701] Ebd. S. 171-233. Auf S. 209 heißt es sogar: „Der ‚totale‘ Staat kündigt sich an.“ Diese prognostische These Wirsings wird sowohl durch die Geschichte als auch durch die spätere Mitteleuropaforschung bestätigt: siehe Kren 1995, S. 155f.
[702] Wirsing 1932, S. 231.
[703] Ebd. S. 239.

In Anlehnung an Ernst Wilhelm Eschmann und in polemischer Abgrenzung vom politisch-romantischen ‚geschlossenen Handelsstaate' Fichtes[704] propagiert Wirsing relative Autarkie[705]:

> „Die geschlossenen Wirtschaftsräume, in welche sich jetzt die Welt zu gliedern beginnt, sind etwas ganz anderes als abgeschlossene Wirtschaftsräume. Letztere bilden eine rückschrittli-

---

[704] So schreibt Wirsing: „Es kann sich in Deutschland immer nur um eine relative Autarkie handeln, die man treffender mit wirtschaftlicher Autonomie bezeichnen sollte. Baumwolle wird niemals in Deutschland geerntet werden." (Ebd. S. 287.) Fichte hatte in seiner Schrift zum *geschlossenen Handelsstaat* (dazu näher die folgende Fußnote) allen Ernstes die Veredelung heimischer Grassorten zum Zweck der Wollproduktion gefordert! (Siehe Fichte 1971 a, S. 500f. Anm.) Beide eint wiederum ihr Ressentiment gegen ausländische Luxusartikel (siehe folgende FN): „Eine scharfe Einfuhrkontrolle verhindert zum mindesten für die Übergangszeit die Einfuhr entbehrlicher Luxuswaren." (Wirsing 1932, S. 303.)

[705] Urmodell sämtlicher Autarkievorstellungen dieser Zeit ist Fichtes Schrift *Der geschlossene Handelsstaat* von 1800. Der Staat, den Fichte in dieser rechtsphilosophischen Schrift favorisert, ist ein durch Vernunftprinzipien geleiteter dirigistischer Ständestaat. Da der Staat sich die Fäden für die Lenkung des Handels auf keinen Fall aus den Händen nehmen lassen dürfe, müsse „aller Verkehr mit dem Ausländer .. den Unterthanen verboten seyn und unmöglich gemacht werden." (Fichte 1971 a, S. 419.) Der ‚geschlossene Handelsstaat' ist aber zudem auch migrationsfeindlich: „Mit der Sphäre, in welche ihn die Natur setzte, und mit allem, was aus dieser Sphäre folgt, muss jeder zufrieden seyn." (Ebd. S. 411.) Den geographischen Vorstellungen Fichtes für seine Konzeption eines ‚geschlossenen Handelsstaates' liegt die Lehre von den ‚natürlichen Grenzen' zugrunde: „ Gewisse Theile der Oberfläche des Erdbodens, sammt ihren Bewohnern, sind sichtbar von der Natur bestimmt, politische Ganze zu bilden. .. Diese Andeutungen der Natur, was zusammenbleiben, oder getrennt werden solle, sind es, welche man meint, wenn man in der neueren Politik von den natürlichen Grenzen der Reiche redet: eine Rücksicht, die weit wichtiger und ernsthafter zu nehmen ist, als man sie gemeiniglich meint." (Ebd. S. 480.) Auch das Motiv des Antiimperialismus findet sich schon bei Fichte: „Ein Staat, der das gewöhnliche Handelssystem befolgt und ein Uebergewicht im Welthandel beabsichtigt, behält ein fortdauerndes Interesse sich sogar über seine natürlichen Grenzen hinaus zu vergrössern, um dadurch seinen Handel, und vermittelst desselben seinen Reichthum zu vermehren; diesen hinwiederum zu neuen Eroberungen anzuwenden - die letzteren abermals so, wie die vorherigen. Einem dieser Uebel folgt immer das andere auf dem Fusse: und die Gier eines solchen Staates kennt keine Grenzen. .. Dem geschlossenen Handelsstaate hingegen kann aus seiner Vergrösserung über seine natürliche Grenze hinaus nicht der mindeste Vortheil erwachsen". (Ebd. S. 483.) Die Schrift liest sich, vor allem auch durch ihre Details (Verzichtsappell auf ausländische Luxusgüter / geplantes Verbot von Auslandsreisen: „Zu reisen hat aus einem geschlossenen Handelsstaate nur der Gelehrte und der höhere Künstler: der müssigen Neugier und Zerstreuungssucht soll es nicht länger erlaubt werden, ihre Langeweile durch alle Länder herumzutragen." Ebd. S. 506) wie die Prolegomena für eine Rechtsphilosophie der DDR. Zum Autarkiedenken im ‚Tat'-Kreis siehe Fritzsche 1976, S. 210-216. Ein weiterer Vertreter des Autarkiekonzeptes war auch der Ökonom Werner Sombart, laut Wirsing (Gespräch mit Klaus Fritzsche 1967; siehe Fritzsche 1976, S. 353) einer von „den Leuten, mit denen wir uns ständig berieten": „wir vertreten diese nationalwirtschaftliche Prinzip aus strategischen, völkischen und wirtschaftlichen Gründen. Vor allem aber aus der Erwägung heraus, daß .. eine sinnvolle Ordnung des Gemeinwesens zu seiner Verwirklichung eines Wirtschaftskörpers der im wesentlichen in seinen Lebensäußerungen von Vorgängen im Ausland unabhängig ist.": Werner Sombart, *Deutscher Sozialismus* (1934); zitiert nach: Barkai 1995, S. 95.

che Illusion .. . Sinn der Autarkie ist die Wiedergewinnung der Souveränität des Volkes über die Handels- und Kreditbeziehungen zum Ausland, über die sich vom Erwerbsgedanken zur Bedarfsdeckung wandelnde Volkswirtschaft im Inland."[706]

Die konkrete Lage bietet die Voraussetzungen für eine deutsch-osteuropäische Föderation:

> „Der deutsch-zwischeneuropäische Wirtschaftsraum als einheitliches und in sich geschlossenes Wirtschaftsgebiet verstanden, besitzt eine fast vollständige Ernährungsautonomie und eine hochentwickelte, wenn auch durch die kapitalistische Krise mehr und mehr brachliegende Industrie."[707]

Politisch wäre diese Föderation eine Alternative zwischen Ost und West:

> „Es ist heute weder eine unbedingte Option für den Westen, noch für den Osten möglich, sondern die deutschen und zwischeneuropäischen Völker müssen zunächst für sich selbst optieren. Daß dabei die Verbindung zum antikapitalistischen Osten stärker sein wird als zum kapitalistischen Westen, ergibt sich von selbst."[708]

Aus dieser letzten Äußerung wird deutlich, wie stark der antiwestliche Impetus dieser Konzeption ist, und u.a. teilt sie diesen mit der Großraumkonzeption Carl Schmitts. Obwohl die Schrift mit äußerster Detailkenntnis argumentiert und sich den Anschein einer rein soziologischen Analyse gibt, ist der ideologische Kern[709] doch immer erkennbar, der ein antiliberaler und antiwestlicher ist. Die Möglichkeiten einer Westorientierung Deutschlands werden dadurch von vornherein ausgeschlossen. Wirsing nähert sich in seiner antiwestlichen Haltung an Positionen des Nationalbolschewismus an[710], dies unterscheidet ihn generell von Schmitt, der sich für solche Optionen nie erwärmen konnte. Ebenso aber wie später Schmitt lehnt Wirsing die Lehre von den natürlichen Grenzen ab[711] und stellt fest:

> „Die Begriffe eines einheitlichen Raumes können nicht allein von der Geographie her bestimmt werden. So wichtig die Erfassung geographischer Grundgegebenheiten ist - jeder

---

[706] Ernst Wilhelm Eschmann zitiert nach: Wirsing 1932, S. 250.

[707] Ebd. S. 302.

[708] Ebd. S. 310.

[709] Obwohl der Antisemitismus in der Publizistik des ‚Tat'-Kreises kaum eine Rolle gespielt hat (Zehrer war mit einer Jüdin verheiratet), so ist in Wirsings Buch ein antisemitischer Unterton kaum zu überhören; spricht er doch von der „Überschwemmung Rußlands mit Juden" oder von den „verjudeten Städten" Polens. (Wirsing 1932, S. 45.)

[710] Diese Annäherung ist allerdings unter Vorbehalt zu betrachten: „Die Präponderanz, die Niekisch Rußland in Deutschland einräumen wollte, lehnten wir ab.": Wirsing rückblickend im Gespräch mit Klaus Fritzsche, zitiert nach: Fritzsche 1976, S. 227.

[711] Wirsing 1932, S. 10: „daß eine ‚natürliche' Grenzsetzung von Großräumen so gut wie unmöglich ist."

Raumbegriff ist politisch-soziolgisch bestimmt und erhält hieraus Berechtigung und Inhalt."[712]

Besonders interessant aber ist, daß Wirsings Föderationskonstruktion schon zu diesem frühen Zeitpunkt genau das zugrundeliegt, was insgeheim auch der Schmittschen Großraumordnung voranging, um in dieser dialektisch aufgehoben zu werden: der totale Staat.

> „Jede übernationale Ordnung, die wirklich Bindungen schaffen will, muß von der Totalität der Nationen ausgehen."[713]

Wie auch später Schmitt verstand Wirsing seine Konzeption als eine antiimperialistische, und dementsprechend verteidigte er dieses Selbsteinschätzung mit Emphase. Eine Auslegung als imperialistische Ideologie

> „wäre bewußte Fälschung, geradezu skandalös. Unsere Konzeption war ja gerade das Gegenteil, nämlich antiimperialistisch und föderalistisch."[714]

Die Rolle, die Wirsing Deutschland zuschrieb, wurde im Laufe der Zeit immer höher gewichtet. Schon bald beschränkte sich das Einflußgebiet Deutschlands nicht mehr nur auf Mitteleuropa:

> „Unsere europäische Mission besteht in der kooperativen Gestaltung des mitteleuropäischen und vielleicht auch noch des dahinterliegenden Raumes."[715]

Wirsing vertiefte auch in der Zukunft seine weltpolitischen Kenntnisse, Anfang 1933 beobachtete Wirsing als Sonderkorrespondent der ‚Täglichen Rundschau' die Genfer Abrüstungsverhandlungen[716]. Diese Erfahrung spiegelt sich in seinem Buch *Deutschland in der Weltpolitik* wider, das Ende 1933 erschien. Der Austritt Deutschlands aus dem Völkerbund am 14. Oktober 1933 ist für Wirsing Anlaß, über eine Realisierung seiner Mitteleuropapläne zu spekulieren. Der Austritt sei „Grundstein für eine neue europäische Ordnung"[717]. Schon zu diesem relativ frühen Zeitpunkt interessiert sich Wirsing für die Auflösung oder zumindest Aufweichung der ‚Kleinen Entende':

> „Solange Frankreich in der Lage ist, sein Bündnissystem in Südosteuropa aufrechtzuerhalten, lassen sich auch die Schwierigkeiten und widernatürlichen Zustände nicht beseitigen, die aus den Allianzen erwachsen."[718]

---

[712] Ebd. S. 14.
[713] Ebd. S. 311.
[714] Fritzsche 1976, S. 210.
[715] Wirsing, *Les deux Europes*, in: Die Tat 22 II (1931), S. 724; zitiert nach: Fritzsche 1976, S. 231.
[716] Siehe ebd. S. 219.
[717] Wirsing 1933, S. 4.
[718] Ebd. S. 129.

Zudem rückt für Wirsing eine nähere Anbindung Österreich verstärkt in den Mittelpunkt des Interesses des deutsch-osteuropäischen Föderationsprogramms, die von den Westmächten immer verhindert worden war, zuletzt durch das Verbot einer deutsch-österreichischen Zollunion[719] (hinter der die Interessen des Langnamvereins standen[720]). Es werden in diesem Buch zahlreiche Motive vorweggenommen, die später von Bedeutung für die Schmittsche Großraumordnung sein sollten. So konstatiert Wirsing eine Auflösung der Unterscheidung von Krieg und Frieden als Folge der Versailler Nachkriegsordnung[721], er bringt das Judentum in Verbindung mit geographisch nicht mehr verortbarem, universalem Gedankengut[722], bringt auch hier, ähnlich wie schon in der Zwischeneuropaschrift, den Begriff des ‚totalen Staates‘ ins Spiel:

> „Der starke, zum Totalen neigende Staat, ist in der Außenpolitik grundsätzlich bedeutend manövrierfähiger als der liberale Staat“[723].

Zudem gelte, daß sich das Prinzip der „totalen Souveränität“ durchsetze, welches sich

> „im neuen weltpolitischen System im vollsten Umfange auf den wirtschaftlichen Bereich“[724]

erstrecke. Die Monroedoktrin wird, allerdings stark durch den Einfluß von Carl Schmitt, der diese bereits 1933 in einem Aufsatz in den ‚Königsberger Auslandsstudien‘[725] behandelt hatte, als Großraumprinzip gewürdigt[726]. Auf diesen Aufsatz kommt Wirsing noch in einem Brief an Carl Schmitt vom 22. 12. 1937 zu sprechen:

> „Über gewisse Themen, die jetzt wieder so wichtig geworden sind, zehre ich oft noch von Ihren früheren Schriften, so z.B. von der schönen Studie in den Königsberger Abhandlungen über die Monroe-Doktrin.“[727]

Schmitt übersandte Wirsing 1939 die erste Ausgabe von *Völkerrechtliche Großraumordnung*, und selbst noch zu diesem Zeitpunkt weist Wirsing auf die Wirkung des Aufsatzes aus den ‚Auslandsstudien‘ hin, der immerhin schon 6 Jahre alt ist:

---

719 Dieser Plan vom März 1931 scheiterte am Veto des Völkerbundes, ähnlich wie schon der geplante Anschluß Zisleithaniens an Deutschland 1919. Im April 1933 schrieb Wirsing in der ‚Tat‘: „Erst wenn die Gleichschaltung Österreichs vollzogen ist, ist die deutsche Revolution räumlich vollendet.“: zitiert nach: Fritzsche 1976, S. 302.

720 Siehe Pöpping 1997, S. 355.

721 Wirsing 1933, S. 31-35.

722 Ebd. S. 42.

723 Ebd. S. 141.

724 Ebd. S. 50.

725 Gemeint ist 1932 b.

726 Wirsing 1933, S. 12 und 36.

727 Brief Wirsings an Schmitt vom 22. 12. 1937; Nachlass von Carl Schmitt im Hauptstaatsarchiv Düsseldorf; (HStAD) RW 265 - 18325.

> „Sie wissen ja, dass ich seit Jahren Ihre Monroe-Studie, die damals in den Königsberger Forschungen erschien, als eines der Hauptstücke unserer aussenpolitischen Literatur ansehe. In Ihrer jetzigen Schrift scheint mir das Wichtigste, dass wir endlich den Weg der negativen Abgrenzung verlassen und zu einer Völkerrechtsdeutung kraft eigener Rechtssetzung kommen. Meine ganzen schriftstellerischen Arbeiten des letzten Jahres kreisen um dasselbe Problem. Mit einem Wort: ich sehe als den entscheidenden Angelpunkt der Situation die Möglichkeit der amerikanischen Intervention an. Alles andere, was wir jetzt von der Gegenseite her erleben, ist nur eine Funktion dieser Möglichkeit."[728]

Dem Brief legte Wirsing eigene Arbeiten bei, nämlich seine Reaktion auf Schmitts Vortrag, die in den ‚Münchner Neuesten Nachrichten'[729] erschien, sowie einen Aufsatz aus der Zeitschrift ‚Das XX. Jahrhundert'[730]. In dem Artikel in den ‚Münchner Neuesten Nachrichten' vom Mai 1939 proklamiert Wirsing den „Begriff des Lebensraumes" zum „neue[n] völkerrechtliche[n] Prinzip" und spricht von der „europäische[n] Verantwortung" der Achsenmächte, außerdem wird auf die Monroe-Doktrin und das britische Prinzip der ‚Sicherheit der Verkehrswege' hingewiesen[731], zentrale Punkte in Schmittts Vortrag. Der Aufsatz der Juni-Ausgabe des ‚XX. Jahrhundert' trägt die Überschrift *Wir fordern eine Monroe-Doktrin für Europa!*, entspricht also der publizistischen, bzw. propagandistischen Linie wie Schmitts[732] als auch Hitlers Forderung nach einer deutschen Monroedoktrin (siehe oben Kapitel III b.) Die zahlreichen Aufsätze Wirsings, der vor dem Krieg eine Reise durch die USA unternahm[733], im ‚XX. Jahrhundert' sind, wie Günter Maschke richtig feststellt, „ohne Schmitts Einfluß kaum denkbar"[734]. Nach dem

---

[728] Brief Wirsings an Schmitt vom 1. 6. 1939; Nachlass von Carl Schmitt im Hauptstaatsarchiv Düsseldorf; (HStAD) RW 265 - 18326.

[729] Wirsing war seit Herbst 1933 Hauptschriftleiter der ‚Münchner Neuesten Nachrichten'. Er löste seinen Kollegen aus alten ‚Tat'- Zeiten Friedrich Zimmermann, der seit Juli 1933 für die Gleichschaltung der Zeitung gesorgt hatte, in dieser Funktion ab. Wie Zimmermann brachte es Wirsing im NS bis zum Rang eines Sturmbannführes (Major) in der SS. (Siehe Fritzsche 1976, S. 312f.)

[730] Wirsing war Herausgeber dieser seit 1939 erscheinenden Zeitschrift. In ihr schrieben auch die alten ‚Tat'- Mitstreiter Zimmermann und Eschmann.

[731] ‚Münchner Neueste Nachrichten' vom 27/28/29. Mai 1939.

[732] Wirsing schrieb aber den Aufsatz aber schon bevor er Kenntnis von Schmitts Ausführungen zur völkerrechtlichen Großraumordnung hatte: „Ebenso füge ich das Juni-Heft meiner neuen Zeitschrift ‚Das XX. Jahrhundert' bei, dessen kurzen einleitenden Aufsatz ich schon schrieb, ehe ich Ihre Schrift kannte.": Brief Wirsings an Schmitt vom 1. 6. 1939; Nachlass von Carl Schmitt im Hauptstaatsarchiv Düsseldorf; (HStAD) RW 265 - 18326.

[733] Siehe das Vorwort zu: Wirsing 1943.

[734] Anhang des Herausgebers' zum Aufsatz *Völkerrechtliche Großraumordnung* von C.S., in 1995 SGN, S.341-371; 363. Auch Ernst Wilhelm Eschmann publizierte im April 1939 unter dem Titel *Die beiden Europa* einen Aufsatz im ‚XX. Jahrhundert', der die Bruchlosigkeit eines Übergangs von der Konzeption der relativen Autonomie zum geopolitischen Großraumdenken belegt: „Doch jene politischen Formen und Machtansprüche vom Heiligen Römischen Reich Deutscher Nation bis zur Liga der Nationen schwebten ja nicht in der leeren Luft. Sie waren Ausdrücke von Raumverhältnissen, wie sie ihrerseits Raumverhältnisse prägten. Dabei verstehen wir unter Raum nichts Abgeschiedenes, Starres, Getrenntes, sondern im Sinne der modernen Physik ein Kraftfeld, eine Wirkungseinheit."

erfolgreichen Frankreichfeldzug will Wirsing die ‚europäische Monroedoktrin' auch für außereuropäische Zielsetzungen dienstbar machen:

> „Dieses Europa, daß um den starken deutschen Machtkern sich gruppieren wird, wird von einer Monroedoktrin nach außen geschützt sein, so wie im Innern die Zänkereien der Kabinettspolitik beendet und die Kriegsdrohungen der kleineren Mächte untereinander aufhören werden. .. Diese europäische Monroedoktrin erstreckt sich indes schon heute auf den afrikanischen Erdteil."[735]

Auch Wirsings Erörterungen zur Interventionspolitik tragen überdeutlich die Spuren der Handschrift Schmitts:

> „Aus diesem Prinzip ist dann auch das Recht zur Intervention in allen Teilen der Welt hergeleitet worden, das das englische Stützpunktsystem von Hongkong über Gibraltar bis zu den Bahamas nach sich zog. Dieser britische Universalismus war überall dort, wo er auftrat, ein raumfremdes Element, das sich rassische, religiöse oder nationale Gegensätze bei seinen Interventionen zunutze machte. Es wurde von diesem sich auf den Pietismus gründenden Weltherrschaftsanspruch vielleicht nicht allzu viel gesprochen, um so entschlossener aber wurde er durchgeführt. Die Ordnung der Welt, die sich jetzt vollziehen muß und die wie alles Gebären Schmerzen mit sich bringt, hat zum Ziele, die raumfremde Intervention ebenso wie das falsche, aus einer Hybris geborene Prinzip der Ausrichtung aller Völker, Rassen und Raumeinheiten nach einem Muster für alle Zeiten auszuschalten."[736]

In Wirsings USA-Buch *Der maßlose Kontinent*, das 1942 erschien, von Goebbels in seinen Tagebüchern gelobt wurde[737] und die stattliche Auflagenhöhe von 140.000 Exemplaren erreichte[738], ist die Schmittsche Losung ‚Großraum gegen Univeralismus'[739] ständig präsent. Die amerikanische Monroedoktrin als Manifest einer ‚Erdteilpolitik'

> „trat dem britischen Universalismus, dem Anspruch auf Rechte und Vorrechte überall in der Welt, als raumgebundener, auf einen Erdteil beschränkter Regionalismus entgegen."[740]

1944 erschien Wirsings Buch *Das Zeitalter des Ikaros*, welches Maschke geradezu für einen „Paralleltext"[741] zu Schmitts *Nomos der Erde* hält. In zweierlei Hinsicht hat diese

---

„Denn es handelt sich immer mehr um geschlossene völkische Wirtschaftsordnungen, die ihre Austauschbeziehungen wesensmäßig auf staatlichem Wege regeln.": Eschmann 1939, S. 5 und 11.

[735] Wirsing 1940 h, S. 266.

[736] Wirsing 1940 i, S. 310.

[737] Siehe Goebbels 1948, S. 118.

[738] Siehe Hachmeister 1998, S. 369 Anm. 14.

[739] Schmitt schrieb Wirsing am 6. 6. 1939: „Im übrigen aber bin ich davon überzeugt, dass die eigentlichen völkerrechtlichen wie weltpolitischen Gesamtfronten sich auf den Gegensatz ‚Universalismus gegen Großraum' zurückführen lassen.": Nachlass von Carl Schmitt im Hauptstaatsarchiv Düsseldorf; (HStAD) RW 265 - 13739.

[740] Wirsing 1943, S. 177.

[741] Anhang des Herausgebers' zum Aufsatz *Völkerrechtliche Großraumordnung* von C.S., in: 1995 SGN, S.341-371; 363.

Aussage Evidenz: Erstens sind beide Texte, gegen Ende des Krieges veröffentlicht, bzw. im Wesentlichen geschrieben, im Empfinden der Autoren über die Zeit und den theoretischen Rahmen des Nationalsozialismus hinausweisende. (Die Eigeneinschätzung Wirsings, der das Buch gar dem ‚inneren Widerstand' zurechnen wollte[742], ist jedoch mehr als befremdlich!) Zweitens thematisieren beide Bücher Entwicklungen, die weitestgehend solche des ‚Raumes' sind, und geben sich dabei den Duktus einer ‚weltgeschichtlichen' Betrachtung. Diese Parallelitäten sind Tenor eines Briefes von Wirsing an Schmitt vom Oktober 1943:

> „Ich glaube, wir beschäftigen uns von verschiedenen Ausgangspunkten her mit denselben Fragen. Ich bemerkte beim schreiben wie sehr mir einige Ihrer wesentlichen Kategorien schon beinahe ins Unbewusste übergegangen sind. Einmal kam es mir erst zu Bewusstsein als ein Gedankengang schon vollendet war, dass ich hier auf den Schmittschen Freund- und Feindunterscheidung aufbaute. .. Es handelt sich (Wirsing meint sein Buch; Anm. F.B.) nur um den bescheidenen Versuch .. schliesslich den Begriff des Europäischen als einen geistigen Begriff im Gegensatz zu geopolitischen und sonstigen vernebelnden Mythen darzutun. Es wendet sich also ebenso sehr nach innen wie auch aussen und ist auf seine Weise genau auf das gerichtet was Sie als den Titel Ihres nächsten Buches bezeichnen."[743]

Wirsings Buch, das, wie der Titel verrät, die das Raumbild verändernden Entwicklungen auf dem Luftfahrtsektor, insbesondere des militärischen, zum Ausgangspunkt nimmt, verdankt der Schmittschen Großraumanalyse viel, besonders aber da, wo das Völkerrecht tangiert wird:

> „Das Raumbild begann sich zu verändern, und der bis 1939 bestehende Zustand der gegeneinander möglichst wasserdicht abgeschlossenen Klein- und Mittelstaaten erscheint schon heute als Vergangenheit, die aus der Schattenwelt der Geschichte nicht wieder aufzutauchen vermag. .. An die Stelle des utopischen weltüberspannenden ‚Völkerbundes' tritt das raumgebundene föderalistische Prinzip der kontinentalen Gliederung".[744]

Der Einfluß der Verkehrstechnik auf völkerrechtliche Zusammenhänge wird ähnlich wie bei Schmitt berücksichtigt, aber Wirsing betont besonders den ideellen Kern des Großraumes, was schon in dem oben zitierten Brief an Schmitt zum Ausdruck kam:

> „Worauf es ankommt, ist gerade die Bildung von Raumeinheiten, die dem Zeitalter des Ikaros gemäß sind, also großräumigen Charakter besitzen, die aber andererseits auf einer ihnen zugrunde liegenden geistigen Einheit aufzubauen vermögen .. Nicht der souveräne Kleinstaat der Vergangenheit .. und nicht die Utopie eines raumlosen Weltstaates .. entspricht den Bedingungen des Luftzeitalters, sondern der völkisch gegliederte Großraum."[745]

---

[742] Wirsing im Gespräch mit Klaus Fritzsche; zitiert nach: Fritzsche 1976, S. 399.

[743] Brief Wirsings an Schmitt vom 26. 10. 1943; Nachlass von Carl Schmitt im Hauptstaatsarchiv Düsseldorf; (HStAD) RW 265 - 18327.

[744] Wirsing 1944, S. 31.

[745] Ebd. S. 89f.

Mit dieser letzten Formulierung übernimmt Wirsing aber zwischen den Zeilen den Hinweis von seiten der SS-Juristen auf das Hauptdefizit der Schmittschen Großraumordnung, nämlich die fehlende völkische Legitimität, und neben Schmitt werden ausdrücklich zwei Autoren der SS - Zeitschrift ‚Reich - Volksordnung – Lebensraum', Reinhard Höhn und Herbert Krüger zitiert[746].

Wirsings Nachkriegsbuch *Schritt aus dem Nichts* ist voller Adaptionen aus dem *Nomos der Erde*, gleichzeitig aber formuliert der Soziologe Sätze, die zwar eindeutig schmittianisch klingen, aber schon vor seiner Kenntnis des *Nomos der Erde* verfaßt wurden: Ausdruck einer starken Geistesverwandtschaft[747]. „Sage mir wer dein Feind ist, und ich will dir sagen, wer du bist."[748] Dieser Satz aus dem *Schritt aus dem Nichts* beispielsweise findet sich fast wortwörtlich auch im *Glossarium* Schmitts: „Nenne mir Deinen Feind, und ich sage Dir, wer Du bist."[749] Ein Beleg dafür, wie recht Wirsing hatte, als er in dem oben zitierten Brief an Schmitt schrieb, die Denkfigur der Freund/Feindunterscheidung sei ihm in Fleisch und Blut übergegangen.

Wirsing hat nach dem Krieg seine journalistische Laufbahn als Chefredakteur bei der Wochenzeitung ‚Christ und Welt' fortgesetzt. Er war in dieser Zeit gern gesehener Gast in Plettenberg[750].

Die Parallelität im Denken Wirsings und Schmitts ist nicht nur eine der Terminologie oder des Themenkomplexes, sondern mehr noch die Art der Herangehensweise an jene: Ebenso wie Schmitt orientiert sich Wirsing bei seinen Föderationsüberlegungen an der konkreten Lage, mit deutlicher Rezeption zudem von dessen Völkerrechtspublizistik, und ebenso war Wirsing beeinflußt von den Schriften Otto von Gierkes oder Constantin Frantz'.[751] Wie sowohl aus dem Briefwechsel, als auch aus Wirsings Schriften hervorgeht, fielen Schmitts Auseinandersetzungen mit der Monroedoktrin oder auch die Diagnose eines ‚diskriminierenden Kriegsbegriffes'[752], die Formel ‚Großraum gegen Univeralismus' bei Wirsing auf fruchtbaren Boden. Fruchtbar konnte dieser Boden aber nur sein durch den Dünger der Geistesverwandtschaft. Ähnlich wie Schmitt kollaborierte Wirsing mit den Nationalsozialisten, vielleicht sogar mit gleicher Intention, nämlich einer gefährlichen Mischung von Achtungsbedürfnis und der irrigen Überzeugung, etwas im eigenen Sinn bewegen zu können[753]. Wie ferner aus dem Briefwechsel hervorgeht, entwickelte sich bei Wirsing wie bei Schmitt in den vier-

---

746 Siehe ebd. S. 201 und 88.

747 Wirsing 1951, Anmerkung Nr. 1 auf S. 339.

748 Ebd. S. 37.

749 1991 G, S. 243.

750 Siehe der Brief Wirsings an Schmitt vom 3. 4. 1974, Nachlass von Carl Schmitt im Hauptstaatsarchiv Düsseldorf; (HStAD) RW 265 - 18346.

751 Wirsing 1951, S. 242f.

752 Siehe Wirsing 1933, S. 34f.

753 „Zur Partei gehörten ja unzählige teils - teils, weil sie erkannt hatten, daß dem totalitären System nur von innen beizukommen sei, Prof. Jens Jessen (Der Professor der Staatswissenschaften Jessen war der Lehrer von Otto Ohlendorf; Anm. F.B.) hat seine Schüler zur SS geschickt in der Überzeugung, daß hier einmal die Entscheidungen fallen würden. Giselher Wirsing soll aus ähnlichen Gründen gehandelt haben.." (Margret Bovery, *Der Verrat im 20. Jahrhundert*, Bd. II, Hamburg 1956, S. 11; zitiert nach: Poliakov 1989, S. 477.

ziger Jahren der Hang zu Metaphysizierung der Großraumordnung (Siehe Wirsings Hervorhebung des ‚geistigen Europa'!), und schließlich als Resultat dieses Hanges die Verfassung von Schriften, die den Duktus von ‚weltgeschichtlichen Betrachtungen' haben (Schmitts *Land und Meer* sowie der *Nomos der Erde* und Wirsings Ikaros-Buch).

3. Teil
Die Politische Theologie des Reiches

I. Mythologie des Reiches: Der Gegensatz von Land und Meer

„Wir suchen das Sinnreich der Erde."[754]

Je weiter sich im Kriegsverlauf der okkupierte Raum vom ‚konkreten Großraum' Schmitts entfernte, desto stärker ist in seiner Publizistik auch die Tendenz, den aktuellen Kampf um juristische Kategorien zu mythologisieren und/oder diesem wieder einen direkten Bezug zur Theologie zu geben. Maschke hat festgestellt, daß die

> „frühen Jahre wie die späten Schriften .. unter theologischen Vorzeichen [stehen]: die Theologie ist Quelle und Mündung. Auf der Mitte ihres Weges wird sie zum unterirdischen Fluß, der später wieder an die Oberfläche tritt."[755]

Paradoxerweise wird die publizistische Spätphase Schmitts, in welcher die Theologie wieder eine sichtbarere Rolle spielen wird, mit dem Unternehmen Barbarossa, dem Überfall auf die Sowjetunion Mitte 1941 eingeleitet, einem Unternehmen, welches in seiner Benennung einen Zusammenhang zwischen mittelalterlichem Reich und NS-Rassekrieg herzustellen beabsichtigte. Die wichtigsten Vorarbeiten zum *Nomos der Erde* werden in der Schlußphase des Krieges geschrieben. Land und Meer werden darin zu einem mythologischen Gegensatzpaar[756]. Das Reich steht für Schmitt in der Tradition

---

[754] 1988 NE, Vorwort. *Sinnreich der Erde* ist der Titel eines Gedichtbandes von Konrad Weiß, der ursprünglich 1935 auf Peter Suhrkamps Wunsch bei S. Fischer erscheinen sollte. Er erschien dort nicht, da die Publikation in einem ‚jüdischen' Verlag Weiß seinen Posten als Kunstreferenten bei den ‚Münchner Neuesten Nachrichten', in denen auch Carl Schmitt veröffentlichte, gekostet hätte.

[755] Maschke 1989, S. 564.

[756] Dieser Gegensatz ist natürlich nicht neu; er prägte schon die Publizistik über die sich entwickelnden weltpolitischen Bestrebungen im 18. Jahrhundert, das vor allem durch die englisch-französischen Kolonialkriege geprägt wurde. So z.B. die berühmte *Histoire philosophique et politique des établissements et du commerce des Européens dans les deux Indes* des Abbé Raynal von 1770, ein Werk , das sich durch die Fülle von Plagiaten ebenso auszeichnet wie durch die „Virtuosität des Räsonnements über Weltprobleme" (Gollwitzer 1972, Bd. I, S. 277.) England ist für Raynal „maritime Universalmonarchie": Guillaume Thomas Raynal zitiert nach: Gollwitzer 1972, S. 280 und 283. In den

einer kontinentalen Völkerrechtskonzeption, England und Amerika dagegen in einer maritimen Rechtstradition. In die 4. Ausgabe von *Völkerrechtliche Großraumordnung* hat Schmitt seine Vorstellungen über den Gegensatz von Land und Meer eingearbeitet:

> „Das Meer ist frei im Sinne von staatsfrei, d.h. frei von der einzigen Raumordnungsvorstellung des staatsbezogenen Rechtsdenkens.“[757]

England hat sich als maritime Macht somit selbst aus dem jus publicum europaeum ausgegrenzt:

> „In Wirklichkeit wurde England infolge seiner Entscheidung für das Element des Meeres gerade nicht Staat.“[758]

Auch Otto Brunner, auf den sich Schmitt vor allem nach dem Krieg häufig bezog, stellt fest,

> „daß dem Mittelalter wesentliche Elemente des kontinentalen Staates der Neuzeit fehlen .. England konnte infolge seiner Insellage an den mittelalterlichen Grundlagen festhalten, die die Militärstaaten des Kontinents verlassen mußten.“[759]

Das deutsche Reich soll den kontinentalen Staat mit seinen Raumordnungsprinzipien beerben.

> „Denn dieser Begriff des souveränen Staates war, unter den Gesichtspunkten einer Raumordnung gesehen, eine land- und erdgebundene Vorstellung. Er war ein kontinentalstaatlicher Begriff.“[760]

Der Dualismus von Land und Meer steht geradezu für einen welthistorischen Kampf, denn er steht für

> „zwei total verschiedene Völkerrechtsordnungen, zwei unvereinbare Welten entgegengesetzter Rechtsbegriffe“[761].

Konsequenterweise wird die Form politischer Herrschaft, die Schmitt als Feindbild schlechthin dient, die potestas indirecta, mit der Methode britischer Herrschaft identifiziert:

USA arbeitete der amerikanische Admiral Mahan (1840-1914) mit diesem Gegensatzpaar, er hatte die englisch-französische Rivalität von Ludwig XV. bis Napoleon untersucht: Siehe Lacoste 1990, S. 33.

757 1991 VG, S. 82. Dieser Gedankengang findet sich explizit schon beim ‚Geopolitiker avant la lettre‘ Constantin Frantz: „Das Meer ist seiner Natur nach frei, weil es nicht zur Basis eines Staates dienen, und folglich auch nicht Object eines Souveränitätsrechtes sein kann.“: Frantz 1857, S. 4.

758 1941 c.

759 Brunner 1984, S. 155.

760 1941 b, S. 381.

761 Ebd. S. 383.

> „Der englischen Herrschaft entsprechen die Mittel und Methoden indirekter Macht, der ‚indirect rule' im weitesten Sinn des Wortes.[762] Die Machtausübung auf dem Wege indirekter Beeinflussung ist typisch für eine von der See auf das Land her einwirkende Macht."[763]

Zudem wird die maritime Völkerrechtsauffassung für die Auflösung der fundamentalpolitischen Relation von Schutz und Gehorsam verantwortlich gemacht: Während beim Landkrieg immer „ein Zusammenhang von Schutz und Gehorsam denkbar" bleibe, fehle es dagegen

> „bei der seekriegsrechtlichen Blockade, die von See aus vorgenommen wird, an einem Ansatz zur Verwirklichung dieses Zusammenhangs von Schutz und Gehorsam."[764]

Dementsprechend haben Land und Meer naturgemäß auch unterschiedliche Begriffe von Krieg und Feindschaft, die grundlegend für das Völkerrecht sind:

> „Land und Meer haben nicht nur verschiedene Vehikel der Kriegsführung und nicht nur verschiedenartige Kriegsschauplätze, sondern auch verschiedene Begriffe von Krieg, Feind und Beute entwickelt."[765]

England wird von Schmitt für die Aushöhlung des klassischen Völkerrechtsbegriffes eines ius belli ac pacis verantwortlich gemacht:

> „Gleichzeitig aber entwickelte diese Seemacht, statt der kontinentalen, vom Kabinetts- und Kombattantenkrieg bestimmten Begriffe des Landkrieges absoluter Staaten, mit großer Kraft vom See- und Handelskriege her die ihr wesensgemäßen Begriffe des Seekrieges, und zwar auf der Grundlage eines Feindbegriffes, der - ganz unstaatlich - zwischen Kombattanten und Nichtkombattanten nicht unterscheidet und daher allein wahrhaft ‚total' ist."[766]

Die Methode der Seeblockade ist hierbei in zweierlei Hinsicht paradigmatisch: als Instrument indirekter Herrschaft sowie als Maßnahme, die nicht zwischen Kriegsbeteiligten und Nichtbeteiligten unterscheidet. Gegen diese These der ‚historischen Schuld' Englands kann ein historischer Einwand geltend gemacht werden: ein wesentlicher Schritt in Richtung auf den ‚totalen Krieg' ging von einer Kontinentalmacht aus, nämlich von Frankreich: die Kontinentalsperre Napoleons unterschied nicht zwischen ‚neutralen' und ‚Kombattanten'; alle Schiffe von und nach England waren betroffen. Roman Schnur hat festgestellt, daß Schmitt „dem Zeitalter der Kriege von 1792-1815 verhältnismäßig wenig Aufmerksamkeit"[767] widmete. Auch sind die Totalisierungstendenzen im Prisenrecht nicht ausschließlich bei England festzustellen, sondern vielmehr

---

[762] Deswegen auch Schmitts Polemik gegen den Versuch Heinrich Triepels, echte Hegemonie auch als indirekte gelten zu lassen: siehe 1939 c, S. 513ff.
[763] 1941 d, S. 114.
[764] 1988 NE, S. 295f.
[765] 1975 TP, S. 27.
[766] 1982 L, S. 121.
[767] Schnur 1983, S. 34.

sind diese in dem Kampf um die Nachfolge des spanischen Kolonialerbes verstärkt worden:

> „Von den im Kampf gegen Spanien stehenden Mächten, von Frankreich, zeitweise auch von den Niederlanden und von England sind die Tendenzen zu einer schärferen Seekriegsführung und zur Unterbindung des Handels der Nichtkriegsführenden mit dem Feinde ausgegangen."[768]

Unterschwellig wird das uralte Motiv des rastlosen Juden mit der englischen Seeherrschaft und der protestantisch-angelsächsischen Weltordnungsvorstellung in Verbindung gebracht, vor allem in der Auseinandersetzung mit Disraeli[769], den Schmitt geradezu als Antipoden betrachtete; er hatte dessen Porträt über seinem Berliner Schreibtisch hängen.[770] Sowohl der Jude in der Diaspora wie das Handelsschiff auf dem Weltmeer entzögen sich einer Verortung, die fundamental für das terrane Rechtsverständnis sei. Ähnlich wie in einem maritimen Rechtsverständnis Ordnung und Ortung nicht mehr zu einer Einheit zusammenfinden können, ist das

> „eigentümliche Mißverhältnis des jüdischen Volkes zu allem, was Boden, Land und Gebiet angeht, .. in seiner Art politischer Existenz begründet. Die Beziehung eines Volkes zu einem durch eigene Siedlungs- und Kulturarbeit[771] gestalteten Boden und zu den daraus sich ergebenden konkreten Machtformen ist dem Geist des Juden unverständlich."[772]

Auf das gedanklich Nächstliegende, nämlich daß das ‚Mißverhältnis' zwangsläufig aus dem Wahrnehmen einer feindlich gesinnten Umwelt resultieren muß, kommt Schmitt freilich nicht. Sein Ressentiment ist hier genährt von der Vorstellung eines spezifisch römisch-katholischen Bewußtseins für die „sinnfällige Einheit von Raum und Recht"[773], das auf einer Verbundenheit der katholischen Völker mit dem Boden, dem terrisme[774],

---

[768] Grewe 1988, S. 685ff. und Kimminich 1993, S. 265.

[769] Siehe 1991 VG, S. 34; 54; 69 & 1981 LM, S. 94f. Jacob Taubes meinte fälschlicherweise, „Christentum war für Schmitt ‚Judentum für die Völker' ": Taubes 1987, S. 25. Schmitt hatte stattdessen ihm gegenüber seinen Antipoden Disraeli zitiert: „Christianity is Judaism for the multitude, but still it is Judaism.": Disraeli, 1904, S. 5O5. Im *Glossarium* wird die Aussage Disraelis als „infandum scelus" bezeichnet: 1991 G, S. 248.

[770] Sombart 1993, S. 264.

[771] ‚Kultur' ist hier durchaus im Sinn des lateinischen ‚cultus' zu verstehen. Im *Nomos der Erde* wird das Bewußtsein für die Einheit von Ordnung und Ortung auf den Ackerbau und die Einführung sichtbarer Hegungen (Eingrenzungen) zurückgeführt: 1988 NE, S. 13.

[772] 1991 VG, S. 78f.

[773] 1988 NE, S. 13.

[774] „Es scheint, daß katholische Völker ein anderes Verhältnis zum Erdboden haben als protestantische; vielleicht deshalb, weil sie, im Gegensatz zu den Protestanten, meistens Bauernvölker sind, die keine große Industrie kennen. Jedenfalls besteht, im allgemeinen, dieses Faktum. Warum gibt es kein katholisches Emigrantentum, wenigstens keines von dem großartigen Typus der Hugenotten oder gar der Puritaner? Es hat zahllose katholische Auswanderer gegeben, Irländer, Polen, Italiener, Kroaten; die meisten Auswanderer dürften katholisch sein, denn das katholische Volk war meistens ärmer als das protestantische. Armut, Not und Verfolgung haben die katholischen Auswanderer getrieben, aber

fuße. Der politische Konflikt, der in den asymmetrischen Gegenbegriffen von Land und Meer mythologisiert wird, hat also auch einen theologischen Hintergrund, der aber nur unter der Prämisse virulent wird, als es sich hier um säkularisierte Theologumena handelt. So kann der Konflikt zwischen England und Spanien als politisch-theologischer erörtert werden; äußert sich doch einerseits im politischen Selbstverständnis Englands

> „die weltgeschichtliche Brüderschaft, die den politischen Calvinismus mit den aufbrechenden maritimen Energien Europas verbindet“[775]

und hat sich

> „Frankreich .. im 17. Jahrhundert für den römischen Katholizismus entschieden, und das hieß damals: für das Land und die Erde.“[776]

Um diese arg vereinfachende Gleichsetzung von Protestantismus - maritimer Ordnung bzw. Katholizismus - terraner Ordnung durchhalten zu können, muß Schmitt zwangsläufig die portugiesische und spanische Seefahrt weitestgehend außer Acht lassen[777].

Im Begriff der Politischen Theologie muß zwischen zwei Ebenen unterschieden werden: Einerseits einer wissenssoziologischen und andererseits einer politisch-programmatischen. Wissenssoziologisch meint Politische Theologie nichts anderes als die „Übertragung[] theologischer Begriffe und Vorstellungen in das weltlich-politische Denken“[778], ein Gedanke, der stark an die Behauptung von Juan Donoso Cortés erinnert, daß „die Institutionen ja der soziale Ausdruck der gemeinsamen Ideen sind“[779]. Der Begriff will also einer geschichtlichen und soziologischen Wirklichkeit gerecht werden, wobei die Frage nach der theologischen Zulässigkeit dieser Übertragung offen bleiben

---

sie verlieren ihr Heimweh nicht. Der Hugenotte und der Puritaner hat im Vergleich zu diesen armen Vertriebenen eine Kraft und einen Stolz, die oft von unmenschlicher Größe sind. Er vermag auf jedem Boden zu leben. Es wäre aber ein unrichtiges Bild, zu sagen, daß er in jedem Boden Wurzel faßt. Er kann überall seine Industrie aufbauen, jeden Boden zum Feld seiner Berufsarbeit und seiner ‚innerweltlichen Askese‘ machen und schließlich überall ein komfortables Heim haben - alles, indem er sich zum Herrn der Natur macht und sie unterjocht. Seine Art Herrschaft bleibt dem römisch-katholischen Naturbegriff unzugänglich. Römisch-katholische Völker scheinen den Boden, die mütterliche Erde, anders zu lieben; sie haben alle ihren ‚terrisme‘. Natur bedeutet für sie nicht den Gegensatz von Kunst und Menschenwerk, auch nicht von Verstand und Gefühl oder Herz, sondern menschliche Arbeit und organisches Wachstum, Natur und Ratio sind Eins. Der Weinberg ist das schönste Symbol dieser Vereinigung.“: 1984 RK, S. 17f.

[775] 1981 LM, S. 84f.

[776] 1994 GM + GR, S. 53. Siehe auch 1981 LM, S. 52f.: Als Frankreich sich „für den Katholizismus entschieden hatte, war damit .. auch die Entscheidung gegen das Meer und für das Land gefallen.“

[777] Dies ist auch der Einwand von Herfried Münkler, *Europa als politische Idee*, in: Münkler 1996, S. 97-150; 106.

[778] 1950 DC, S. 10.

[779] Donoso 1989 b, S. 52.

muß. Die Kritik von Erik Peterson[780] geht insofern am Kern des Begriffes der Politischen Theologie Schmitts vorbei. Peterson und Schmitt reden auch insofern aneinander vorbei, als Schmitt vor allem die theologischen Wurzeln neuzeitlicher politischer Begriffe interessieren, d.h. Begriffe, die unter dem Schub der Säkularisierung durch ihre Transformation ins Staatsrecht sich von der Theologie emanzipiert haben[781], während Peterson die Politische Theologie durch den Nachweis der Unzulässigkeit der Politisierung des Trinitätsdogmas im frühchristlichen Diskurs ‚erledigen'[782] will. Peterson argumentiert theologisch, während Schmitt in einem ersten Schritt die Wirksamkeit säkularisierter Theologie auf das Politische unter die Lupe nehmen will. (Das von Schmitt oft herangezogene Drei-Stadien Modell des „größte[n] Soziologe[n]"[783] Auguste Comte {„vom Theologischen zum Metaphysischen, von dort zum ‚Wissenschaftlichen' oder ‚Positivismus' "[784]}, das den Stufengang der Säkularisierung beschreiben soll, kann selbst als säkularisierte trinitarische Geschichtstheologie gelesen werden[785].) So versuchte Schmitt insbesondere in seiner Schrift *Politische Theologie* anhand des staatsrechtlichen Begriffes der Souveränität dessen theologische Implikationen herauszuarbeiten, und diese Schrift hat er später in der Auseinandersetzung mit Petersons Erledigungsthese als „rein juristische Schrift"[786] bezeichnet. Die These Petersons, daß jede Politische Theologie durch das Trinitätsdogma ad absurdum geführt würde, leuchtet auch in empirischer Sicht nicht ein. Immerhin gibt es historische Beispiele für eine Politische Theologie auf trinitarischer Grundlage:

---

[780] Siehe Erik Peterson, *Der Monotheismus als politisches Problem*, in: Peterson 1951, S. 45-147 sowie Peterson 1983.

[781] Die Charakterisierung der Souveränität durch Bodinus als ‚potestas legibus soluta' (siehe Gierke 1868, Bd. IV, S. 287.) ist für Schmitt Indiz hierfür: „Daß im Souveränitätsbegriff des modernen Staatsrechts der Gottesbegriff Calvins und dessen legibus solutus in säkularisierter Form erscheint, haben deutsche Geschichtsforscher, .., nachgewiesen.": 1982 L, S. 49. „Sowohl in dem ‚absolutistischen' Gottesbegriff Calvins (Gott ist lege solutus, ipse sibi lex, summa majestas) wie in seiner Prädestinationslehre sind theologische Vorstellungen aufgetreten, deren innerer Dezisionismus auch auf die staatlichen Souveränitätsvorstellungen des 16. Jahrhunderts, namentlich des Bodinus eingewirkt hat": 1934 3A, S. 22. Die vollständige Formel lautet bei Bodinus: „Majestas est summa in cives ac subditos legibusque soluta potestas." (siehe Bodin 1976, S. 19.) Von dieser Formel leitet sich die Epochenbezeichnung ‚Absolutismus' ab.

[782] Siehe Erik Peterson, *Der Monotheismus als politisches Problem,* in: Peterson 1951, S. 45-147; 105.

[783] 1984 RK, S. 33.

[784] 1929 c, S. 122.

[785] Siehe Cohn 1988, S. 118f. Die Geburt der Geschichtsphilosophie aus dem Geist der Trinität zu belegen ist Anliegen von Löwiths *Weltgeschichte und Heilsgeschehen*: „Das Leben auf ein künftiges eschaton zu, von dort zurück zu einem neuen Anfang, ist nicht nur für die charakteristisch, die, im Glauben, von Hoffnung und Erwartung leben, sondern auch für diejenigen, die vom Glauben an die Geschichte als solche zehren.": Löwith 1983, S. 95.

[786] 1985 PT, S. 30.

> „ ‚An die Dreieinigkeit glauben wir, drei Könige krönen wir‘, mit dieser sonderbaren Orthodoxie rechtfertigten (im Jahre 669) byzantinische Soldaten die Samtherrschaft, als ihnen einfiel, zu dem bereits vorhandenen Kaiser zwei neue hinzuzuwählen.“[787]

Auch der Traditionalismus hat eifrig die Trinität für seine Politische Theologie ins Feld geführt, der Vicomte de Bonald zum Beispiel analogisiert das augustinische Trinitätsdogma mit dem Königsamt in seiner Konzeption einer *trinité royale*:

> „Un seul roi .. non en ne faisant qu‘une seul personne, mais trois personnes en une même substance, »non in unius singularitate personae, sed in unius trinitate substantiae.« Ainsi il y a propriété dans les personnes, unité dans l‘essance, égalité dans la majesté, »et in personis proprietas, et in essentia unitas, et in majestate aequalitas« “.[788]

Die Tranformation der Trinität in den politischen Diskurs durch die Säkularisierung der Lehre vom ‚Dritten Reich‘ durch den Abbas Ioachimus spricht ebenso gegen die Erledigungsthese: Schmitt kommentiert Peterson in einem Brief an Julien Freund :

> „Er war so unwissend in den grossen Problemen der Geschichte politischer Theorien, dass er nicht einmal bemerkte, wie sehr nur die Lehre von der Trinität (durch JOACHIM VON FIORE) die Hegelsche (und damit auch Marxistische) Geschichtsphilosophie ermöglicht hat!“[789]

Bei Hegel ist die Transformation von joachitischer Geschichtstheologie in dialektische Geschichtsphilosophie tatsächlich überdeutlich:

> „Diese dritte Periode der germanischen Welt geht von der Reformation bis auf unsere Zeiten. .. Wir können diese Perioden als Reiche des Vaters, des Sohnes und des Geistes unterscheiden.“[790]

Auch in jüngster Zeit lieferte säkularisierte Theologie den politischen Massenbewegungen das Material für die Ausarbeitung eines politischen Mythos[791], der Grundvoraussetzung für großes politisches Handeln überhaupt sei:

> „Die Kraft zum Handeln und zu einem großen Heroismus, alle große geschichtliche Aktivität, liegt in der Fähigkeit zum Mythus. .. In der Kraft zum Mythus liegt das Kriterium dafür, ob ein Volk oder eine andere soziale Gruppe eine historische Mission hat und sein historischer Moment gekommen ist. Aus der Tiefe echter Lebensinstinkte, nicht aus einem Räson-

---

[787] Kern 1954, S. 10. Diese Begebenheit aus der Regierungszeit Konstantins IV. Pogonatus, von dem die Armee verlangte, daß er seine beiden Brüder zu Mitkaisern machte, wird auch bei Voegelin 1991, S. 155, sowie bei Treitinger 1938, S. 45f., erwähnt. Quelle scheint die *Chronographie* (352, 15) des Theophanes zu sein.

[788] Louis Gabriel Ambroise Vicomte de Bonald, *Œuvres complètes*, Paris 1859 (Migne), Bd. I, S. 53 Anm.

[789] C. S. an Julien Freund; 18. 2. 61, in: Schmittiana II 1990, S. 51.

[790] Hegel 1992, S. 417.

[791] Siehe 1950 DC, S. 10.

nement oder einer Zweckmäßigkeitserwägung, entspringen der große Enthusiasmus, die große moralische Dezision und der große Mythos. In unmittelbarer Intuition schafft eine begeisterte Masse das mythische Bild, das ihre Energie vorwärtstreibt und ihr die Kraft zum Martyrium wie den Mut zur Gewaltanwendung gibt. Nur so wird ein Volk oder eine Klasse zum Motor der Weltgeschichte."[792]

In der Theorie des Mythus ist die politisch-programmatische Ebene im Begriff der Politischen Theologie verborgen: Der Gegensatz von Land und Meer ist für Schmitt mythologisches Vehikel des Transportes säkularisierter konfessioneller Gegensätze. Seine Schrift *Land und Meer* von 1942 zum Beispiel „sollte ein Schritt über das Mythologische hinaus ins Mythische selber sein."[793] Für die Politische Theologie Schmitts gilt die gleiche Programmatik, die Walter Benjamin seiner Geschichtsphilosophie zugrunde legen wollte, nämlich „theologischen Gehalten in ihrer äußersten Gefährdung, ihrer zerrissensten Verkleidung Asyl"[794] zu geben. Innerhalb dieser politischen Mythologie hat das ‚Reich' eine herausragende Stellung, da es als dialektische Aufhebung des Staates sich als kontinentale Konzeption verbürgt. Auch an diesem Punkt wird die Zulassung mehrerer Reiche in Schmitts Völkerrechtskonzeption unglaubwürdig. Im Lichte der Politischen Theologie zeichnen sich somit die Schatten der Großraumordnung ab. Das Reich mutiert zum mythischen Kampfmittel in einem epochalen Kampf von „deux formes opposées de la vie humaine, deux mondes qui n'ont entre eux aucun rapport."[795] „Es ist in der Tat der totale Gegensatz von zwei beziehungslosen Welten."[796]

Das Reich steht im Dienst des Kampfes gegen den Primat des Ökonomischen und für einen neuen Nomos der Erde. Es wird auch durch die Erwähnung des Reichsdichters Vergil (s.o. FN 657) im Zusammenhang mit der Auseinandersetzung um den Gegensatz von Land und Meer als terrane Ordnung verortet:

„Virgil prophezeit in seiner 4. Ekloge, daß es im kommenden glücklichen Zeitalter keine Seefahrt mehr geben wird."[797]

Nach eigenen Angaben hat Schmitt in seiner Schrift *Land und Meer* versucht, den folgenden Paragraphen aus Hegels *Grundlinien der Philosophie des Rechts* „in ähnlicher Weise zur Entfaltung zu bringen wie die §§ 243-246 im Marxismus zur Entfaltung gebracht worden sind"[798], mit anderen Worten, ähnlich wie der Marxismus eine klassenantagonistische Mythologie entwickelt hatte, einen Antagonismus von Land und Meer theoretisch zu etablieren.

---

[792] 1923 a; S. 11; siehe auch: 1985 GLP, S. 80.
[793] 1991 G, S. 141.
[794] Benjamin 1981 b, S. 277.
[795] 1941 e, S. 344.
[796] 1941 d, S. 99.
[797] 1988 NE, S. 14.
[798] Nachbemerkung zur Neuausgabe von *Land und Meer*: 1981 LM.

> „Wie für das Prinzip des Familienlebens die Erde, fester Grund und Boden, Bedingung ist, so ist für die Industrie das nach außen sie belebende natürliche Element das Meer.“[799]

Die maritime Macht Englands soll vom Kontinent ferngehalten werden, der einen neuen Nomos erhalten soll:

> „Von jetzt ab darf man diese Insel nicht mehr als einen Teil des europäischen Kontinents betrachten. Sie hat ihre Ehe mit dem Festland getrennt und eine neue mit dem Ozean geschlossen.“[800]

Schmitt war mit der Beschreibung des Kampfes gegen England im Bild des Kampfes von Land und Meer keineswegs allein, so proklamierte die ‚Frankfurter Zeitung‘ am 1. Oktober 1939 den Ausschluß Englands aus Europa unter der Parole: *Der Aufstand des Festlandes*[801].

II. Von der Volksnomostheologie zum Nomos der Erde

Steht die neue Ordnung, die Schmitt vorschwebt, unter dem Vorzeichen des mythischen Kampfes des Terranen gegen das Meer, so soll sich in der terranen Ordnung auch ein Konnex zum Ursprünglichen des Rechts offenbaren, der seinen Ausdruck im Begriff des ‚Nomos‘ hat. Der Begriff taucht schon in der Verfassungslehre auf, dort dient er als Kampfbegriff gegen den Normativismus, vor allem jenen der ‚reinen Rechtslehre‘ Hans Kelsens. Gegen Kelsen wird eingewandt, daß ein Gesetz eine allgemeine ideelle Norm voraussetzt, daß sich die Norm des Gesetzes niemals nur aus dem Gesetzgebungsverfahren selbst ableiten lasse. Der Normativismus laufe im modernen parlamentarischen Gesetzgebungsstaat auf einen bloßen Formalismus und Funktionalismus hinaus:

> „Denn das, was gerade fehlt, ist der Nomos, und der Mißbrauch [der Gesetzgebungsgewalt; Anm. F.B.] liegt in der Verkennung dessen, was als Minimum des alten rationellen Begriffes eines echten Gesetzes übrig bleiben muß, in der Verkennung des generellen Charakters der Rechtsnorm.“[802]

Ähnlich wird der Nomosbegriff auch noch einige Jahre später benutzt:

> „Solange der Glaube an die Rationalität und Idealität seines [des Gesetzgebungsstaates; Anm. F.B.] Normativismus lebendig ist, in Zeiten und bei Völkern, die noch einen (typisch cartesianischen) Glauben an die idées générales aufzubringen vermögen, erscheint er jedoch gerade deshalb als etwas Höheres und Idealeres. Solange kann er sich auch auf eine vieltausendjährige Unterscheidung berufen und ein uraltes Ethos für sich geltend machen, nämlich

[799] Hegel 1993 § 247. Schmitt zitiert diesen Paragraphen ebenfalls im *Nomos der Erde*.
[800] 1941 c.
[801] Zitiert nach: Neumann 1988, S. 170.
[802] 1970 VL, S. 142.

den νόμος gegen den bloßen Θεσμός; die ratio gegen die bloße voluntas; die Intelligenz gegen den blinden, normlosen Willen; die Idee des normierten, berechenbaren Rechts gegen die von der wechselnden Lage abhängige bloße Zweckmäßigkeit von Maßnahme und Befehl; den vernunftgetragenen Rationalismus gegen Pragmatismus und Emotionalismus; Idealismus und richtiges Recht gegen Utilitarismus; Geltung und Sollen gegen den Zwang und die Not der Verhältnisse."[803]

Durch die im Namen des Nomos durchgeführte Kritik am Normativismus wird deutlich, daß Schmitts Dezisionismus der Weimarer Zeit keineswegs ein totaler ist, sondern auf einen Aspekt der Problematik von Recht überhaupt gerichtet ist, nämlich auf den seiner Verwirklichung. Recht ist „sowohl Norm, wie Entscheidung, wie vor allem Ordnung"[804], die Betonung lag in der Zeit der Krise der Rechtsverwirklichung jedoch auf der Entscheidung. Nach 1933 rückt die konkrete, institutionelle Ordnung in den Mittelpunkt, die im Unterschied zum Dezisionismus überpersönlich sein soll, was im vermeintlichen[805] Gegensatz zur Tendenz steht, den Nomos im Willen des ‚Führers' zu lokalisieren:

> „Adolf Hitler, den Führer des deutschen Volkes, dessen Wille heute der nomos des deutschen Volkes ist, und Hans Frank, den Führer unserer Rechtsfront, den Vorkämpfer für unser gutes deutsches Recht, das Vorbild eines nationalsozialistischen deutschen Juristen. Heil!"[806]

Durch die Einführung des Raumbegriffes in die Völkerrechtspublizistik ändert sich die Semantik des Nomosbegriffes bei Schmitt. Wurde Nomos in der Schrift *Über die drei Arten des rechtswissenschaftlichen Denkens* noch mit Lex identifiziert, so wird im Rahmen einer raumhaft-konkreten Bedeutungswandlung des Nomosbegriffes diese Übersetzung als unzulänglich abgelehnt; Schmitt erwähnt affirmativ die Behauptung von Alvaro d'Ors,

> „daß Ciceros Übersetzung des griechischen Wortes Nomos durch das lateinische Wort Lex zu den schwersten Belastungen unserer occidentalen Kultursprache gehört."[807]

[803] 1988 LL, S. 15f.

[804] Carl Schmitt, *Über die drei Arten des rechtswissenschaftlichen Denkens*, in: Seminar 1977, S. 366-398; 371f.

[805] Vermeintlich, da es sich hier um eine Abkehr von personalistischen Staatsauffassungen handelt, die für Schmitt in der ‚magni homines' - Vorstellung des Thomas Hobbes ihren Anfang nahmen (Siehe 1939 a, S. 270.) und im 19. Jahrhundert in der Lehre vom Staat als juristischer Person ihren Höhepunkt fanden. (Zu dieser Lehre siehe Forsthoff 1971, S. 13f. sowie Autorenkollektiv Staat, S. 71-73.)

[806] 1933 i, S. 252.

[807] 1953 a, S. 502. Siehe auch der Brief von C.S. an Julien Freund; 29. 5. 1965, in: Schmittiana II 1990, S. 63: „Pour moi, comme vous le savez, il était un malheur, une fatalité enorme, que CICERON traduit le mot ‚Nomos' par le mot ‚lex' ."

Die Nichtdifferenzierung von Recht und Gesetz im normativistischen Rechtsdiskurs[808], so der Gedankengang von Schmitt, lasse sich letztendlich auf diesen Sündenfall rückführen: Nomos ist eben mehr als Gesetz[809], so hatte Schmitt schon 1934 festgestellt, aber erst unter der Prämisse der raumhaft-konkreten Lesart des Nomosbegriffes wird eine Differenzierung von nomos und lex zwingend notwendig: Nomos ist in diesem Sinne

> „die unmittelbare Gestalt, in der die politische und soziale Ordnung eines Volkes raumhaft sichtbar wird. .. Maß, Ordnung und Gestalt bilden hier eine raumhaft konkrete Einheit."[810]

Der Begriff wird von Schmitt - damit bewegt er sich in der Tradition des scholastischen Traktates[811] - etymologisch herausdestilliert: Nomos komme von némein, Nehmen, Teilen, Weiden[812]. Die Ableitung vom Nomos aus dem Akt der Landverteilung findet sich schon in Hobbes' *Leviathan*:

> „And this they well knew of old, who called that Νομοσ, (that is to say, Distribution,) which we call Law; and defined Justice, by distributing to every man his own."[813]

Ur-Akt der Rechtssetzung ist damit ein „ganz konkrete[s], geschichtliche[s] und politische[s] Ereignis"[814], die Landnahme:

> „So ist die Landnahme für uns nach Außen (gegenüber anderen Völkern) und nach Innen (für die Boden- und Eigentumsordnung innerhalb eines Landes) der Ur-Typus eines konsti-

[808] Siehe Böckenförde 1971 a. Die Differenzierung von Recht und Gesetz ist zentral für das Denken Schmitts - wie auch für Jean Bodin: „Es besteht ein Unterschied zwischen Recht und Gesetz. Das eine bezieht sich auf Gerechtigkeit, das andere auf Befehl. Denn ein Gesetz ist nichts anderes als eine Anordnung des Souveräns, der seine souveräne Macht gebraucht.": Bodin 1976, S. 36.

[809] Siehe 1934 3A, S. 13.

[810] 1988 NE, S. 39f.

[811] Schmitt hat der wissenschaftlichen Produktion des Mittelalters immer einen großen Respekt gezollt: „Schmitt leistet sich die geradezu unglaubliche Behauptung, alles, was es an wahrem Respekt vor dem Geistigen auf der Erde noch gebe, sei das Erbe des mittelalterlichen Christentums, von dem wir noch wie Lehrlinge, die die Portokasse unterschlagen haben, ein paar kurze Jahrhunderte in dulci jubilo leben, um dann zu erkennen, wie eine entchristlichte Welt in Wirklichkeit über Kunst und Wissenschaft denke.": 1917 c, S. 91 Anm.

[812] Diese drei Kategorien aus dem *Nomos der Erde* hatte Schmitt über seinen Türen im Plettenberger Wohnzimmer angenagelt, siehe Kesting, M. 1994, S. 99. Der Historiker Christian Meier merkt zu Schmitts Begriffsbildung an: „Die von ihm behauptete ursprüngliche Bedeutung des Wortes ‚Nehmen-Teilen-Weiden' ist nirgends bezeugt, vielmehr nur etymologisch zu erschließen. In historischer Zeit bedeutet das Wort Sippe, Brauch, Herkommen.": Meier, C. 1988, S. 553. Auch Helmut Rumpf meint, „daß .. Nómos = Gesetz, Gebrauch, Ordnung und Nomós = Weide, Haus zwei verschiedene Wörter sind.": Rumpf 1953, S. 191 Anm.

[813] Hobbes 1991 a, S. 171. Siehe auch 1985 VA, S. 491.

[814] 1988 NE, S. 18.

> tuierenden Rechtsvorganges. Sie schafft den radikalsten Rechtstitel, den es gibt, den radical titel im vollen und umfassenden Sinne des Wortes."[815]

Wie Joseph H. Kaiser bemerkt, begründet die Landnahme

> „den Nomos, er ist für die Rechtsgemeinschaft Entelechie im aristotelischen Sinn, sein Rang ist göttlich."[816]

Recht ist in dieser Spatial-Kosmogonie schlicht räumliche Hegung, Einfriedung und Bebauung des genommenen Bodens[817]. Recht ist also Kulturleistung im echten Sinn des Wortes. Durch diesen quasi genetischen Zusammenhang von Recht und Raum ist ein bestimmtes Rechtsverständnis auch bleibend an einen bestimmten Raum gebunden: „Alles Recht ist Recht nur am rechten Ort."[818]

> „Wohl aber hat jede konkrete Ordnung und Gemeinschaft spezifische Ort- und Rauminhalte. In diesem Sinne läßt sich sagen, daß jede Rechtseinrichtung, jede Institution ihren Raumgedanken in sich hat und daher auch ihr inneres Maß und ihre innere Grenze mit sich bringt."[819]

Dieser Zusammenhang ist im griechischen Begriff des Nomos[820] für Schmitt mitgedacht, was ihn als Kampfbegriff gegen ein positivistisches Verständnis von Recht und Gesetz[821] als bloßer Norm qualifiziert. Für „den antiken Menschen" war der Zusammenhang von Ortung und Ordnung „ewig"[822], und für Schmitt sind die drei Grundkate-

---

815 1988 NE, S. 17. (siehe auch ebd. S. 40)

816 Kaiser 965, S. 20.

817 „Recht ist die endgültige Verteilung des Raumes. Recht ist primär Teilung und Verteilung, und zwar Teilung und Verteilung des Bodens.": 1991 G, S. 205. Schmitt, der dem Mythologischen - quod erat demonstrandum - nicht abhold war, hat sicherlich verschiedene Ursprungsmythen im Sinn. So ist in der Romulus-Sage der Zusammenhang von Landnahme, Seßhaftigkeit (dargestellt in dem Mord am Noch-Hirten und Bruder Remus) und Einhegung eines Raumes (Stadtmauer) eindeutig. Auch in der Genesis ist der Bauer (seßhaft) Kain Brudermörder (im Beruf des Ackerbauern ist die Erbsündigkeit besonders evident, so sprach der Herr nach dem Sündenfall zu Adam: „verflucht sei der Acker um deinetwillen!"; 1 Mose 3.17) und Stadtgründer.

818 1988 NE, S. 67; siehe auch 1991 G, S. 46.

819 1991 VG, S. 81.

820 Schmitt bezieht sich des öfteren auf das Pindar - Fragment 49: ‚Das Gesetz (νόμος), / Von allen der König (βασιλεύς), Sterblichen und / Unsterblichen; das führt eben / Darum gewaltig / Das gerechteste Recht mit allerhöchster Hand.' [in der Übersetzung von Hölderlin] Sowohl in der *Verfassungslehre* (S. 139) als auch im *Nomos der Erde* (S. 37f.) wird der Abschnitt in der *Politik* des Aristoteles, die zwischen der Herrschaft aufgrund eines Volksbeschlusses (ψήφισμα) und der Herrschaft des Gesetzes (νόμος) differenziert, als argumentative Munition gegen den Normativismus benutzt: „denn wo die Gesetze nicht herrschen, ist keine Verfassung. Das Gesetz muß über alles herrschen.": Aristoteles 1995, S. 134 (Pol. 1291b).

821 Jener, wie Friedrich Balke formuliert, „Tendenz zu einer selbstreferentiellen Schließung des Rechtssystems": siehe Balke 1996, S. 326.

822 1991 G, S. 46.

gorien des Nehmen, Teilens und Weidens jedem konkreten Nomos inhärent und werden für alle Rechts-, Wirtschafts- und Sozialsysteme „in einem oft überraschenden Wechsel doch immer von neuem virulent“[823]. Der Versuch der Etablierung einer ausdrücklich terran definierten Völkerrechtsordnung kann für Schmitt mit der Transformation des Nomosbegriffes in die konkret-geschichtliche Lage gestützt werden:

> „Das Wort Nomos ist für uns verwendbar, weil es imstande ist, Erkenntnisse, die aus der heutigen Weltproblematik entstehen, vor einer gesetzespositivistischen Verwirrung .. zu schützen.“[824]

Der Nomos ist als Kampfbegriff terraner Ordnung naturgemäß ökonomistischer Legitimität entgegengesetzt. Der Ur-Akt der Rechtssetzung von Nehmen/Teilen/Weiden wird durch den Liberalismus wie auch den Kommunismus durchbrochen:

> „Alles, was sich heute auf unserer Erde, im Osten wie im Westen, auf Fortschritt und Entwicklung beruft, enthält in seinem Kern ein konkretes und präzises Credo, dessen Glaubenssätze lauten: Die industrielle Revolution führt zu einer unermeßlichen Steigerung der Produktion; infolge der Steigerung der Produktion wird das Nehmen altmodisch und sogar kriminell; auch das Teilen ist angesichts des Überflusses kein Problem mehr; es gibt nur noch Weiden, nur noch das problemlose Glück des reinen Konsums.“[825]

Hier bleibt Schmitt seiner kritischen Distanz zum nachklassischen Völkerrecht treu. Hatte sich flankierend zum diskriminierenden Kriegsbegriff der Vorbehalt internationaler Intervention etabliert, der klassischer Annexionspolitik einen Riegel vorschrieben sollte, so verlagerte sich der Schwerpunkt von bloß militärischer zur wirtschaftlichen Potenz:

> „Man könnte sich vorstellen, daß die politische Einheit der Menschheit auf dem Planeten durch den Sieg der einen industriellen Weltmacht über die andere oder durch den Zusammenschluß beider mit dem Ziel, sich die gesamte Industriemacht der Erde politisch zu unterwerfen, zustande käme. Das wäre eine planetarische Industrienahme. Sie würde sich von den alten Methoden der Eroberung - der Land- und Seenahme - nur noch durch die gesteigerte Aggressivität und die größere Zerstörungskraft der dabei eingesetzten Machtmittel unterscheiden. .. Die Weltpolitik kommt an ihr Ende und verwandelt sich in Weltpolizei - ein zweifelhafter Fortschritt.“[826]

Wie schon bei seiner Lesart von Hobbes, so erweist sich auch hier Schmitt als typischer Konservativer: Hobbes wurde als Kreator eines polit-theologischen mythischen Symbols - des *Leviathan* - interpretiert, obwohl seine Staatskonstruktion in erster Linie streng rationalistisch ist, so wird in der Reihenfolge Nehmen - Teilen - Weiden der Schwerpunkt auf den mythischen Urgrund des Rechts - der Landnahme gelegt, und

---

[823] 1953 a, S. 501.
[824] 1988 NE, S. 38.
[825] 1959 a, S. 102.
[826] 1978 a, S. 329.

gleichzeitig das Ökonomische - das ,Weiden' - in die Schranken gewiesen und das Primat des Politischen behauptet werden.

Zwischen den Zeilen ist hier wieder der konfessionelle Gegensatz herauslesbar, der schon für das mythologische Paar von Land und Meer konstatiert wurde (siehe oben das Kapitel I. im dritten Teil der Arbeit). Virulent wird dieser in der Landnahme, wirkt diese doch

> „nur dann konstituierend, wenn es dem Landnehmer gelingt, einen Namen zu geben. .. Im Namen und in der Namensgebung wirkt sich die dritte Richtung der Macht aus, die Tendenz zur Sichtbarkeit, Öffentlichkeit und Krönung. .. das Großartige an Nahme und Name ist, daß mit ihnen die Abstraktionen aufhören und die Situationen konkret werden."[827]

Damit wird die Landnahme in die Nähe der Leistung des römischen Katholizismus gestellt, zeichnet sich doch gerade jener durch seine besondere Fähigkeit zur Sichtbarkeit[828] und Repräsentation aus:

> „Die Kirche Christi ist zwar nicht von dieser Welt und ihrer Geschichte, aber sie ist in dieser Welt. Das heißt: sie nimmt und gibt Raum, und Raum bedeutet hier: Impermeabilität, Sichtbarkeit und Öffentlichkeit."[829]

Vollends deutlich wird die konfessionelle ,Verschärfung' in der Nomoslehre, wenn berücksichtigt wird daß „Raum .. dasselbe Wort wie Rom"[830] ist und daß sich die Landnahme zur Raumnahme gewandelt habe:

> „ ,Mit der Landnahme ist es nun vorbei', schrieb mir kürzlich ein bedeutender Vertreter der Political Science an einer führenden Universität der Vereinigten Staaten von Amerika. Ich habe ihm erwidert, daß es dafür mit der Raum-Nahme umso ernster wird."[831]

Noch im Zeitalter des nachklassischen Völkerrechts bekommt damit jede spatiale Auseinandersetzung die Signatur des uralten Kampfes um Rom. Reichlich esoterisch[832] wird dieser Zusammenhang durch die Klangähnlichkeit der Worte Raum und Rom konstruiert:

---

[827] 1959 a, S. 104. Für die Kopplung von Landnahme und Namensgebung könnte Schmitt das Alte Testament als Beleg anführen: Der Name Israel ist direkt an die Landnahme gebunden. Einschränkend aber stellt Massimo Cacciari fest: „Der wahre, unvergängliche Ort des Gesetzes ist für Israel nicht irgendein Land, sondern das Wort.": Cacciari 1995, S. 116.

[828] Siehe 1917 b, S. 71-80.

[829] 1990 PT II, S. 50.

[830] 1991 G, S. 317.

[831] 1959 a, S. 102.

[832] „Magie und Raum gehören zusammen": Brief Schmitts an Gerhard Günther; zitiert nach: 1991 G, S. 171 (Eintrag vom 28. 6. 1948).

> „Das Wort ist jenseitige Zeichenschaft, ist phonetische Hyroglyphe, ist anteilhaftes Echo an urgründigen Welten“[833].

Schmitts Reichsphilosophie hat sich an dieser Stelle vom Numinosen zum vollends Dubiosen gewandelt. Man kann sich des Verdachts nicht erwehren, daß der eigentliche Gedanke der ist, nomine und nomos seien Worte eines gemeinsamen Stammes. Der Hang Schmitts zur phonologischen Argumentation läßt sich schon früh nachweisen; so schreibt er als junger Mann, der nur aus Unentschlossenheit statt Philologie Jura studiert hatte[834] und begeisterter Hörer von Wilamowitz-Moellendorff in Berlin war[835], über Theodor Däublers Nordlichtepos, es zeichne sich durch die „völlige[] Hingabe an den Sprachklang und die Farbe der Worte“[836] aus. Auch hätte Schmitt auf die Gegenrevolutionäre de Bonald und vor allem auf Joseph de Maistre sich berufen können, welcher meinte, daß „la pensée et la parole ne sont que deux magnifiques synonymes.“[837] Ähnlich wie bei Schmitt enthält für de Maistre das Wort die Signatur vergangener Zeiten:

> „Da die Wörter gleichsam das Behältnis des Denkens und Empfindens unserer Vorfahren, ihres Selbstbildes und ihrer Anschauungen von der äußeren Welt sind, verkörpern sie auch ihre bewußte und unbewußte Weisheit, ihre von Gott sich herleitende Erfahrung.“[838]

Was Isaiah Berlin für de Maistre konstatiert, nämlich daß seine phonologische Esoterik einer

> „Art Psychoanalyse des kollektiven Unbewußten der Menschheit oder zumindest der Christenheit“[839]

gleichkomme, kann auch für Carl Schmitts Nomoslehre behauptet werden. Obwohl Gegner der deutschen Romantik, gerät er hier in die Nähe der sprachphilosophischen Anstrengungen derselben.

Der Nomosbegriff hatte, bevor er durch die völkerrechtliche Publizistik Schmitts Verbreitung gefunden hatte, Einzug in den politisch-theologischen Diskurs gehalten, und zwar in Form der Volksnomostheologie seines Freundes[840] Wilhelm Stapel. Obwohl sich ein engerer Kontakt zwischen den beiden wohl erst ab 1932 einstellte, belegen die Kongruenzen im Bereich der Politischen Theologie eine gegenseitige Ein-

---

[833] 1991 G, S. 159.
[834] Siehe Verortung 1990, S. 5.
[835] Siehe ebd. S. 7.
[836] 1991 TDN, S. 47.
[837] De Maistre zitiert nach: Berlin 1992, S. 181.
[838] Ebd. S. 182.
[839] Ebd. S. 183.
[840] „Stapel hatte C. Schmitt 1930 während einer mehrtägigen Zusammenkunft auf Burg Lobeda auch persönlich kennengelernt. (Nach Auskunft von Gerhard Günther.)“: Keßler 1967, S. 148, Anm. 4. Laut Siegfried Lokatis (Lokatis 1992, S. 49) fand die Begegnung aber erst 1931 statt.

flußnahme[841]: so übernimmt Stapel bis ins Detail die Freund/Feindunterscheidung als Kriterium des Politischen. In seinem Hauptwerk *Der christliche Staatsmann* wird die Differenzierung von inimicus und hostis, auf die Schmitt im *Begriff des Politischen* zur Abwehr des pazifistischen Diktums der Feindesliebe hingewiesen hatte[842], auffällig betont; so bemerkt er

> „daß Jesus nicht von dem politischen Feinde, dem Polémios, sondern von dem Privatfeinde, dem Echtrós, handelt (die Vulgata übersetzt richtig: ‚Diligite inimicos', nicht: ‚Diligitis hostes'). Die deutsche Sprache bezeichnet den Privatgegner und den politischen Gegner mit demselben Worte ‚Feind'. Aber das Wort Echtrós [hat] bei den jüdischen Rabbinern einen ganz bestimmten Sinn, es bezeichnet den Haß des Pharisäers gegen den haarez, den nicht Gesetzestreuen."[843]

Die Volksnomoslehre Stapels, die eine lebhafte Debatte unter Theologen auslöste[844], ist angeregt worden durch die Schriften des Historikers Hans Bogner[845], der ebenfalls im ‚Deutschen Volkstum' publizierte und ein „nationalmilitantes Christentum vertrat"[846]. Bogner interpretiert den griechischen Nomos als biologisch-völkische Einheit:

> „Was ist nun der Inhalt jenes unverbrüchlichen, zwischen Göttern und Menschen bestehenden Vertrages, des ‚Nomos', des Herkommens, das Brauch und Gesetz zugleich ist? Es ist die Heilighaltung aller Bindungen, die das Zusammenleben der Menschen ordnen und überhaupt ermöglichen. Das wichtigste Stück ist die Gottesverehrung, denn nur die Gnade der Götter läßt die menschliche Gemeinschaft gedeihen; wer einen Gott erzürnt, ist Staatsverbrecher. Die Frömmigkeit ist nichts Gefühlsmäßiges und bloß Innerliches; sie muß sich in fleißiger Beobachtung des Kultus, in der Teilnahme an Opfern, Feiern, Prozessionen äußern. Diese tätige Gottesverehrung ist das erste der drei ungeschriebenen, allgemein gültigen Gebote; das zweite heißt die Eltern ehren, das dritte am Fremdling Strafrecht üben. Mit den Landesgöttern ist man durch die Bande des Blutes verknüpft, da das Volk ja von ihnen abstammt, und so singt bei Aischylos der Chor: ‚Die einheimischen Götter, denen das Land gehört, möge das Volk immer lorbeerbekränzt den Brauch der Väter mit Stieropfern ehren; denn Ehrfurcht den Eltern zu erweisen, das steht geschrieben als drittes Gebot bei den Sat-

---

[841] Ausdruck ihrer Geistesverwandtschaft ist z.B. das beiderseitige Ressentiment gegen Nietzsche: „Nietzsche habe ich nie gemocht..": Wilhelm Stapel, in: ‚Deutsches Volkstum', Jahrgang 1921, S. 310 und Jahrgang 1938, S. 871.

[842] Siehe 1927 BdP, S. 6.

[843] Stapel 1932 b, S. 40f.

[844] Siehe z.B. die Beiträge von Paul Althaus und Carl Eschweiler im ‚Deutschen Volkstum' und die Erwiderung von Stapel: DVt, 2. Januarheft 1933, S. 49-65.

[845] In einem Brief Stapels an Carl Schmitt vom 28. 3. 1951 heißt es demgegenüber: „Mein Nomosbegriff stammt nicht aus der Wissenschaft, sondern einfach aus der griechischen Lektüre. So machte mir die Schlußrede im *Kritias* großen Eindruck: τὰ νόμιμα καὶ ὁι νόμοι. Die große Rede der νόμοι, die auch auf die ἐν Ἅιδον νόμοι als Ihre ἀδελφόι verweisen. Und sang nicht schon Pindar: Νόμος ὁ πάντως βασιλεύς?": Nachlass von Carl Schmitt im Hauptstaatsarchiv Düsseldorf; (HStAD) RW 265 - 33 / K 42. Der Einfluß Bogners auf Stapel ist aber in den Aufsätzen im ‚Deutschen Volkstum' unübersehbar.

[846] Heiber 1966, S. 553.

zungen des heiligsten Rechtes.‘ Also die Landesgötter sind die Eltern, die Vorfahren! .. Der Nomos ist die biologisch notwendige Sittlichkeit. .. Im Brauch ist die biologische Erfahrung vieler Generationen beschlossen.“[847]

Dieser konkret verortete Nomosbegriff wird von Stapel dehistorisiert, der Nomos als metaphysisches Fundament eines jeden Volkstums interpretiert:

„Jedes Volk wird zusammengehalten durch ein Gesetz des Lebens, das, entsprechend, seine innere und äußere Form, seinen Kult, sein Ethos, seine Verfassung und sein Recht bestimmt: durch den Nomos .. Jedes Volk hat seinen besonderen Nomos.“[848]

Der Nomos wird somit zur Zentraleinheit des Politischen schlechthin:

„Jede Sittlichkeit unterscheidet zwischen Feind und Freund. Familie, Volk, Kirche, und zwar sowohl die Gemeinschaft als solche wie jede Gemeinschaft in einem bestimmten Zeitalter, haben je ihren sittlichen Nomos.“[849]

Ähnlich wie im Fichteschen Begriff ‚Urvolk‘ wird im Nomosbegriff ein Bezug des Volkstums zum Ursprünglichen, ja sogar des Göttlichen[850], transportiert. Stapel war stark vom Neufichteanismus geprägt und arbeitete in der 1916 gegründeten Fichtegesellschaft mit. War bei Fichte der Begriff ‚Urvolk‘ den Deutschen vorbehalten, so läßt Stapel zwar jedem Volk einen Nomos zukommen, verbindet dies aber mit einer Rangordnung:

„Der Nomos ist der gültige Ausdruck der Verschiedenheit der Nationen und Völker. Diese ist aber verbunden mit einem Wert- und Rangunterschied. Diese rangmäßige Verschiedenheit erzeugt aber aus sich ein Über- und Unterordnungsverhältnis, also ein Herrschaftsverhältnis, das sich innerhalb der Nationen bildet.“[851]

Die Rangordnung ist signifikant für die Reichstheologie Stapels, und nur in dieser hat die Volksnomostheologie ihre Evidenz:

„Die übernationale Gemeinschaft, die eine Notwendigkeit der durch die Nomoi verursachten Verschiedenheit ist, muß also selbst durch einen Nomos konstruiert werden, soll sie metaphysische und damit zugleich auch natürliche Gültigkeit besitzen. Gelingt es, diesen Beweis der Gültigkeit und Statuierung eines Nomos für die naturnotwendige übernationale Gemeinschaft, das Reich, aufzuzeigen, so ist damit die Theologie des Reiches geschaffen. Die Aufgabe der Zusammenfassung Europas unter einer einheitlichen Idee wird demnach von der protestantischen Theologie, von der Nomoslehre also gesehen, als das Problem der Errich-

[847] Bogner 1930, S. 18f.
[848] Stapel1932 b, S. 174.
[849] Stapel 1931 a, S. 17.
[850] So bemerkt Frieda Eckrich zu Stapels ‚Nomos‘: „Seine Setzung geschieht von Gott aus, nicht von Menschen. Sie ist als das einzige nach der Erbsünde wirksame Eingreifen des Metaphysischen in die reale Welt zu betrachten.“: Eckrich 1937, S. 75.
[851] Ebd. S. 78.

tung eines europäischen Nomos. Die Fähigkeit einer Nation, diesen Nomos zu setzen, diese imperiale Aufgabe zu lösen, ist die Legitimierung und metaphysische Rechtfertigung ihres Anspruchs."[852]

Die Reichsideologie Stapels ist national-lutherisch und gegen die universalistischen Interpretationen des Reiches von Seiten des römischen Katholizismus gedacht. Die Bezeichnung ‚Imperium Teutonicum', eine Mixtur der Bezeichnung ‚regnum teutonicum' der kaiserfeindlichen Kurie des Mittelalters[853] und dem Begriff ‚sacrum imperium', welchen die Hofkanzlei Friedrich Barbarossas nachweislich erstmals 1157 verwandt hatte[854], zeigt an, daß das zu errichtende Deutsche Reich ein gegen den universalistischen Anspruch Roms gerichtetes, dennoch aber metaphysisch geweihtes Gebilde der weltlich-politischen Sphäre sein soll. Jahre vor Schmitts Großraumkonzeption haben geopolitische Elemente im Reich Stapels ihren festen Platz[855], und doch erschöpft das Reich sich nicht in ihnen:

„Das Reich ist nicht ein ‚Wirtschaftsraum', ein ‚Mitteleuropa' und dergleichen, sondern eine metaphysische Aufgabe, die als solche freilich das Irdische (Wirtschaftsraum, Mitteleuropa usw.) mit umfängt. .. Wie Frankreich der metaphysischen Aufgabe der Société des Nations verschworen ist und der Sowjetstaat der Aufgabe des revolutionären Kommunismus, wie man in Westen und Osten diese Weltordnungen zu verwirklichen strebt, so haben wir Deutschen die metaphysische Aufgabe ‚des Reiches', das eine besondere Art der Weltordnung ist".[856]

Die Verbindung von Politischer Theologie und Reichsbegriff mithilfe des ‚Nomos' ist Stapels Anliegen schon Jahre vor Schmitts Großraumtheorie. Auch wenn sich die Volksnomoslehre Stapels stark von Schmitts Reichskonzeption unterscheidet, ist sie doch nicht ganz ohne Einfluß geblieben. Nicht umsonst weist Schmitt im *Nomos der Erde* auf Stapel und Bogner hin:

---

[852] Ebd.

[853] Die Formel wurde im Investiturstreit von Gregor VII. geprägt: siehe Autorenkollektiv Reich, S. 439. Später wurde sie auch in der *Chronik* Ottos v. Freising benutzt (Otto 1960, S. 448: Chron. VI, 11.), der Begriff ‚Deutsches Reich' hatte sich damit endgültig etabliert, mindestens seit Otto war „eine feste deutsche Reichsvorstellung vorhanden" (Müller-Mertens 1970, S. 17.); der Begriff ‚Deutsches Reich' schloß ab diesem Zeitpunkt „einen festen Erkenntnisgehalt" (Lugge 1960, S. 116.) ein.

[854] Autorenkollektiv Reich, S. 442. Siehe auch Miethke 1988, S. 26 und Kantorowicz 1991, S. 70.

[855] „Die Volkswirtschaft hat sich zu einer planetarischen Wirtschaft entwickelt. .. Es müssen also .. größere Wirtschaftsgebiete geschaffen werden. .. Wirtschaft und Technik, die einen neuen Lebensraum der Menschen erschließen, haben eine übernationale Welt geschaffen.": Stapel 1932 b, S. 252. In einem Brief an Schmitt vom 19. Januar 1933 weist Stapel besonders auf die „aussenpolitische Bedeutung des Reiches" hin: Nachlass von Carl Schmitt im Hauptstaatsarchiv Düsseldorf; (HStAD) RW 265 - 59 / K 101.

[856] Stapel 1933 b, S. 181f.

> „Ich respektiere durchaus die Bemühungen von Wilhelm Stapel und Hans Bogner, die dem ‚Nomos' die Bedeutung von ‚Lebensgesetz' gegeben haben. Doch stört mich, außer dem ins Biologische entarteten Wort ‚Leben', auch das Wort ‚Gesetz', das hier unter allen Umständen vermieden werden muß."[857]

Neben Schmitts Distanz zu biologistischen Theorien, die hier anklingt, muß auch auf die Farblosigkeit seines Volksbegriffes hingewiesen werden. ‚Volk' ist bei Schmitt ein ‚dilatorischer Kampfbegriff', und sicherlich übertrieben ist, daß „in ihm die Politische Theologie spuk[t] .. - in Gestalt von Stapels Volksnomos."[858] Zwar schrieb er bereits 1936, zu einem Zeitpunkt also, als seine Lehre vom totalen Staat arg in die Defensive geraten war,

> „daß der Staat die einzige oder doch die allein wesentliche und normale Erscheinungsform der politischen Welt war. Das trifft in dieser Einfachheit heute nicht mehr zu. Heute ist das Volk der Normalbegriff der politischen Einheit. Deshalb bestimmen sich heute alle maßgebenden politischen Begriffe vom Volke her."[859]

Jedoch läßt die Formulierung ‚in dieser Einfachheit' Vorbehalte gegen eine rückhaltlose Aufgabe des Staatsbegriffes erahnen. Der Überbewertung des Nationalen durch Reichsmetaphysik entzieht sich Schmitt durch die Zulassung mehrerer Reiche im Völkerrecht, in dieser Hinsicht ist Stapels Konzeption näher an der katholischen Reichstheologie als Schmitts.

III. Der Kat-echon

„Bis Christus wieder erscheint, wird
die Welt nicht in Ordnung sein."[860]

1942, mitten im Krieg, der gerade ein Weltkrieg geworden war, taucht bei Carl Schmitt die Theorie des Aufhalters, des Katechon, auf[861]. In dem Aufsatz *Beschleuniger wider*

---

[857] 1988 NE, S. 39.

[858] Lauermann 1992, S. 72.

[859] 1936 i, S. 133.

[860] C.S. an Pierre Linn vom 5. Juni 1939; zitiert nach: Koenen 1995, S. 823.

[861] Allgemein irritiert hat die Forschung eine Stelle aus dem *Glossarium*: „Nous sommes toujours - comme en 500 ou 800 - dans le ‚aion' chrétien, toujours en agonie, et tout évènement (sic!) essentiel n'est qu'une affaire du ‚Kat-echon' c'est-à-dire de ‚celui qui tient', qui tenet nunc (2. ep. de Saint-Paul au Thessaloniques, 2. chap. vers. 7.) Vous connaissez ma théorie du Κατ'εχων, elle date de 1932. Je crois qu'il y a en chaque siècle un porteur concret de cette force et qu'il s'agit de le trouver. Je me garderai d'en parler aux théologiens, car je connais le sort déplorable du grand et pauvre Donoso Cortés. Il s'agit d'une présence totale cachée sous les voiles de l'histoire.": 1991 :, S. 80. (aus einem Brief an den französischen Philosophen Pierre Linn). Heinrich Meier merkt hierzu an: „Ob die Datierung der Konzeption auf das Jahr 1932 zutrifft, vermag ich nicht zu entscheiden. In den Schriften Schmitts taucht der Ausdruck, wenn ich recht sehe, 1942 zum erstenmal auf.": Meier 1994, S. 244

Wille[862] - gemeint sind die USA - wird die amerikanische Politik mit der Auffassung vom kat-echon, der das Ende der Zeit aufhaltenden Macht, die sich besonders im Mittelalter, aber auch in der jüngsten Geschichte äußere, konfrontiert. Im *Nomos der Erde* wird die Lehre vom Katechon, die auf den zweiten Brief des Paulus an die Thessalonicher zurückgeht[863], in dem christlichen Reichsgedanken des Mittelalters verortet, besonders aber in der Idee an ein regnum teutonicum bzw. sacrum imperium[864]. Bei Wilhelm Stapel findet sich nun eine Kopplung der apokalyptischen Figur des Aufhalters an den Reichsgedanken gut 10 Jahre vor dem Auftauchen des Begriffes bei Schmitt:

> „Das Wesen ‚des Reiches' aber ist nichts anderes als eben die apokalyptische Verantwortlichkeit (2. Thess. 2,7). Jeder Staat hat den Zweck, für Ordnung und Frieden zu sorgen, ‚das Reich' aber hat diesen Zweck in besonderem Sinne: wenn es versagt, wird ‚das Mysterium der Gesetzlosigkeit' mächtig; das aber besteht nicht nur in allerlei Unordnung, sondern es ist die satanische Auflehnung und Auflösung schlechthin."[865]

Hat Schmitt den Begriff des Katechon vielleicht vom protestantischen Laientheologen[866] Stapel? Die Geistesverwandtschaft zwischen den beiden ist in vielen Punkten frappierend, so leiten beide die Freund/Feindunterscheidung, die Grundlage des Politischen, aus dem Erbsündendogma ab:

> „Die Unterscheidung von Freund und Feind ist also ein Teil des Sündenfalls der Schöpfung. Überall wo der Staat Freund und Feind setzt, wird er notwendig zum Sünder. Will er aber

---

Anm. Am plausibelsten scheint mir ein Transskriptionsfehler der Herausgeber oder ein Schreibfehler Schmitts. In dem Aufsatz von William Gueydan de Roussel *Carl Schmitt, philosophe catholique et confesseur* (in: Schmittiana III 1991, S. 52-62; 55.) findet sich folgende Erinnerung: „En 1942, C.S. vint encore faire une conférence à Paris et je l'invitais à dîner. Nous parlâmes longuement de la guerre, des dangereux alliés de l'Allemagne et surtout du kat'echon (2 Thess. II, 7): ‚Tantum ut qui tenet nunc, teneat, donec de medio fiat'."

[862] 1983 a. Lessing schreibt über den Schwärmer (wobei er die Joachiten im Sinn hat): „Der Schwärmer tut oft sehr richtige Blicke in die Zukunft: aber er kann diese Zukunft nur nicht erwarten. Er wünscht diese Zukunft beschleunigen; und wünscht daß sie durch ihn beschleuniget werde.": Lessing 1982, S. 657.

[863] 2. Thess., 2/6f. : ‚Und ihr wißt, was ihn noch aufhält, bis er offenbart wird zu seiner Zeit. Denn es regt sich schon das Geheimnis der Bosheit; nur muß der, der es jetzt noch aufhält, weggetan werden.' (‚Et nunc quid detineat, scitis, ut reveletur in suo tempore. Nam mysterium iam operatur iniquitatis: tantum ut, qui tenet nunc, teneat, donec de medio fiat.')

[864] Siehe 1988 NE, S. 29 und 33.

[865] Stapel 1933 b, S. 183.

[866] Das Katechonmotiv spielt nicht beim Laientheologen Stapel eine Rolle, sondern auch in der ‚professionellen' protestantischen Theologie dieser Zeit: „Aber die Kirche hat auch nur dann Hoheit, sie hat nur dann Schlüsselgewalt, wenn sie in ihrer Verkündigung von der Erlösung der Welt durch das Sterben und Auferstehen Jesu Christi auch die Verlorenheit der Welt, das radikale Verfallensein des Menschen an die Macht des Bösen offenbar werden läßt, und wenn sie mit ihrer Verkündigung den überwindet, der das Geheimnis der Bosheit aufhält und dem Jesus Christus in seiner Wiederkunft am Jüngsten Tage ein Ende machen wird (2. Thess, 2, 7f.).": Gogarten 1932, S. 218.

aus Verzicht oder aus Selbstüberhöhung die Unterscheidung aufheben, so wird er zum doppelten Sünder, der sich die Hoheit Gottes anmaßt."[867]

Beide verweisen in diesem Zusammenhang auf die Genesis, so heißt es bei Schmitt:

> „Wen kann ich überhaupt als meinen Feind anerkennen? Offenbar nur den, der mich in Frage stellen kann. Indem ich ihn als Feind anerkenne, erkenne ich an, daß er mich in Frage stellen kann. Und wer kann mich wirklich in Frage stellen? Nur ich mich selbst. Oder mein Bruder. Das ist es. Der Andere ist mein Bruder. Der Andere erweist sich als mein Bruder, und der Bruder erweist sich als mein Feind. Adam und Eva hatten zwei Söhne, Kain und Abel. So beginnt die Geschichte der Menschheit. So sieht der Vater aller Dinge aus. Das ist die dialektische Spannung, die die Weltgeschichte in Bewegung hält, und die Weltgeschichte ist noch nicht zu Ende."[868]

In Stapels *Christlichem Staatsmann* steht kongenial:

> „Kain gründet die erste Stadt. Der erste Begründer eines Staates ist also ein Brudermörder. Ebenso war Romulus, der Begründer Roms, ein Brudermörder: er erschlug den Remus."[869]

In der Interpretation des paulinischen Katechon als Imperium Romanum bzw. dessen mittelalterlichen Translationen steht Schmitt in der Tradition des „bisher erfolgreichste[n] Vorschlag[s]"[870] christlicher Bibelexegese für diesen Passus. Im folgenden soll ein kurzer Überblick über die Geschichte der Katechon-Deutungen gegeben werden, in denen das Imperium Romanum als Aufhalter interpretiert wird, und auf die Schmitt sich entweder beruft oder berufen könnte.

a) Der Katechon als Imperium Romanum

Als eine der frühesten Übertragungen der Katechon-Mission auf das römische Reich kann eine Stelle aus dem *Apologeticum* Tertullians, der

> „Prototyp" für „eine Besinnung auf die theologischen Möglichkeiten spezifisch juristischen Denkens"[871]

sei, interpretiert werden:

---

[867] Stapel 1932 b, S. 171; siehe auch: Stapel, 1931 b, S. 416.

[868] 1950 ECS, S. 89f.

[869] Stapel 1932 b, S. 61. Stapel bezieht sich hier auf Augustinus, *De civitate Dei*, XV, 5.

[870] Cullmann 1966, S. 306. Cullmann zweifelt die Schlüssigkeit der Identifizierung des Katechon mit dem Imperium Romanum an. Auch Wilhelm Stählin bemerkt: „trotz dieser verbreiteten und wohlbegründeten exegetischen Tradition dürfte diese Deutung auf das römische Imperium nicht mit einer solchen Selbstverständlichkeit angenommen werden": Stählin 1958 a, S. 10.

[871] 1990 PT II, S. 103.

„Es gibt noch eine andere, höhere Notwendigkeit für uns, für die Kaiser zu beten, ebenso für den festen Bestand des Reiches überhaupt und die Macht der Römer: wir wissen, daß die gewaltige Katastrophe, die dem Erdkreis droht, ja daß das Ende der Welt, das entsetzliche Leiden heraufbeschwört, nur durch die dem römischen Reich gewährte Frist aufgehalten wird. Daher wollen wir dies nicht erleben, und indem wir um Aufschub beten, tragen wir zum Fortbestande Roms bei.“[872]

In seinem Buch *Über die Auferstehung des Fleisches* wird der Katechon des Paulusbriefes als römischer Staat interpretiert: Wer sonst, so fragt Tertullian, könne dort gemeint sein als Rom, dessen Schwinden zwangsläufig den Antichrist zur Folge haben wird[873]?

Durch die Übertragung ließen sich heidnische Vorstellungen über Rom, z.B. die Roma aeterna[874] - Vorstellung, mit der christlichen Prophetie verbinden[875]; eine Verbindung, die durchaus paradoxalen Charakter hat, schließen sich doch einerseits die Roma aeterna - Idee und christliche Eschatologie grundsätzlich aus[876], und widersprechen sich andererseits die Verdammungen Roms in der Apokalypse mit einer solchen Methode. Die zitierte Stelle aus dem Apologeticum muß jedoch nicht zwingend auf den Katechon des Paulusbriefes Bezug nehmen[877]; August Strobel hält es für wahrscheinlicher, daß Hippolyt Autor der Übernahme des paulinischen, missionstheologischen Aufhalter – Terminus‘ in einem politisch-theologischen Diskurs[878] war[879]. In seinem Danielkommentar (ca. 203/204), der noch im Mittelalter „viel gelesen“[880] wurde und die scholastische Auseinandersetzung mit der Apokalypse beeinflußt hat[881], wird die Zitierung der Stelle aus dem Thessalonicherbrief mit der Frage verbunden, wer denn nun der

---

872 Tertullian, *Apologeticum*, 32,1.

873 Tertullian, *Liber de resurrectione carnis*, 24, 18: „ »Tantum, qui nunc tenet, teneat, donec de medio fiat.« Quis nisi Romanus status, cuius abscessio in decem reges dispersa Antichristum superducet?“

874 Als Beispiel für die Roma aeterna - Vorstellung sei stellvertretend jene berühmte Prophezeiung Jupiters an die Römer aus Vergils *Aeneas* zitiert:: „Diesen [den Römern; Anm. F. B.] bestimme in Raum und Zeit ich keinerlei Grenzen, / lasse sie endlos herrschen.“ (Vergil 1987, S. 148.) Zur Roma-aeterna-Vorstellung nach dem Sieg des Christentums und zur translatio dieser Vorstellung auf Byzanz siehe Schramm 1992, S. 30.

875 Siehe Balthasar 1989, S. 276f.: „Und man kann hier gleich noch ein paar wichtige Merkmale beifügen, die sich das römische Imperium in seiner Selbstdeutung beigelegt hat und die dem christlichen Denken in verlockender Weise entgegenkamen. Einmal die ihm zugeschriebene Aeternitas, die es angeblich dem Gesetz des Werdens und Vergehens enthebt, was Tertullian veranlaßt, in ihm den ‚katechón‘, den Aufhalter des Antichrist, zu erblicken, der erst kommen kann, wenn das römische Reich am Ende der Geschichtszeit zusammenbricht.“

876 Siehe Adamek 1938, S. 26.

877 Strobel 1961, S. 140 und Trilling 1980. Laut Günter Maschke hat Schmitt das Buch Strobels ‚besonders geschätzt‘: siehe Maschke 1995, S. 114 Anm.

878 „Schon Hippolytus interpretierte den katéchon politisch, als Sinnbild des Imperiums“: Cacciari 1995, S. 115. Zu Hippolyts Interpretation des ‚Katechon’ siehe auch Grossheutschi 1996, S. 35-38.

879 Siehe Strobel 1961, S. 137-147.

880 Adamek 1938, S. 40.

881 Ebd.

Aufhaltende sei, wenn nicht das vierte Tier der Daniel-apokalypse, also das römische Reich[882]. Seit Hippolyt und Tertullian

> „ist es eine bei fast allen Kirchenvätern .. gemeinsame Überzeugung; das römische Imperium ist nicht der Antichrist, sondern dieser wird nach dem Verfall des römischen Reiches kommen. Das römische Reich ist der Κατ'εχων im 2. Kapitel des II. Thessalonicherbriefes. In dieser Wendung hat die Sage vom Antichrist geradezu in die Geschichte eingegriffen und eine historische Mission gehabt."[883]

Die Gleichsetzung von Katechon und Imperium Romanum wird publizistisch durch Laktanz, dem ‚christlichen Cicero'[884], fortgeführt: In seinem Hauptwerk *Divinae Institutiones*, dem ältesten Versuch eines zusammenfassenden Lehrbuches des Christentums, heißt es über Rom:

> „Ja, jene ist die Stadt, die noch alles hält[885], und wir müssen den Gott des Himmels bitten und anbeten, falls seine Beschlüsse und Pläne aufgeschoben werden können, daß nicht eher, als wir glauben, jener gottlose Tyrann komme, der die schreckliche Tat im Sinn hat und jenes Licht auslöschen will, mit dessen Untergang auch die Welt selbst fallen muß."[886]

Auch der Kirchenvater Hieronymus identifiziert Rom mit dem Katechon des Paulusbriefes:

> „Die Beherrscherin der Welt schwindet dahin (‚Qui tenebat, de medio fit' 2 Thess. 2,7; ‚nur muß der, der jetzt noch das Böse aufhält, weggetan werden'), und wir begreifen noch immer nicht, daß der Antichrist naht, den der Herr Jesus Christus durch einen Hauch seines Mundes töten wird."[887]

Durch seinen Danielkommentar wurde - besonders nachdem er in die Glossa ordinaria aufgenommen worden war - diese Identifizierung für das ganze Mittelalter prägend[888].

Johannes Chrysotomus sah im Imperium Romanum gar die Ordnungsmacht, die allein durch den Nachklang ihrer Dignität verhindere, das sich jemand dem Antichrist unterwerfen würde[889].

Erstaunlich zurückhaltend reagiert Augustinus auf die ‚staatstheologischen' Interpretationen des zweiten Thessalonicherbriefes. In seinem Hauptwerk *De Civitate Dei*, laut Schmitt ein „großes Dokument religiöser Umformung politischen Geistes"[890],

---

[882] Comm. in Dan IV, 21, 3. Siehe auch Trilling 1980 und Adamek 1938, S. 39.
[883] Bousset 1895, S. 16.
[884] Diesen Titel erhielt er von Pico della Mirandola; siehe Fuhrmann 1996, S. 177.
[885] „Illa est civitas, quae adhuc sustentat omnia": zitiert nach: Strobel 1961, S. 148. Siehe auch: Bousset 1895, S. 79.
[886] Div. Inst. VII, 25, 8.
[887] Hieronymus 1936, S. 209.
[888] Siehe Adamek 1938, S. 45f. und Freyer 1948, S. 616.
[889] Siehe Konrad, R. 1964, S. 95.
[890] 1927 c, S. 103.

stellt Augustinus zu Thess. 2/6f. fest: „Ich muß wirklich gestehen, daß ich nicht weiß, was der Apostel hier sagen will.“[891] Allerdings wird die ‚römische‘ Katechon-Deutung nicht verschwiegen:

> „Dagegen wird jenes Apostelwort: ‚Mag der, welcher jetzt noch standhält, weiter standhalten, bis er aus dem Weg geräumt wird‘ mit gutem Grunde auf das römische Reich bezogen“[892].

Zumindest gibt also die Stelle aus Augustinus‘ *De Civitate Dei* Aufschluß über die große Verbreitung der These der Übereinstimmung von katéchon und Imperium. Augustinus selbst aber ist mit seinem Versuch eines Ausweges aus der eschatologischen Krise im 5. Jahrhundert durch die radikale Trennung von civitas terrena und civitas dei angesichts der Plünderung Westroms nur mit einer gehörigen Portion interpretatorischer Gewalt als politischer Theologe zu verorten.

Neben diesen kirchenväterlichen Schriften hatte noch ein Werk aus dem griechischen Osten großen Einfluß auf die eschatologische Vorstellungswelt, die *Revelationes* des Pseudo-Methodius[893] aus dem 7. Jahrhundert. Anlaß für den Text, der eine Mischung aus Bibelzitaten, tatsächlichen Ereignissen und Erdichtetem (großen Raum nimmt die Alexandersage ein) ist, war die Bedrohung durch den Islam. Der Verfasser beruft sich in ihm ausdrücklich auf die Thessalonicherstelle[894] und bezieht die Prophetie des letzten Weltreiches auf das römische.

Ausgangspunkt für die Katechonformel in der nachpatristischen, mittelalterlichen Publizistik[895] ist die Translatio Imperii, die Übertragung der Reichsidee vom untergegangenen römischen Reich auf seine karolingischen, ottonischen und staufischen

---

[891] Aurelius Augustinus, *Vom Gottesstaat*, XX/19. (zitiert nach der Übersetzung von Thimme, Zürich 1955, Bd. II, S. 633.)

[892] Ebd.

[893] Abgedruckt bei: Sackur 1898, S. 59-96.

[894] Siehe Sackur 1898, S. 78. Siehe auch Bousset 1895, S. 33. In Auszügen ist der Text in deutscher Übersetzung abgedruckt in: Günther G. 1970, S. 294-297. Der Bezug auf die Thessalonicherstelle findet sich dort auf Seite 294.

[895] Daß die Katechon-Aufgabe des Reiches allgemein im Mittelalter anerkannt war, wird durch die einschlägige Forschung bestätigt: „Es scheint indess im Mittelalter die überlieferte Vorstellung noch ziemlich allgemein gewesen zu sein, dass, weil das römische Reich ‚der Aufhaltende‘ (ὁ Κατ΄εχων, τὸ Κατ΄εχον) sei, ‚der Gesetzlose‘ (ὁ ἄνομος) erst mit dem Zerfalle dieses Reiches geoffenbart werden solle.“: Wadstein Leipzig 1896, S. 133.
„In der gesamten christlichen Tradition ist die antichristliche Macht nicht das römische Reich, sondern dieses wird - trotz der Apokalypse und der Geschichte des jungen Christentums - als der Κατ΄εχων aufgefasst“: Bousset 1895, S. 120.
„Und diese von den Kirchenvätern angebahnte Anschauung, daß das römische Weltreich, das letzte Weltreiche Daniels, das im mittelalterlichen heiligen römischen Reich weiterlebend gedacht wurde, als das von Gott errichtete Bollwerk wider die Mächte des Chaos, der von Gottes Vorsehung erwählte Beschützer und Hüter des Gottesreiches auf Erden, Bestand haben und bis zum Ende der Zeiten dauern werde, daß nach seinem Fall der Antichrist komme, wirkte als lebendiger Glaube im Mittelalter fort.“: Schmid 1949, S. 337.

Nachfolger. Wichtiger Vertreter der Katechondeutung aus der karolingischen Zeit ist Haymo von Halberstadt[896], der in seinem einflußreichen Kommentar zum 2. Thessalonicherbrief feststellt, daß erst das Römerreich vernichtet werden muß, bevor der Antichrist kommt[897]. Haymo hat stark auf das Werk des Abtes Adso *De ortu et tempore Antichristi* gewirkt[898], welches „die späteren mittelalterlichen Vorstellungen vom Antichrist durchaus beherrsch[te]"[899], und das dieser 954 der fränkischen Königin Gerberga, einer Tochter Heinrich I., gewidmet hatte. Alois Dempf nennt Adso „den eigentlichen Lehrer der Tradition über den Antichrist im Mittelalter"[900]. Neben Haymo sind aber auch die Einflüsse des Pseudo-Methodius sowie der sibyllinischen Weissagungen ablesbar[901]. Die Katechonaufgabe des römischen Reiches wird von Adso[902] auf das fränkische Reich übertragen; die Zeit des Antichrist sei noch nicht gekommen, so Adso,

> „denn wenn wir auch das Römerreich großenteils zerstört vorfinden, so wird doch, solange die Frankenkönige andauern, die das römische Reich innehaben müssen, die Würde des römischen Imperiums nicht ganz untergehen, weil sie in ihren Königen begründet ist."[903]

Ganz im Sinne des mittelalterlichen Reichsgedankens wird das Imperium Romanum als der politische Ausdruck des Gottesreiches auf Erden interpretiert. Ähnlich wie Adso - und ebenso in Berufung auf den Paulusbrief - sind Bruno der Karthäuser[904] oder Rupert von Deutz[905], bei dem der Katechon der Thessalonicherstelle als Gesamtheit der Könige des römischen Reiches gedeutet wird[906], Vertreter dieser Sichtweise. Die *Chronik oder Die Geschichte der zwei Staaten* aus dem 12. Jahrhundert des Otto, Bischof von Freising und Chronist Barbarossas, dem „einzige[n] sozusagen offiziell anerkannte[n] Geschichtsphilosoph[en] des Mittelalters"[907], schließlich ist ebenfalls Indikator für den regen Gebrauch des Aufhalter-Motives:

---

[896] In der neueren Forschung wird jedoch auch davon ausgegangen, daß nicht Haymo von Halberstadt, sondern Haimo von Auxerre der Autor des im Folgenden behandelten Textes war; siehe Julius Gross, Artikel *Haimo v. Auxerre*, in: LThK, Bd IV, Freiburg 1960, Sp. 1325.

[897] ‚ut discedent omnia regna a regno et imperio Romanorum': *Patrologiae cursus completus*, ed. Migne, 117, 779 D; zitiert nach: Adamek 1938, S. 76.

[898] Siehe Sackur 1898, S. 101f. sowie Konrad, R. 1964, S. 29.

[899] Ebd. S. 101. Daß der Text weite Verbreitung fand, belegt auch die Tatsache, daß vom 10. bis zum 14. Jahrhundert 171 (!) Textzeugen erhalten sind: siehe Carozzi 1996, S. 17.

[900] Dempf 1929, S. 255.

[901] Siehe ebd. S. 102f. und Adamek 1938, S. 80.

[902] Zur Funktion des Reiches als Aufhalter bei Adso siehe auch: Wadstein 1896, S. 133 sowie Goez 1958, S. 74.

[903] Adamek 1938, S. 80. Adamek übersetzt den Text, der bei Sackur 1898, S. 104-113; 109f. abgedruckt ist. Der Text ist in deutscher Übersetzung auch abgedruckt in einer neueren Ausgabe des Tegernseer Antichristspiels *Ludus de Antichristo* (Günther G. 1970, -S. 288-293.)

[904] Siehe Adamek 1938, S. 88.

[905] Siehe ebd. S. 89ff.

[906] Siehe ebd. S. 91.

[907] Dempf 1929, S. 247.

> „Manche beziehen den Abfall und die Worte: ‚Wer es hält, möge es halten, bis er offen enthüllt wird‘ auf das römische Reich“[908].

Otto hat ferner den augustinischen Begriff der ‚civitate dei‘ mit dem staufischen Reichsgedanken verschmolzen; mit ihm wurde die aus der Vereinigung von Sacerdotium und Imperium hervorgegangene höhere Einheit gekennzeichnet[909]. Aufgrund ihrer breiten Wirkung muß noch eine einflußreiche mittelalterliche Sibyllenweissagung, die tiburtinische Sibylle, erwähnt werden. Weissagende Frauen oder Sibyllen spielten im antiken Rom eine große Rolle, die Bücher mit den Orakelsprüchen der cumäischen Sibylle wurden z.B. im Jupitertempel niedergelegt[910], ihre Befragung dauerte die ganze Kaiserzeit über an[911]. Die tiburtinische Sibylle, oder kurz Tiburtina, tauchte im 11. Jahrhundert plötzlich auf[912]. Die meisten bei ihr beschriebenen Herrscher stammen aus der Reihe der deutsch-italienischen Kaiser, sie wurde an die jeweils geänderten Verhältnisse durch die Änderung des Namens des Endkaisers, der sein Reich schließlich in Jerusalem Gott übergibt (ein häufig anzufindendes Motiv mittelalterlicher Apokalyptik), angepaßt[913]. Die Tiburtina ist beispielhaft für die Verbindung von heidnischem Orakelglauben mit dem Fundus christlich-eschatologischen Gedankengutes.

b) Die Funktion des Katechon bei Schmitt

Der Jurist aus Plettenberg bezieht sich meistens auf den 7. Vers des Paulus-Briefes[914] (wie auch Stapel; s.o.), spricht vom Aufhalter, und umgeht damit das Problem, ob ‚das, was aufhält‘ (Vers 6) mit ‚dem, welcher aufhält‘ (Vers 7) gleichgesetzt werden kann. Von den spätantik-patristischen Quellen werden Tertullian, Hieronymus und Laktanz erwähnt[915]. Stärkere Referenz aber hat für Schmitt die mittelalterliche Publizistik: Im *Nomos der Erde*, welches ein eigenständiges Kapitel zum ‚Katechon‘ enthält und ausführlichstes Zeugnis Schmitts zu dieser Formel ist, wird auf den Kommentar Haymos zum 2. Thessalonicherbrief, auf das Werk Adsos und auf Otto von Freising hingewiesen. Mit diesen Autoren hat sich Schmitt aber schon im Krieg befaßt, das belegen seine Anmerkungen vom 3. April 1943 zur Habilitationsprüfung von Roger Diener[916], dem

---

[908] Otto 1960, S. 591. [„Quidam discessionem iet hoc, quod dicitur: Qui tenet teneat, donec de medio fiat, ad regnum“ : Chron. VIII, 2.]

[909] Siehe Grewe 1988, S. 77.

[910] Siehe Sackur 1898, S. 117.

[911] Ebd. S. 119.

[912] Ebd. S. 125. In Auszügen ist der Text in deutscher Übersetzung abgedruckt in: Günther G. 1970, S. 298-302.

[913] Siehe Adamek 1938, S. 64.

[914] Siehe z.B. 1991 G, S. 80. Auch im *Nomos der Erde* richtet er sich nach dem 7. Vers der *Vulgata*: ‚qui tenet‘; siehe 1988 NE, S. 29.

[915] Siehe 1988 NE, S. 29. Tertullian wird schon in dem Initionsaufsatz des Katechon-Motives genannt: siehe 1983 a, S. 14.

[916] In dieser Arbeit findet sich ein von Schmitt als „sehr bedeutungsvoll und schön“ (Tilitzki 1992, S. 78.) bezeichneter Passus, der eine Formulierung enthält, die an die Bemerkung im *Nomos der Erde*

Schüler Höhns, von dem bereits die Rede war[917]. Schmitt bemängelt die unzureichende Erörterung der Katechon-Problematik in Dieners Arbeit, tatsächlich wird auf den Terminus nur oberflächlich hingewiesen[918]. Insbesondere fehle bei Diener ein

> „selbständiges Eindringen in die mittelalterlichen Quellen (Haymo von Halberstadt, Adso, u.a.)“[919]

und eine Betrachtung der Äußerungen des Otto von Freising unter Berücksichtigung der Katechon-Idee[920]. Nur diese Berücksichtigung ermögliche es aber,

> „die geistige Brücke vom eschatologischen Christentum zur weltgeschichtlichen Existenz des fränkisch-deutschen Reiches zu finden“[921]

Mit den oben kurz skizzierten mittelalterlichen Quellen hat sich Schmitt also schon auf dem Höhepunkt des Krieges auseinandergesetzt. Daß das Katechon-Motiv Schmitt im Kriege vielleicht mehr als alles andere beschäftigt hat, belegt auch eine Aussage von Carlo Schmid:

> „Ich erinnere mich an eine Begegnung in Berlin im Jahre 1944, wo er mir die Frage stellte, wie ich Kapitel 2, Vers 7 im Zweiten Brief des Apostels Paulus an die Thessalonicher auslegen würde“[922].

Im *Nomos der Erde* schließlich wird zwischen Haymo von Halberstadt und Adso einerseits und andererseits den stark spekulativen und fabulistischen Texten, der Tiburtina und der Schrift des Pseudo-Methodius, unterschieden; in den Schriften der Erstgenannten äußere sich „ein lichtvoller, christlicher Glaube von stärkster, geschichtlicher Kraft“[923], während letztere lediglich „trübe“[924] orakelten. Diese Differenzierung ist m.E. problematisch, sind die Wechselwirkungen von diffusen Prophezeiungen aus dem Fundus des Volksglaubens und der theologischen Produktion auf dem Gebiet christlicher Eschatologie mannigfaltig: Schon bei Laktanz ist eine Verschmelzung von sibyllini-

---

erinnert, die Geschichte des Mittelalters sei „die Geschichte eines Kampfes um Rom, nicht die eines Kampfes gegen Rom“. (1988 NE, S. 28f.): „Wenn damit Rom als zentrale Kultstätte angesehen und verehrt wurde, so konnte dies entsprechend der Bedeutung von Ahnengrab und Kulthügel für den altgermanischen Reichsbegriff im mittelalterlichen Deutschen Reich nur zu einem ‚Kampf um Rom‘, nicht gegen Rom führen.“: Diener 1943 b, S. 256. *Kampf um Rom* ist der Titel eines berühmten historischen Romans des Königsberger Rechtshistorikers Felix Dahn (Königsberg 1876).

[917] Siehe Tilitzki 1992, S. 77-81.

[918] Siehe Diener 1943 b, S. 299.

[919] Tilitzki 1992, S. 77-81; 80.

[920] Siehe ebd.

[921] Siehe ebd. S. 79.

[922] Schmid C. 1981, S. 140.

[923] 1988 NE, S. 30.

[924] Ebd.

scher Dichtung und christlicher Literatur nachweisbar[925], ja Wilhelm Bousset vermutet gar als Quelle Laktanz' „eine jüdische Sibylle"[926]. Auch auf Adso hat die sibyllinische Dichtung ihren Einfluß gehabt[927], ebenso hat auf ihn die Schrift des Pseudo-Methodius gewirkt[928]; das Motiv der Niederlegung der Kaiserkrone in Jerusalem[929] und die Übergabe der Herrschaftsgewalt an Gott taucht abgewandelt sowohl in der Tiburtina, bei Adso und Pseudo-Methodius auf[930], und das somit zum festen Inventar der Endkaisersage gehört. Umgekehrt hat Adso wiederum Einfluß auf die Antichristdichtung des Mittelalters gehabt, z.B. auf das Tegernseer Antichristspiel[931], den *Ludus de Antichristo*, was Schmitt auch wußte:

> „Der Kaiser kann daher auch - wie das der Ludus de Antichristo im Anschluß an die ganz von Adso beherrschte Tradition zeigt - nach Vollendung eines Kreuzzuges seine Kaiserkrone in aller Demut und Bescheidenheit niederlegen, ohne sich etwas zu vergeben."[932]

Die Traditionslinie, in welcher der Ludus steht, auf Adso zu beschränken, ist mit dem Motiv der Niederlegung der Herrschaft m.E. nicht begründbar, ist doch gerade dieses Motiv im Fundus der Antichristvorstellungen des Mittelalters weit verbreitet. Der zitierte Absatz ist aber insofern aufschlußreich, da Schmitt in ihm die Katechon-Idee im Ludus verortet. Der Kaiser könne nämlich deswegen auf die Krone verzichten, ‚ohne sich etwas zu vergeben'[933], da durch die Aufgabe des Aufhaltens ihn sein Amt in eine andere Sphäre erhebe, imperium ist eben nicht gleich regnum. Durch diese Erwähnung des Tegernseer Antichristspiels im Zusammenhang mit dem Katechon ergeben sich aber wieder Berührungspunkte mit Stapel, bzw. dem Kreis um Stapel. Die antichristliche Formel ‚pax et securitas' wurde von Stapel als auch von dem Mitherausgeber des ‚Deutschen Volkstum' Albrecht Erich Günther - beide bewegen sich damit in der lutherischen Tradition[934] - für die aktuelle politische Auseinandersetzung benutzt, für Stapel war sie Ausdruck der „Vernunft in ihrer vollendeten Banalität"[935].

---

[925] Siehe Sackur 1898, S. 125 und Adamek 1938, S. 42.

[926] Bousset 1895, S. 158.

[927] Ebd. S. 29.

[928] Ebd. S. 150 und Adamek, 1938, S. 64.

[929] Siehe Offenbarung, Kap. 4, Vers 10.

[930] Dieses Motiv trug zur politisch-theologischen Wucht der Friedrichsprophetien bei. Gerade am Beispiel Friedrich II. läßt sich hervorragend die politische Bedeutung christlicher Eschatologie im Mittelalter studieren.

[931] „Unter anderem hat Adso von Toul, der im Jahre 954 Bischof von Montier en Dac geworden ist, einen *Libellus de Antichristo* geschrieben, aus dem 200 Jahre später unser Ludus nicht nur den ganzen Aufriß der Geschichte, sondern auch bestimmte Einzelheiten übernommen hat.": Stählin 1958 b, S. 484. Siehe auch Adamek 1938, S. 103 und Kamlah 1934, S. 68.

[932] 1988 NE, S. 31f.

[933] Siehe auch 1991 G, S. 165: „Der Katechon ist daran zu erkennen, daß er diese Welteinheit nicht erstrebt, sondern die Kaiserkrone niederlegt."

[934] Siehe Martin Luther, WA III, 433.

[935] Stapel 1928, S. 100.

> „Das Streben nach einer geeinten Menschheit ist ein hochmütiges Streben der widergöttlichen Vernunft. (Mit sicherem Instinkte läßt der Dichter des *Ludus de Antichristo* den Antichrist auf der Höhe seiner Macht nach 1. Thess. 5/3 verkündigen: ‚Pax et securitas universa conclusit'.)"[936]

Die Stelle aus dem Thessalonicherbrief, auf die Stapel hier anspielt, ist tatsächlich die einzige Stelle in der Bibel , in der pax und securitas vereint auftauchen. Von Schmitt wurde das Sekuritätsbedürfnis als „Massenglauben eines antireligiösen Diesseits-Aktivismus"[937] gesehen:

> „die Natur scheint überwunden, das Zeitalter der Sekurität bricht an; für alles ist gesorgt, eine kluge Voraussicht und Planmäßigkeit ersetzt die Vorsehung"[938]

Interessanterweise hat Ernst Rudolf Huber allerdings die nationalsozialistischen Bemühungen um das Reich mit der Formel des Antichrist beschreiben wollen:

> „Doch erschöpfte sich die nationalsozialistischer Revolution nicht in der Wiederherstellung der deutschen Staatlichkeit: ihr eigentliches Ziel war das Reich. Sie griff damit über die Herstellung einer binnendeutschen Ordnung hinaus und trat zur Lösung der großen europäischen Weltaufgaben an. Wenn es galt, dem deutschen Volk Frieden und Sicherheit zu schaffen, so zeigte sich bald, daß dieses Ziel nur erreicht werden konnte, wenn in Europa und in der Welt pax und securitas wiederhergestellt wurden. .. Es genügt die Feststellung, daß die Idee des Reiches, pax et securitas für die Gemeinschaft der Völker zu schaffen, uns über den engen Standpunkt völkischer Selbstgenügsamkeit erhebt und uns vor eine höhere Verantwortung als die der partikularen Selbstbehauptung stellt."[939]

Albrecht Erich Günther hatte zudem 1932, nachdem das Spiel besonders nach der zweiten Reichsgründung 1870/71 schon des öfteren in einen Reichs- und nationalistischen Zusammenhang gesetzt worden war[940], den Ludus ausgehend vom paulinischen Katechon gedeutet: „Freilich ist das Reich nur eine bewahrende, keine rettende Macht."[941] Der Ludus war auf dem Höhepunkt der Reichsideologie 1931/32 mehrfach von Laiengruppen aufgeführt worden (u.a. in Münster; diese Aufführung war von Wilhelm Stählin angeregt worden[942]), und zwar in Übersetzung des Münsteraner Verlegers

---

[936] Stapel 1932 b, S. 173.

[937] *Das Zeitalter der Neutralisierungen und Entpolitisierungen*, in: 1963 BdP, S. 79-95; 93.

[938] 1991 TDN, S. 62.

[939] Huber 1941 a, S. 24.

[940] „Lateinisch nur in der Form, deutsch in seinem Wesen": Karl Reuschel, *Die deutschen Weltgerichtsspiele des Mittelalters und der Reformationszeit*, Leipzig 1906, S. 36; zitiert nach: Günther G. 1970, S. 254.

[941] Günther 1932, S. 68.

[942] Siehe Stählin 1958 b, S. 480.

Gottfried Hasenkamp[943]. (Hasenkamp hatte auch engen Kontakt zu Erik Peterson, der den Ludus einmal zitiert[944].) Albrecht Erich Günther bemerkte zu den Aufführungen:

> „Ich sehe in einer guten Laienaufführung des *Ludus de Antichristo* das erhabenste Gedächtnismal des Reichs“[945].

Die katechontische Interpretation des Ludus wurde von dem Bruder Albrecht Erich Günthers fortgeführt, 1970 schließlich erschien eine umfangreich kommentierte Ausgabe der Hasenkampschen Übersetzung, in welcher auch die wichtigsten eschatologischen Texte des Mittelalters, in denen die Thessalonicherstelle behandelt wird, in Übersetzung abgedruckt sind. Gerhard Günther ist der zitierte Passus aus dem *Nomos der Erde* über den Ludus, diese für Schmitt „hochpolitische Dichtung“[946], erst später bekannt geworden; am 13. Januar 1975 schreibt er an Schmitt:

> „Letzten Sommer hat er [sein Patensohn; Anm. F.B.] mir aus Ihrem ‚Nomos‘ Werk vorgelesen, und dabei hörte ich zum ersten Mal den Text Ihres Beitrages über den Katechon, in dem auch der Ludus des Anti Christo einbezogen ist. Ich habe das Buch nicht gelesen und bedaure das heute umsomehr, als dieser beziehungsreiche Einschub mir bei meiner Arbeit höchst hilfreich gewesen wäre.
>
> Ich erinnere mich dagegen, daß sie mich in einem Briefe fragten, wer denn heute meiner Meinung nach der Katechon sei, da ohne einen solchen das Ende der Welt bereits eingetreten sein müsse.“[947]

---

[943] Die Übersetzung erschien im münsterschen Aschendorff-Verlag, bei dem Hasenkamp Redakteur war. Sie erreichte innerhalb eines Jahres drei Auflagen; siehe Koenen 1995, S. 588 Anm.

[944] Siehe Erik Peterson, *Die Kirche aus Juden und Heiden*, in: Peterson 1951, S. 239-292, 292 Anm 32; gefunden in der hervorragenden Arbeit von Barbara Nichtweiß (Nichtweiß 1994 a, S. 770 Anm. 62.). Hasenkamp erklärte „die tiefgehende Wirkung“ des Spiels in der Weimarer Zeit aus dem „tiefen Verlangen nach einer neuen Vermählung der Macht mit der weihenden Gnade zur Erfüllung des abendländischen Aufgabe“: siehe Vondung 1988, S. 39.

[945] Albrecht Erich Günther zitiert nach: Vondung 1988, S. 39.

[946] 1990 PT II, S. 61, Anm.

[947] Brief Günthers an Schmitt im Nachlass von Carl Schmitt im Hauptstaatsarchiv Düsseldorf; (HStAD) RW 265 - 5426/1. Günther berichtet in dem Brief noch über einen geplanten Vortrag Carl Schmitts im Jahre 1953 an der Evangelischen Akademie Herrenalb (von dem ihm Hans Schomerus in Kenntnis gesetzt habe) „über ein mittelalterliches Drama vom Anti Christ. Auf die Ankündigung dieser Tagung habe Bonn mit einer Drohung reagiert. Ein Staatssekretär habe im Auftrag von Bundespräsident Heuss .. mitgeteilt, daß ein comeback von Carl Schmitt über die Evangelischen Akademien unerwünscht sei.“ (ebd.) In einem Brief an Armin Mohler vom 9. Juli 1953 spricht Schmitt von dem „für die Ev. Akademie Herrenalb in Baden angekündigter Vortrag über den *Antichrist und was ihn aufhält* „ (1995 CS - AM, S. 141.), damit bleibt unklar, ob Schmitt wirklich einen Vortrag über den Ludus vorbereitet hatte. Von den angeblichen Intrigen Heuss‘ erwähnt Schmitt hier nichts; allerdings hatte Heuß wiederholt Schmitt in der Öffentlichkeit diffamiert, Schmitt hat daraufhin ein Spottgedicht über Heuß verfaßt, darin die Zeilen: „Damals Ermächtiger, / Heute Entmächtiger, / Setzt er mir zu. (siehe 1995 CS - AM, S. 294.) Heuss war mit Moritz Julius Bonn befreundet, der Schmitt an die Berliner Handelshochschule holte. Zu Heuss‘ Erinnerungen an Schmitt siehe Heuss 1963, S. 302-304.

Dieser von Günther erwähnte Brief ist im *Glossarium* abgedruckt (Eintrag vom 19. 12. 1947):

> „Zu Κατ'εχων: ich glaube an den Katechon; er ist für mich die einzige Möglichkeit, als Christ Geschichte zu verstehen und sinnvoll zu finden. Die paulinische Geheimlehre ist nicht mehr und ebenso viel geheim wie jede christliche Existenz. Wer nicht selbst in concreto etwas vom Κατ'εχων weiß, kann die Stelle nicht deuten. Zu Κατ'εχων kommt Haimo von Halberstadt, als die Quelle von Κατ'εχων und viel deutlicher als diese (Migne + 117, col. 779). Die Theologen von heute wissen es nicht mehr und wollen es im Grunde auch nicht wissen.
>
> Ich wollte eigentlich von Ihnen wissen: Wer ist heute der Κατ'εχων? Man kann doch nicht Churchill oder John Foster Dulles dafür halten. Die Frage ist wichtiger als die nach dem Jüngerschen Oberförster. Man muß für jede Epoche der letzten 1948 Jahre den Κατ'εχων nennen können. Der Platz war niemals unbesetzt, sonst wären wir nicht mehr vorhanden. Jeder große Kaiser des christlichen Mittelalters hat sich mit vollem Glauben und Bewußtsein für den Katechon gehalten, und er war es auch. Es ist gar nicht möglich, eine Geschichte des Mittelalters zu schreiben, ohne dieses zentrale Faktum zu sehen und zu verstehen. Es gibt zeitweise, vorübergehende, splitterhaft fragmentarische Inhaber dieser Aufgabe. Ich bin sicher, daß wir uns sogar über viele konkrete Namen bis auf den heutigen Tag verständigen können, sobald nur einmal der Begriff klar genug ist. Donoso Cortés ist theologisch daran gescheitert, daß ihm dieser Begriff unbekannt geblieben ist.“[948]

In dieser wichtigen, ja vielleicht wichtigsten Äußerung Schmitts zum Katechon wird deutlich, wie elementar diese Kategorie für die Politische Theologie Schmitts ist: Die Funktion des Katechon ist keine vergangene, sondern muß stets konkret ausgefüllt werden können. Den Juristen Schmitt interessiert weniger der theologische Gehalt des Begriffes als seine politische Wirksamkeit, deshalb muß er sich von den ‚trüben‘, fabulistischen Orakeln distanzieren und die konkret-institutionell gebundenen Vorstellungen des Katechon favorisieren. Hintergrund der Katechon-Auffassung ist ein politisches Verantwortungsbewußtsein, welches die Institution in den Vordergrund, den religiösen Kern in den Hintergrund treten läßt: Schon Tertullians „etwas spießbürgerlich[e]“[949] Bitte um etwas Aufschub

> „kommt aus einer völlig anderen Gesinnung, als es die des Paulus ist .. ; denn er sehnt sich brennend nach dem Ende der Welt und der Wiederkunft seines Herrn Christus“.[950]

Insofern ist zu hinterfragen, ob wirklich nicht

> „für einen ursprünglich christlichen Glauben ein anderes Geschichtsbild als das des Katechon überhaupt möglich ist“[951].

---

948 1991 G, S. 63. Siehe auch ebd. S. 70: „Armer Donoso, der seiner politischen Theorie adäquate theologische Begriff wäre nur der Katéchon gewesen“. Günter Maschke weist jedoch auf folgende Publikation hin: A. Caturelli, *Despotismo universal y katéchon paulino en Donoso Cortés*, in: Sapientia (Buenes Aires), 1958, S. 36-42; 109-127. (gefunden in: Donoso 1989 a, S. 318 Anm. 8.)

949 Max Dibelius zitiert nach: Schmid 1949, S. 338.

950 Dibelius; ebd.

Der Christ muß die Wiederkunft des Herrn eigentlich herbeisehnen, nur, und in dieser Zwickmühle mag schon Paulus gewesen sein, wenn diese ausbleibt, droht die Synagoge auseinanderzufallen. Der Logik der Politischen Theologie entsprechend geht es darum, Begriffe für den politischen Diskurs zu entwickeln, die ‚radikal' sind, d.h. die der ‚jeweiligen Bewußtseinslage' innerhalb des gesellschaftlichen Verbandes entsprechen „und die juristische Gestaltung der historisch-politischen Wirklichkeit"[952] durch ihre Strukturanalogie mit der jeweils herrschenden Metaphysik[953] begünstigen. Der Katechon nun ist für Schmitt ein Begriff, der das Politische zu bestimmen in der Lage sein konnte, da er

> „die einzige Brücke [schlägt], die von der eschatologischen Lähmung alles menschlichen Geschehens zu einer so großartigen Geschichtsmächtigkeit wie der des christlichen Kaisertums oder germanischen Könige führt."[954]

Der Ludus eignet sich als ‚hochpolitische Dichtung' deshalb so gut als Zeugnis lebendiger Politischer Theologie, da in ihm das staufische Kaisertum als Katechon die

---

[951] 1988 NE, S. 29.

[952] 1985 PT, S. 59.

[953] „Das metaphysische Bild, das sich ein bestimmtes Zeitalter von der Welt macht, hat diesselbe Struktur wie das, was ihr als Form ihrer politischen Organisation ohne weiteres einleuchtet": ebd. Das Beispiel der Analogie von Deismus und konstitutioneller Monarchie, das sowohl von Schmitt („Die Übereinstimmung des theologischen und metaphysischen Weltbildes mit dem Bild vom Staat läßt sich überall in der Geschichte menschlichen Denkens feststellen; ihre einfachsten Beispiele sind die ideellen Zusammenhänge von Monarchie und Monotheismus, Konstitutionalismus und Deismus.": 1930 c, S. 135.) als auch von anderen theologisch argumentierenden politischen Publizisten, z.B. von Gerhard Günther (siehe Günther G. 1932, S. 110.) benutzt wird, stammt vom spiritus rector der neuzeitlichen Politischen Theologie selbst, gemeint ist Donoso Cortés: „Man braucht nur zu wissen, was auf religiösem Gebiet in bezug auf Gott behauptet oder geleugnet wird, um zu wissen, was auf dem politischem Gebiet bezüglich der Regierung behauptet oder geleugnet wird; herrscht auf ersterem Gebiet ein vager Deismus vor, so behauptet man, daß Gott über die ganze Schöpfung herrsche, und leugnet, daß er sie regiere. In diesem Fall setzt sich auf politischem Gebiet die Maxime durch, daß der König herrscht, aber nicht regiert.": Donoso 1989 a, S. 311. [Der letzte Satz ist eine Anspielung auf die berühmte Formulierung von Adolphe Thiers: »Le roi regnè et ne gouverne pas.«]

[954] 1988 NE, S. 29. Siehe auch 1950 b, S. 929: „die Frage, ob eschatologischer Glaube und Geschichtsbewußtsein miteinander möglich sind. .. Die lebendige Erwartung des unmittelbar bevorstehenden Endes scheint aller Geschichte ihren Sinn zu nehmen und bewirkt eine eschatologische Lähmung, für die es viele geschichtliche Beispiele gibt. Trotzdem besteht auch die Möglichkeit einer Brücke. Wir haben dafür erstaunliche Beispiele in der Geschichte des mittelalterlichen Kaisertums. Die Brücke liegt in der Vorstellung einer Kraft, die das Ende aufhält und den Bösen niederhält. Das ist der Kat-echon der geheimnisvollen Paulus-Stelle des 2. Thessalonicher-Briefes. Das mittelalterliche Kaisertum der deutschen Herrscher verstand sich selbst geschichtlich als Kat-echon. Noch Luther hat es so verstanden, während Calvin eine entscheidende Wendung nimmt, indem er nicht mehr das Reich, sondern die Predigt des Wortes Gottes für den Kat-echon hält." [Der Aufsatz sollte Heinrich Meier zufolge ursprünglich den Titel *Drei Möglichkeiten eines christlichen Geschichtsbildes* tragen; Schmitt soll bemängelt haben, der Titel sei „ganz falsch; es handelt sich weder um ‚Stufen' noch um ‚Sinngebung' ": zitiert nach: Meier 1994, S. 39 Anm.]

eschatologische Lähmung des öffentlichen Bewußtseins überbrücken kann; somit gewinnt die Thessalonicherstelle eine hohe Autorität für den politischen Diskurs, und darin sind sich der protestantische Konservative Gerhard Günther und Schmitt völlig einig:

> „Dieser Abschnitt des Thessalonicher-Briefes ist eine der Keimzellen, aus denen sich ein anderes Verhältnis der Christenheit zum Staat entwickeln konnte als etwa aus der Offenbarung Johannes.“[955]

Die konkrete Institution steht im Mittelpunkt der Theorie des Aufhalters:

> „Sowohl die liberale westliche Demokratie, wie der marxistische Kommunismus, wie auch die damaligen Formationen des Hitler-Regimes suchten den Staat zu einem Instrument oder einer Waffe zu entwerten. .. Etwas anderes ist es, wenn wir, in voller Erkenntnis dieser Situation, die freiwilligen und unfreiwilligen Beschleuniger auf dem Wege in den Abgrund restloser Funktionalisierung aufzuhalten und die Institutionen zu wahren suchen, die noch Träger einer geschichtlichen Substanz und Kontinuität sein können. Das ist der Sinn der Lehre der institutionellen Garantien. Ähnlich wie ein legitimer Fürst des 16. und 17. Jahrhunderts die Ausnahmesituationen des konfessionellen Bürgerkrieges nur mit Hilfe überkommener und bestehender Einrichtungen überwinden und im ‚Staat‘ ein Reich der objektiven Vernunft errichten konnte, ist heute an überkommene Institutionen anzuknüpfen. Dabei ist es wichtig zu wissen, daß solche Institutionen nicht restituierbar sind, wenn die Kette der Tradition einmal zerrissen ist.“[956]

Träger der Katechon-Aufgabe können somit im Laufe der Geschichte sehr verschiedenartig sein, Schmitt nennt neben den christlichen Kaisern des Mittelalters Hegel und Savigny[957], Byzanz[958], den österreichischen Kaiser Franz Joseph[959], ja sogar den tschechischen Präsidenten Masaryk[960] und den polnischen Marschall Pilsudski[961]. In einer Zeit des Laizismus und umfassender Säkularisierung, oder, anders gesagt, in einer allgemeinen Diktatur des Liberalismus, schrumpft die Katechon-Aufgabe entweder zu einer cäsaristischen Position[962] oder zu einer passivistischen Haltung in einer Welt ständiger Umwälzungen:

---

[955] Günther G. 1970, S. 17.

[956] 1958 VA, S. 385.

[957] Ebd. S. 429. Zu Hegel 1950 b, S. 930: „Nietzsche hat voller Wut gerade in Hegel und in dem sechsten, das ist in dem historischen Sinn der Deutschen, den großen Verzögerer auf dem Weg zum offenen Atheismus erblickt.“ Außerdem 1957 a: „Nietzsche hat mit einem Wutanfall erklärt, Hegel ist der große Verzögerer auf dem Wege Deutschlands zum Atheismus.“

[958] 1981 LM, S. 19.

[959] 1983 a, S. 14.

[960] Ebd.

[961] Ebd.

[962] „Wichtig für Hobbes und die Zeit Cromwells: die bewußte Preisgabe der Katechon - Tradition des römischen Reiches (übrigens auch bei Vitoria nichts mehr davon!!). Kein drittes Rom (wie in Moskau)! Keine Succession mehr: doch, in Frankreich bis Napoleon I. Kaisertum, Cäsarismus.“: 1991 G, S. 273.

> „In einer Zeit rapider industrieller Entwicklung stehen nicht mehr theologische Alternativen zur Option, wie Katholizismus, Lutheranismus oder Calvinismus. Heute geht es um das der wissenschaftlich-technisch-industriellen Entwicklung adäquate politische System der Gesellschaft: liberal-kapitalistisches, sozialistisch-kommunistisches oder liberal-sozialis-tisches System mit den jeweiligen Methoden der Beschleunigung (oder Aufhaltung) des industriellen Fortschritts.“[963]

Aus der Perspektive des ‚letzten Vertreters‘ substanzhafter Ordnung degeneriert der Katechon zur christlich-epimethischen Haltung, die der promethisch-fortschrittsorientierten entgegengesetzt und vermeintlich noch in Heilsgeschichte aufgehoben ist:

> „Darum ist er [Tocqueville] nicht das geworden, wozu er mehr als jeder Andere prädestiniert schien: ein christlicher Epimetheus. Ihm fehlte der heilsgeschichtliche Halt, der seine geschichtliche Idee von Europa vor der Verzweiflung bewahrte. Europa war ohne die Idee eines Kat-echon verloren. Tocqueville kannte keinen Kat-echon.“[964]

Der christliche Epimetheus[965] ist die Schwundstufe des Katechon, unzeitgemäß auf Rettung fixiert, denn „Rettung ist nun einmal der gegen jeden Begriff entscheidende Sinn aller Weltgeschichte.“[966]

Kritisch muß gegen den Katechonbegriff eingewandt werden, daß dieser die gerade beabsichtigte Hegung von Konflikten unterläuft - stellt sich nicht immer nur die Frage, wer der Aufhalter, sondern zudem, wer denn der Antichrist sei. Die Kennzeichnung des politischen Feindes mit dem Stigma des Antichrist aber verbaut die Möglich-

---

[963] 1978 a, S. 328.

[964] 1950 ECS, S. 31.

[965] Die Bezeichnung ‚christlicher Epimetheus‘ hat Schmitt von seinem Freund und Dichter Konrad Weiß.

[966] 1981 LM, S. 83. Hier zitiert Schmitt Konrad Weiß: „Rettung ist der gegen jeden Begriff entscheidende Sinn der Geschichte. Sie ist nicht die Verbesserung einer Natur von ihrer humanen Allgemeinheit her und durch sie, sondern sie entfacht sich epimetheisch als ein Zeugnis, das ihr vorausliegt.“: Weiß 1933, S. 47. Mit der Schmittschen Marotte, Zitate nicht zu markieren, muß man sich wohl oder übel abfinden.
Weiß rezensierte auch Stapels Buch *Der christliche Staatsmann*: „Indem hier und jetzt der protestantische Publizist auch mit dem katholischen Staatsmann rechnet, wie es in den vergangenen Jahrzehnten wohl nie geschehen ist, und wie nun diese Gegenwart überhaupt innere Begegnungen von entscheidener Tragweite heranbringt, muß man aber auch die Verpflichtung übernehmen, solche Begegnungen gedanklich auswirken zu lassen, mehr als früher, wo der weltanschauliche Sinn sich begnügt hatte, anzunehmen oder abzulehnen, ohne aus dem eigenen festen Kreise zu treten.“ Die protestantische Staatsmetaphysik Stapels ist aber dennoch schwer mit Weiß‘ katholischer Sicht in Einklang zu bringen, fehlt Stapel doch Weiß‘ spezifische marianische Geschichtsbetrachtung:“ Analogie des Herrschaftsbegriffes mit dem Begriff der Väterlichkeit .. [,] dem nun eine mehr ‚mittelalterliche‘ Form mit der ‚Mutter Kirche‘ entgegengesetzt werden könnte. Dadurch würde die einsinnige biologische Betrachtungsweise umgewandelt werden in eine metaphysisch andersartige, nicht mehr analogiehafte, sondern aus dem Naturmäßigen ins Geschichtliche realisierte Betrachtung. Kurz: die Analogie von Vater und Herrscher, König und Gott wird unterbrochen durch die Muttersinnigkeit oder, richtiger und mystischer zugleich, die Mariensinnigkeit der Geschichte.“: Beide Zitate: Weiß 1932.

keit zu dessen Anerkennung als iustus hostis. Selten war ein Konflikt so sehr von der „Unentrinnbarkeit eines moralischen Zwanges“[967] gekennzeichnet, wie jener zwischen dem staufischen Kaisertum und der Kurie. Die politisch-theologisch motivierte Benennung des Gegners als Personifikation des Antichristen durch Innozenz IV. führte zwangsläufig zur Tötung sämtlicher Namensträger der Familie:

> „Rottet aus Namen und Leib, Samen und Sproß dieses Babyloniers.“[968]

Tantum religio potuit suadere malorum!

[967] 1975 TP, S. 95.
[968] Gefunden bei: Diwald 1978, S. 705.

Exkurs: Alexandre Kojèves Wiederbelebung der Schmittschen Reichskonzeption für den römisch-katholischen Mittelmeerraum

Der berühmte Hegel-Interpret Alexandre Kojève[969], dessen Hegel-Vorlesungen der dreißiger Jahre bereits „zur Sage geworden[]"[970] sind und Grundlage für die *Introduction à la lecture de Hegel*[971] waren, hat in der Endphase des Zweiten Weltkrieges einen *Essai sur une doctrine de la philosophie de la politique française*[972] geschrieben, der am 27. August 1945 abgeschlossen war und „Vorbereitungsübung"[973] für Kojèves Tätigkeit als Berater des französischen Wirtschaftsministeriums sein sollte. In diesem Aufsatz umreißt Kojève, für Francis Fukuyama „Hegel's .. greatest interpreter in the twentieth century"[974], die Grundlinien für eine französische Nachkriegsaußenpolitik, die im Votum für ein ‚lateinisches Reich' gipfelten und erstaunliche Parallelen zu Schmitts Konzeption einer völkerrechtlichen Großraumordnung aufweisen[975]. Nüchtern simuliert Kojève die Aufspaltung der Welt in eine westlich-angelsächsische und eine östlich-bolschewistische Hemisphäre, spekuliert mit der Westintegration eines geeinten Deutschlands und dessen Wiederbewaffnung:

> „So gibt es keinen Zweifel, daß das Problem der Wiederbewaffnung Deutschlands der kommenden Generation nicht erspart bleibt."[976]

Will Frankreich seine Eigenständigkeit zwischen den Blöcken wahren, ohne zerrieben zu werden, müsse die Grande Nation ihr Heil im Reich suchen, dessen Ausstrahlungssphäre im Süden zu finden sei. Ähnlich wie Schmitt konstatiert Kojève eine Krise der Nationalstaatlichkeit, die zu imperialen Lösungen führen müsse:

---

969 Kojève war russischer Emigrant und hieß eigentlich Alexander Kojevnikov. Wassily Kandinsky war sein Onkel. Zu Kojève liegt in französischer Sprache seit einigen Jahren eine umfangreiche Arbeit von Dominique Auffret vor: *Alexandre Kojève. La philosophie, l'état, la fin de l'histoire*, Paris 1988.

970 Mohler 1990, S. 89.

971 Deutsch in Auswahl unter dem Titel *Hegel. Kommentar zur Phänomenologie des Geistes*, Frankfurt/M. 1988. Der Herausgeber Iring Fetscher hat leider wichtige Passagen ausgespart.

972 Der Aufsatz liegt inzwischen in Übersetzung vor: Kojève, S. 92-122.

973 Meyer 1993, S. 117.

974 Fukuyama 1992, S. 66.

975 Schon in seiner *Esquisse d'une phéneménologie du droit*, die zwar erst posthum 1981 publiziert, aber schon 1943 verfaßt wurde, zitiert Kojève ‚Karl Schmidt', und daß es sich dabei tatsächlich um Carl Schmitt handelt, belegt die Fußnote: „Cf. Karl Schmidt, *Der Begriff des Politischen*": siehe Meyer 1993, S. 131. Die Freund/Feind-Unterscheidung als Fundament des Politischen war Kojève zum Zeitpunkt der Abfassung des Reich-Aufsatzes bekannt: „Mais je suppose connues ces deux catégories fondamentales, spécifiquement politiques.": siehe ebd.

976 Kojève , S. 98.

„Um politisch lebensfähig zu sein, muß der moderne Staat auf einer »großflächigen ‚imperialen‘ Einigung verwandter Nationen« beruhen. Der moderne Staat ist nur dann wirklich ein Staat, wenn er ein Reich ist.“[977]

Die europäische Großraumordnung, welche die Nazis etablieren wollten, sei schon deshalb zum Scheitern verurteilt gewesen, da sie keinen echt imperialen, sondern bestenfalls einen kolonialen Charakter gehabt habe.

„Der deutsche Nationalstaat verfügte über achtzig Millionen Angehörige, deren militärische und zivile Qualitäten (von den moralischen nicht zu reden) über jedes Lob erhaben waren. Trotzdem führte der politische und militärische übermenschliche Kraftakt der Nation zu nichts andrem als zu einem fatalen Ausgang. Es ist der bewußt nationale Charakter des deutschen Staates, der die Ursache dieses Geschicks ist. Das dritte Reich mußte nicht-deutsche Länder okkupieren und ausbeuten und mehr als sechs Millionen ausländische Arbeiter importieren, um einen modernen Krieg zu führen. Ein Nationalstaat kann aber Nicht-Angehörige der Nation nicht assimilieren und muß sie politisch als Sklaven behandeln. So hätte die ‚nationalistische‘ Ideologie Hitlers genügt, um das imperiale Vorhaben eines ‚neuen Europa‘ scheitern zu lassen.“[978]

Es ist dementsprechend auch festgestellt worden, daß die Versuche einer theoretischen Fundierung der nationalsozialistischen Europapolitik angesichts dieser Praxis und des mangelhaften Willens zu einer Abmilderung des drückenden Besatzungsstatus nicht mehr waren als „Klischees, Verzerrungen und rassistisches Imponiergehabe“[979]. Der nationalsozialistische Staat ist den modernen ökonomischen und wehrtechnischen Anforderungen, die an ein politisches Gebilde gestellt werden, nicht gerecht geworden. Der Ausgangspunkt der Schmittschen Großraumtheorie wie der Kojèveschen Reichskonzeption ist die Krise der Staatlichkeit, zudem aber wird das Reich von Kojève als eine Stufe im Gang des Hegelschen Weltgeistes zur Erfüllung der Zeiten interpretiert[980]:

„Der hegelsche Weltgeist, der die Nationen zurückläßt, nimmt Aufenthalt in den Reichen, ehe er zur Menschheit weitergeht.“[981]

Kern der Behauptungsfähigkeit Frankreichs ist der zu erbringende Erweis einer Befähigung zum Politischen. Voraussetzung für die Etablierung eines Reiches als Institution

[977] Ebd. S. 93.
[978] Ebd. S. 95. Hannah Arendt stellt in ihrem Totalitarismusbuch fest, „daß der politische Körper der Nation für Reichsgründungen ungeeignet ist und daß der Eroberungsmarsch der Nation, wenn man ihn seinen eigenen Gesetzen überläßt, gar nichts anders als mit der nationalen Emanzipation der eroberten Völker und der schließlichen Niederlage des Eroberers enden kann.“: Arendt 1991, S. 234.
[979] Neulen 1987, S. 17.
[980] Eine solche Sichtweise findet sich bei Schmitt nicht, wohl aber bei Christoph Steding (s. FN 528). Überhaupt sind die Verweise auf Hegel in Schmitts Werk m.E. zu dürftig, um ihn als erklärten Hegelianer zu interpretieren. Liegt es vielleicht an der säkular-trinitarischen Struktur vieler Theoreme in Schmitts Werk (*3 Arten des rechtswissenschaftlichen Denkens, Staat-Bewegung-Volk, 3 Arten eines christlichen Geschichtsbildes* etc.), die zu einem Bezug auf Hegel nötigen?
[981] Kojève, S. 97.

ist für Kojève dessen ideelle Homogenität, hierin wäre er sich sowohl mit Carl Schmitt als auch den institutionellen Rechtsdenkern einig. Diese ideelle Homogenität sieht Kojève im latinischen Katholizismus. Darüberhinaus - und dies ist die frappierenste Ähnlichkeit mit Schmitts Thesen im *Begriff des Politischen* - gehört zum Reich dessen Möglichkeit der Kriegsführung: „Die Möglichkeit der Kriegsführung bedeutet nie, daß es tatsächlich zum Krieg kommt.“[982] Auch für Schmitt ist die Möglichkeit des Krieges unbedingte Prämisse für das Politische:

> „Der Krieg ist durchaus nicht Ziel und Zweck oder gar Inhalt der Politik, wohl aber ist er die reale Möglichkeit immer vorhandene Voraussetzung, die das menschliche Handeln und Denken in eigenartiger Weise bestimmt und dadurch ein spezifisches Verhalten bewirkt.“[983]

Im Vorbereitetsein auf den Krieg als Eventualität und dem Vorhandensein einer klaren politischen Idee liegt die Fähigkeit zum Politischen. Für Kojève ist im Frankreich der Nachkriegszeit Nachholbedarf für diese Prämissen des Politischen feststellbar. Die Grande Nation sei Opfer ihrer décadence, bemerkt er nietzscheanisch, die „Entpolitisierung“[984] äußere sich in der Nichtbereitschaft des ‚Durchschnittsfranzosen‘,

> „zu sterben und wenigstens sich einer Disziplin zu unterwerfen und einzuschränken, damit Frankreich lebe“[985].

Deutlich sichtbar wird an dieser Stelle Kojèves Hegel-Interpretation, die dem Kapitel zum Verhältnis von Herr und Knecht der *Phänomenologie des Geistes* großen Raum widmet. Der Kampf auf Leben und Tod gehört für Hegel notwendig zur Vorgeschichte des gesellschaftlichen Verhältnisses. Die Selbstbewußtseine

> „müssen in diesen Kampf gehen, denn sie müssen die Gewißheit ihrer selbst, für sich zu sein, zur Wahrheit an dem Anderen und an ihnen selbst erheben. .. Das Individuum, welches das Leben nicht gewagt hat, kann wohl als Person anerkannt werden; aber es hat die Wahrheit dieses Anerkanntseins als eines selbständigen Selbstbewußtseins nicht erreicht.“[986]

Das lateinisch-katholische Reich, das Kojève propagiert, soll die Nationen von Frankreich, Italien und Spanien umfassen. Frankreich komme dabei selbstverständlich[987] die Führung zu, oder wie Kojève euphemistisch sich ausdrückt, die Rolle des primus inter pares. Zur Ausstrahlungssphäre des Reiches deklariert der Linkshegelianer die afrikanischen Kolonien der drei Nationen, wobei Frankreich „alles in seiner Macht Stehende tun“ müsse, „um von den Alliierten die Zurückgewinnung der italienischen Kolonien

---

[982] Ebd. S. 100.

[983] 1963 BdP, S. 34f.

[984] Kojève, S. 101.

[985] Siehe ebd. S. 103.

[986] Hegel 1991, S. 149.

[987] „In einem lateinischen Reich der Zukunft wird Frankreich den ersten Platz einnehmen - klar.“: Kojève, S. 107.

Nordafrikas“[988] zu erlangen. Das Problem des Islam wird von Kojève, der ja gerade die „geistige und psychische Verwandtschaft“[989] zur Grundlage des lateinisch-katholischen Reiches machen wollte, sehr schönfärberisch gesehen. Dialektisch werden sich die Gegensätze in Wohlgefallen auflösen, schließlich habe der Islam schon auf Scholastik und Kunst angenehm gewirkt. (Hier wirkt die Konzeption Kojèves ungewollt komisch, ja naiv.) Das lateinische Reich orientiert sich an der Tradition des Imperium Romanum, dies geht aus der Charakterisierung der außenpolitischen Zielsetzung des Reiches hervor:

> „Daher hätte die Idee des Mittelmeeres als mare nostrum das wichtigste ja das einzige Konkrete Ziel der Außenpolitik der vereinigten Lateiner zu sein.“[990]

In Übereinstimmung mit der völkerrechtlichen Großraumordnung Carl Schmitts und im Gegensatz zum englischen Empire soll das lateinische Reich ein zusammenhängendes Gebiet umgrenzen und klar verortbar sein, auf die überseeischen Gebiete müße langfristig verzichtet werden.

Der ganze Aufsatz wirkt so, als habe Kojève streng sich an das Diktum der Politischen Theologie Schmitts gehalten, nach dem für die „juristische Gestaltung der historisch politischen Wirklichkeit“ ein Begriff gefunden werden müsse, „dessen Struktur mit der Struktur metaphysischer Begriffe“[991] übereinstimme. Die metaphysische Grundlage des Kojèveschen Reiches ist der Katholizismus; der Nomos des zu etablierenden Empire latin ist seine Latinität. Gehört zur Politischen Theologie Schmitts die Säkularisierung, so spielt auch hier für Kojève die Tatsache, daß die drei lateinischen Nationen inzwischen in ihrem politischen Bekenntnis laizistisch sind, nur eine untergeordnete Rolle:

> „Ohne Zweifel ist es der Katholizismus, der die ersten Energien geschmiedet und zum Ausdruck gebracht hat, welche der Gesamtheit des französischen und überhaupt des lateinischen Lebens noch immer als geistige Quelle dienen“[992].

Ein wenig erinnern Kojèves Bemühungen um ein romanisch-katholisches Reich an die Propaganda des faschistischen Italien für ein faschistisches Europa. Diese Propaganda arbeitete ebenso mit dem alten Anspruch einer Universalität Roms, so das im Juli 1933 gegründete CAUR, das Comitati d'azione per l'universalità di Roma.

Schmitt und Kojève standen seit Mitte der fünfziger Jahre in brieflichem Kontakt[993], Schmitt arrangierte „diskret“[994] einen Vortrag, den Kojève am 18. Januar 1957 in

[988] Ebd. S. 108.
[989] Ebd. S. 106.
[990] Ebd. S. 112f.
[991] 1985 PT, S. 59.
[992] Kojève , S. 120.
[993] Auszüge aus dem Briefwechsel sind abgedruckt bei: Meyer 1993. Meyer hatte über Piet Tommissen Einblick in die Briefe nehmen können, der eine Veröffentlichung vorbereitet. In den Briefen geht es hauptsächlich um das Problem der Landnahme und des Nomos.
[994] Meyer 1993, S. 131.

Düsseldorf vor dem Rhein-Ruhr-Klub hielt.[995] Der Kontakt scheint fast bis zum Tod Kojèves[996] aufrechterhalten worden sein.

[995] Siehe auch 1958 VA, S. 503f. und 1995 SGN, S. 589.

[996] Kojève starb kurz nach den Maiunruhen 1968. „Er starb schmerzlos an einem Herzinfarkt inmitten einer Sitzung europäischer Wirtschaftsexperten, an der er als Leiter der französischen Delegation teilnahm, in Brüssel.“: Sombart 1996, S. 426.

Schlußwort

Der Reichsbegriff Carl Schmitts ist im wesentlichen als völkerrechtlicher Begriff konzipiert worden. Als solcher erhält er seine Evidenz erst durch die Betrachtung der Stellung, die er in dem Entwurf einer Großraumordnung hat. Als Kampfbegriff gegen die nachklassischen, universalistischen Ansätze im Völkerrecht ist er nicht ohne die Betrachtung der konkret-geschichtlichen Lage verstehbar. Die Schrift zur *Völkerrechtlichen Großraumordnung* hatte in Schmitts Selbstverständnis einen „rein völkerrechtlichen Sinn und Ziel“[997]. Er sah in dem Gebrauch des Kampfbegriffes ‚Reich‘ ausdrücklich

> „die Gefahr endloser Zerredungen .., wollten wir uns hier auf alle denkbaren geschichtsphilosophischen, theologischen und ähnlichen Deutungsmöglichkeiten einlassen“[998].

Die Großraumtheorie kann angesichts der Nachkriegsordnung, die geprägt ist durch die globale Teilung unter zwei Großmächte, Stellvertreterkriegen etc., mit Gewinn gelesen werden, ja, vielleicht hat sie sogar mit dem Bankrott der kommunistischen Legitimität neue Evidenz gewonnen. Allzu vorschnell wurde der endgültige und globale Sieg der liberalistisch-demokratischen Legitimität diagnostiziert. Der amerikanische Politikwissenschaftler Samuel P. Huntington hingegen sieht neue globale Auseinandersetzungen auf uns zukommen, und zwar Auseinandersetzungen im Namen der Kultur[999]. Wer sich mit der jüngeren deutschen Geschichte beschäftigt, weiß etwas von der Unselbstverständlichkeit der ‚westlichen‘ politischen Tradition, schließlich liegt die Westintegration gerade einmal 50 Jahre zurück und zeichneten sich Konzeptionen wie jene des ‚Rei-

---

[997] 1991 VG, S.52.

[998] Ebd.

[999] In Huntingtons Modell, daß von großräumigen Kulturkreisen ausgeht, die von ‚Kernstaaten‘ beherrscht werden, spielt Religion wieder eine zentrale Rolle: Huntington unterscheidet den sinischen, den japanischen, den hinduistischen, den westlichen, den christlich-orthodoxen, den islamischen, den lateinamerikanischen und - mit Vorbehalt - den afrikanischen Kulturkreis. Dieses Model erinnert stark an jenes des Geopolitikers avant là lettre Halford Mackinder, der 1887 4 Weltregionen unterschied, und diese mit 4 Weltreligionen in Zusammenhang brachte: „these regions are four in number, and it is not a little remarkable that in a general way the respectively coincidence with the spheres of the four great religions - Buddhism, Brahminism, Mahometanism, and Christianity.“ Mackinder zitiert nach: Ebeling 1992, 267.

ches‘ vor allem dadurch aus, gegen den ‚Westen‘, oder was man dafür hielt, gerichtet zu sein. Die Schmittsche Großraumtheorie läßt sich grob auf die Formel ‚Großraum gegen Universalismus‘ bringen, und China könnte mit eben dieser Formel universalistisch motivierte Einmischungen in seine Politik abzuweisen versuchen. Was die Militärpolitik angeht, sieht Huntington bereits jetzt einen allgemeinen Trend zum Großraum:

> „Regionalisierung ist der Grund für die Reduktion der militärischen Kräfte in Rußland und dem Westen und für den Ausbau der militärischen Kräfte in anderen Staaten. Rußland besitzt kein globales militärisches Potential mehr, sondern konzentriert seine Strategie und seine Streitkräfte auf das nahe Ausland. China hat seine Strategie und seine Streitkräfte auf lokale Machterweiterung und die Verteidigung chinesischer Interessen in Ostasien umgestellt.“[1000]

Zur Großraumtheorie gehört die Negation des nationalstaatlichen Prinzips, ein Prinzip mit universalem Anspruch, dessen Scheitern im arabischen Raum eindrucksvoll durch den Erfolg des islamischen Fundamentalismus unter Beweis gestellt wird[1001]. Was die nicht-westlichen Gesellschaften lange wissen sollte, so Huntington, endlich ins Bewußtsein gelangen: „Die notwendige logische Konsequenz des Universalismus ist Imperialismus.“[1002] Einem konsequenten Menschenrechtsuniversalismus ist durch das Faktum der Nationalstaatlichkeit Schranken gesetzt:

> „Eine uneingeschränkte Anwendung der Menschenrechte, d.h. eine konsequente und rechtlich abgesicherte Reduktion der Menschen auf ihr nacktes Menschsein, ohne jede Rücksicht auf Nationalität und Staatsangehörigkeit, würde automatisch die Aufhebung der Staatlichkeit und aller Schranken der Freizügigkeit und Niederlassungsfreiheit nach sich ziehen - eine Schreckensvision für EG-Europäer und Nordamerikaner.“[1003]

Allemal kann die leere Rhetorik der westlichen Staaten um die Menschenrechte, die sich in solch dummdreisten Betrugsformeln wie jener vom ‚kritischen Dialog‘ äußert[1004], nicht verdecken, daß letztendlich nur eines ausschlaggebend ist: das Geschäft. Immer mehr gerät ins Blickfeld, daß die Menschenrechte ihren kulturellen Hintergrund haben und ohne diesen schnell ihre Evidenz verlieren:

> „If we were 20 and living in Algiers today, we would find the jihad much more attractive than public liberties.“[1005]

[1000] Huntington 1996, S. 134.

[1001] Siehe hierzu: Bassam Tibi, *Vom Gottesreich zu Nationalstaat. Islam und panarabischer Nationalismus*, Frankfurt/M. 1987 und ders.: *Die fundamentalistische Herausforderung. Der Islam und die Weltpolitik*, München 1992.

[1002] Huntington 1996, S. 511.

[1003] Kondylis 1992, S. 118.

[1004] Als sei ein ‚unkritischer Dialog‘ denkbar, der ja nur ein Monolog wäre.

[1005] Kepel 1991, S. 17.

Das Ende des Ost-West-Konfliktes läßt die ideologischen Raster der Blockbildung in den Hintergrund treten, und ‚neue' Begriffe treten an die Stelle dieser Raster, um die globale Situation lesen zu können. Insbesondere das Schrifttum der zwanziger und dreißiger Jahre bietet hierbei Ansatzpunkte für eine Neuinterpretation. Im Rahmen der Neuordnung der Welt erleben wir eine Renaissance der Geopolitik, vor allem in Frankreich, wobei die Zeitschrift Géopolitique und der neurechte Publizist Alain de Benoist eine Vorreiterrolle spielten[1006], aber auch im angelsächsischen Raum, wo z.B. Immanuel Wallerstein sich in seinen Aufsätzen zur New World Order geopolitischer Argumente bedient[1007].

Der Leviathan ist sowohl Symbol des Reiches wie auch seines staatsrechtlichen Reversbildes, des totalen Staates. Der Leviathan ‚Reich' sollte den übernationalen Bürgerkrieg niederhalten, doch in seiner politischen Naivität sah Schmitt nicht, daß sein Entwurf einer verbrecherischen Politik Vorschub leistete, die in Auschwitz ihr Ende fand. Als der totale Krieg, auf dessen Verhinderung Schmitt vielleicht noch gehofft hatte, längst im Osten Wirklichkeit geworden war, widmete er sich verstärkt dem mythologischen Potential des Reichsbegriffes, dem Gegensatz von Land und Meer, und dem theologischen, der Katechon - Formel. Kann man in der Auseinandersetzung mit der Großraumproblematik noch fruchtbar Aktualitätsbezüge herstellen, so spiegelt in der Theorie des Katechon sich nur das Dilemma einer jeden konservativen Politischen Theologie in einer säkularisierten Umwelt: Der ursprünglich theologische Sinngehalt politischer Begriffe ist aus dem kollektiven Bewußtsein längst gelöscht worden, und selbst in einer Predigt eines Pfarrers gleich welcher Konfession bleibt vom Antichrist kaum mehr übrig als Atomkriegsgefahr und Ozonloch. Zudem ist der integrale Politizismus Carl Schmitts vom Phänomen der Säkularisierung nicht zu trennen. Theologische Gehalte werden unter der Voraussetzung ihrer Übertragbarkeit in den juristischen Diskurs erörtert, die Zulässigkeit dieser Übertragung, die ein Theologe zu fragen immer verpflichtet ist, bleibt ausgeklammert.

> „Der Konservative ist an dem sozialen Integrationswert der Religion stärker interessiert als an den religiösen Inhalten selbst."[1008]

Wer aber „über Religiosität spricht, anstatt über Gott, denkt schon innerhalb der Aufklärungstradition"[1009]. Längst schon ist Schmitts Politische Theologie als Heidenchristentum verortet worden[1010], seine politische Philosophie in die Nähe der Action française eines Charles Maurras[1011] gerückt worden, von dem das berühmte Diktum ‚Je suis athéiste, mais je suis catholique' stammt. Schon der Comte de Montlosier mußte zu Cha-

---

[1006] Siehe Benoist 1984, S. 51-82. Der Abschnitt schließt mit dem Satz: „Die Geopolitik ist, unmittelbar oder nicht, noch nie so gegenwärtig gewesen."

[1007] Siehe Wallerstein 1992.

[1008] Greiffenhagen 1986, S. 100.

[1009] Arnold Gehlen, *Sozialpsychologische Probleme in der industriellen Gesellschaft*, Tübingen 1949, S. 21; zitiert nach: Greiffenhagen 1986, S. 100.

[1010] Siehe z.B. Meuter 1994 oder auch schon Fijalkowski 1958, S. XVIIIf.

[1011] Schmitt gehörte in der Weimarer Zeit zu den fleißigen Lesern der ‚Action française'!

teaubriand feststellen, er lasse die anderen an das Christentum glauben und begnüge sich damit, es beliebt zu machen.[1012] Wie die gegenrevolutionäre Publizistik aus dem romanischen Raum ist auch die Katechon-Lehre „genügend heidnisch und christlich, um den schönen Titel katholisch zu verdienen“[1013]. Das Eingeständnis einer geistigen Verwandtschaft zu de Maistre, von dem Georg Brandes einmal sagte, Christ sei er nur in dem Sinne, wie sich andere Leute zum Freihandel oder zum Protektionismus bekennen[1014], oder zu Donoso Cortés, der sich ebenso wie Schmitt genötigt sah, seine Politische Laientheologie gegen ‚zölibatäre Bürokraten‘ zu verteidigen, ist weiteres Indiz dafür, daß der Katholizismus Carl Schmitts dem juristischen Rückzugsgefecht eines ‚letzten Vertreters‘ entspricht. Zudem wird von den Interpreten Schmitts, die das Katholische in seinem Denken besonders betonen oder es gar als das Arcanum seiner Staatsphilosophie darstellen wollen, übersehen, wie groß gerade der Anteil der protestantischen Politischen Theologie an seinem Denken war. Gerade für den Begriff des Nomos, vielleicht auch für den des Aufhalters gilt dies. Eine weiteres Charakteristikum des Schmittschen Denkens ist ebenso kaum mit einer substanziellen Katholizität in Einklang zu bringen: seine Ablehnung des Naturrechts und - was hiermit in Zusammenhang steht - des Universalismus. Diese Ablehnung ist die Quelle, die seinen Antihumanitarismus speist. Vom Naturrecht wollte Schmitt nämlich nur das ‚relative Naturrecht‘ übrig behalten, d.h. das Erbsündendogma. Auch Ernst Troeltsch wollte das Naturrecht nur noch aus rein pragmatischen Erwägungen gelten lassen:

> „Die christliche Theorie des Naturrechts, in der sich das reine Naturrecht des Urstandes, das ganz entgegengesetzte relative Naturrecht des Sündenstandes, das oft die größten Greuel einschließende positive Recht und die trotz allem Naturrecht wahre Güte erst von sich aus mitteilende theokratische Obergewalt beständig stoßen, ist als wissenschaftliche Theorie kläglich und konfus, aber als praktische Lehre von der höchsten kultur- und sozialgeschichtlichen Bedeutung, das eigentliche Kulturdogma der Kirche und als solches mindestens so wichtig wie das Trinitätsdogma oder andere Hauptdogmen.“[1015]

Schmitt, der schon in *Der Begriff des Politischen* Troeltschs Äußerungen zum Erbsündendogma im Rahmen seines ‚anthropologischen Glaubensbekenntnisses‘ affirmativ heranzieht[1016], reklamiert im *Glossarium* diesen als Kampfgefährten gegen die Absolutheitsansprüche des Naturrechts: „Dieser Troeltsch hätte mich verstanden, wie ich ihn verstehe.“[1017] Kurz nach dem Ersten Weltkrieg konstatierte Troeltsch, daß in Deutsch-

---

[1012] Montlosier, *De la monarchie francaise depuis son ètablissement jusqu'á nos jours*, Bd. III, Paris 1814, S. 293.

[1013] Charles Maurras, *Le Chemin des Paradis*, in: *Œuvres Capitales*, Bd. I, Paris 1954, S. 29; zitiert nach: Nolte 1984, S. 100.

[1014] Georg Brandes über de Maistre, zitiert nach: Berlin 1992, S. 127.

[1015] Troeltsch 1912, S. 173.

[1016] „Was die Leugnung der Erbsünde sozial- und individualpsychologisch bedeutet, haben Troeltsch (in seinen *Soziallehren der christlichen Kirchen*) und Selliere (in vielen Veröffentlichungen über Romantik und Romantiker) an dem Beispiel zahlreicher Sekten, Häretiker, Romantiker und Anarchisten gezeigt.“: 1963 BdP, S. 64.

[1017] 1991 G, S. 70. (Siehe auch ebd. S. 86 und 234.)

land „ ‚Naturrecht und Humanität' .. fast unverständlich geworden und völlig abgeblaßt"[1018] seien. Ablehnung des Naturrechts[1019] und antihumanitaristische Polemik gehören also auch bei Troeltsch zusammen. Mehr als einmal zitiert Schmitt das Diktum von Proudhon: „Wer Menschheit sagt, will betrügen."[1020] In der Logik von Schmitts Definition des Politischen als Freund/Feindunterscheidung konstituiert die Menschheitsidee „nichts, jedenfalls keine unterscheidbare Gemeinschaft"[1021], denn:

> „Die Menschheit als Ganzes und als solche hat keinen Feind auf diesem Planeten. Jeder Mensch gehört zur Menschheit."[1022]

Auch der Soziologe Niklas Luhmann muß feststellen,

> „daß die Formel Mensch nur noch ein Einheitsbegriff oder ein Rahmenbegriff für unübersehbare Komplexität ist, aber nicht mehr ein Gegenstand, über den man direkt Aussagen formulieren kann"[1023].

Den grundsätzlichen Bruch, den Hobbes am Naturrecht vollzieht, indem er dieses durch das Vertragsverhältnis von Schutz und Gehorsam überbrückt, vollzieht auch Schmitt nach. Zwar beharrt er darauf, daß Hobbes, der hymnisch die Phrase ‚that Jesus is the Christ' wiederholt, noch ein Mann echter Frömmigkeit sei, muß aber auch einsehen, daß der Glauben seine Sache nicht gewesen sein konnte. Diese Ambivalenz von ‚zwar noch fromm, aber nicht mehr gläubig' ist die Situation des Politischen Theologen in einer rückhaltlos säkularisierten Umwelt[1024]. Es ist das Dilemma eines sich als römisch-katholisch verstehenden konservativen Juristen, der sich weder für einen post-säkularen Universalismus der Menschenrechte, noch für die historistische Rechtsphilosophie eines positivistischen Normativismus erwärmen konnte. Von der ‚Natur' des Menschen bleibt am Ende nur seine Erbsündigkeit übrig, und fast zwangsläufig der Staat als Selbstzweck: „Naturrecht ohne Naturalismus"[1025]. Das Zwiespältige der Politischen Theologie Schmitts läßt sich vielleicht am Besten erfassen, indem man seine Interpretation von Hobbes auf der einen, Joseph de Maistre und Juan Donoso Cortés auf der anderen Seite unter die Lupe nimmt. Diese beiden Hauptquellen, aus denen sich sein

---

[1018] Troeltsch 1925 b, S. 3-27; 5.

[1019] Dennoch aber will Troeltsch selbst zu diesem vom antiwestlichen Geist beherrschten Zeitpunkt (1922) sich nicht völlig von naturrechtlichen Universalismen lösen: „In all den Ideen von Völkerbund, Menschheitsorganisation, Einschränkung der Zerstörungskräfte und Egoismen steckt ein unverlierbarer moralischer Kern, den man nicht grundsätzlich preisgeben darf, wenn man ihre Schwierigkeiten und ihren Mißbrauch noch so furchtbar vor Augen hat.": Ebd. S. 25.

[1020] 1963 BdP, S. 55. Siehe auch: 1933 BdP, S. 37 und 1930 c, S. 143.

[1021] 1930 c, S. 142.

[1022] 1978 a, S. 338.

[1023] Luhmann 1995, S. 269.

[1024] In einem Brief von Wilhem Stapel an der Schriftsteller Erwin Guido Kolbenheyer bemerkt dieser über Schmitt: „Er ist Katholik, aber ohne Glauben, wie mir scheint." Brief vom 11. 6. 1933; Lokatis 1996, S. 48f.

[1025] 1914 WS, S. 76.

Denken speist, sind unmöglich ohne Verbiegungen unter einen Hut zu bringen. Schmitt muß Hobbes, dessen ‚Jesus ist the Christ' „eher lakonisch[] als pathetisch []"[1026] ist, christianisieren: aus dem Rationalisten Hobbes, der einen starken Staat einforderte, welcher sich an Rechtsstaatsgrundsätzen orientieren sollte (‚nulla poena sine lege'[1027]) und die Gefährlichkeit und Dynamik des Menschen neutralisieren sollte, macht Schmitt einen Mythologen, der sich angeblich das Erbsündendogma zu eigen macht, und propagiert selbst den totalen Staat, der den Grundsatz ‚nulla poena sine lege' in ‚nullum crimen sine poena'[1028] umwandelt. Ausgerechnet da, wo Hobbes recht blasphemisch wirkt, indem er den Souverän zum Creator Pacis erhebt und nicht etwa nur zum Defensor Pacis erklärt, oder aber wenn er antinaturrechtlich den Menschen nicht mehr als Menschen, sondern positivistisch nur als Bürger ernstnimmt, hat er die Zustimmung von Schmitt. Doch gegen diesen Einwand hätte Schmitt vermutlich mit den Worten von Albericus Gentilis entgegnet: „Silete theologi in munere alieno."[1029] Umgekehrt werden auch die ultramontanen Gegenrevolutionäre de Maistre und Donoso Cortés von Schmitt zwar immer hochgehalten, bei näherem Hinsehen aber ist der Jurist Schmitt meilenweit von deren katholischem Gewissen entfernt: Schuf bei Schmitt die Landnahme der Conquista Recht, so ist Ursache des Rechtstitels für de Maistre einzig die gelungene Schiedsgerichtsbarkeit des Papstes[1030]. Ist Schmitt ein strikter Vertreter eines Nicht-Interventionsprinzips im Völkerrecht, so ist für Donoso Cortés nichts als Ausdruck mangelnder Solidarität unter den liberalen Staaten[1031].

Schmitt ist also insgesamt in seiner Programmatik gegen-universalistisch und anti-naturrechtlich, und freilich ist dies schon durch seinen Begriff des Politischen vorgegeben. Liegt der Schwerpunkt auf der - wie Martin Buber in seiner Schmitt-Kritik formulierte - „Erschütterlichkeitsspäre der politischen Gebilde"[1032], ist das Gemeinsame - etwa ein *Nomos der Erde* - konstitutiv nur durch den Ausschluß des Fremden, so entbehrt es per se einer ‚Katholizität'[1033], jenem Anspruch, das zu sein,

> „quod semper, quod ubique, quod ab omnibus creditum est".[1034]

[1026] Hans Blumenberg, *Die Legitimität der Neuzeit*, Frankfurt/M. 1988, S. 105.
[1027] Siehe Hobbes 1991 a, S. 203 : „No Law, made after a Fact done, can make it a crime".
[1028] Siehe 1933 d.
[1029] Albericus Gentilis, *De iure belli*, I, 13.
[1030] Siehe II 306f.
[1031] Siehe Donoso 1989 a, S. 162.
[1032] Buber 1962, S. 253.
[1033] Gr. Katholikós = allgemein, allumfassend.
[1034] „Was immer, was überall, was von allen geglaubt worden ist": Vincentius von Lerinum zitiert nach: Sohm 1970, Bd. II, S. 65 Anm. 8.

Quellen- und Literaturverzeichnis

Primärliteratur

1910 SS : Carl Schmitt, Über Schuld und Schuldarten, Breslau 1910.

1912 GU : ders.: Gesetz und Urteil, Berlin 1912.

1913 S : ders.: (zus. mit Fritz Eisler), Schattenrisse, Berlin 1913 (Unter dem Pseudonym „Johannes Negelinus, Mox Doctor").

1914 WS : ders.: Der Wert des Staates und die Bedeutung des Einzelnen, Hellerau 1914.

1917 a : ders.: Recht und Macht, in: Summa, Heft 1 (1917), S. 37-52.

1917 b : ders.: Die Sichtbarkeit der Kirche, in: Summa, Heft 2 (1917), S. 71-80.

1917 c : ders.: Die Buribunken, in: Summa, Heft 4 (1917), S. 89-106.

1918 a : ders.: Nachwort zur Kanne-Ausgabe von 1918, in: Johann Arnold Kanne, Aus meinem Leben, Wien 1994, S. 57f.

1923 a : ders.: Die politische Theorie des Mythus, in: 1988 PB, S. 9-18.

1924 a : ders.: Der Begriff der moderen Demokratie in seinem Verhältnis zum Staatsbegriff, in: 1988 PB, S. 19-25.

1924 b : ders.: Reichstagsauflösungen, in: 1985 VA, S. 13-28.

1925 a : ders.: Die Rheinlande als Objekt internationaler Politik, in: 1988 PB, S.26-32.

1925 b : ders.: Der Status quo und der Friede, in: 1988 PB, S. 33-42.

1925 c : ders.: Illyrien - Notizen von einer dalmatinischen Reise, in: 1995 SGN, S. 483-488.

1926 KV : ders.: Die Kernfrage des Völkerbundes, Berlin 1926.

1926 a : ders.: Das Doppelgesicht des Genfer Völkerbundes, in: 1988 PB, S. 43-44.

1926 b : ders.: Zu Friedrich Meineckes „Idee der Staatsräson„, in: 1988 PB, S. 45-51.

1926 c : ders.: Der Gegensatz von Parlamentarismus und moderner Massendemokratie, in: 1988 PB, S. 52-66.

1927 VV : ders.: Volksentscheid und Volksbegehren, Leipzig 1927.

1927 BdP : ders.: Der Begriff des Politischen, in: Archiv für Sozialwissenschaft und Sozialpolitik, Band 58, Heft 1 (August 1927), S. 1-33.

1927 a : ders.: Donoso Cortés in Berlin, in: 1950 DC, S. 41-66. (auch in: 1988 PB, S. 75-85.)

1927 b : ders.: Demokratie und Finanz, in: 1988 PB, S. 85-87.

1927 c : ders.: Macchiavelli. Zum 22. Juni 1927, in: 1995 SGN, S. 102-105.

1928 a : ders.: Der Völkerbund und Europa, in: 1988 PB, S. 88-97.

1928 b :ders.: Völkerrechtliche Probleme im Rheingebiet, in: 1988 PB, S. 97-108.

1929 a : ders.: Wesen und Werden des faschistischen Staates, in: 1988 PB, S. 109-115.

1929 b : ders.: Der unbekannte Donoso Cortés, in: 1950 DC, S. 67-79. (auch in: 1988 PB, S. 115-120.)

1929 c : ders.: Das Zeitalter der Neutralisierungen und Entpolitisierungen, in:1988 PB, S. 120-132.

1929 d : ders.: Staatsstreichpläne Bismarcks und Verfassungslehre, in: 1985 VA, S. 29-33.
1929 e : ders.: Zehn Jahre Reichsverfassung, in: 1985 VA, S. 34-40.
1929 f : ders.: Das Reichsgericht als Hüter der Verfassung, in: 1985 VA, S. 63-109.
1929 g : ders.: Die Auflösung des Enteignungsbegriffes, in: 1985 VA, S. 110-123.
1929 h : ders.: Ratifikation völkerrechtlicher Verträge und innerstaatliche Auswirkungen der Wahrnehmung auswärtiger Gewalt, in: 1985 VA, S. 124-139.
1930 HP : ders.: Hugo Preuß - Sein Staatsbegriff und seine Stellung in der deutschen Staatslehre, Tübingen 1930.
1930 VB : ders.: Der Völkerbund und das politische Problem der Friedenssicherung, Leipzig 1930.
1930 a : ders.: Die Weimarer Verfassung, in: Schmittiana IV 1994, S. 12-35.
1930 b : ders.: Der Völkerbund, in: Schmittiana IV 1994, S. 35-47.
1930 c : ders.: Staatsethik und pluralistischer Staat, in: 1988 PB, S. 133-145.
1930 d : ders.: Das Problem der innerpolitischen Neutralität des Staates, in: 1985 VA, S. 41-59.
1931 FG : ders.: Freiheitsrechte und institutionelle Garantien der Reichsverfassung, Berlin 1931.
1931 a : ders.: Hegel und Marx, in: Schmittiana IV 1994, S. 48-52.
1931 b : ders.: Wohlerworbene Beamtenrechte und Gehaltskürzungen, in: 1985 VA, S. 174-180.
1931 c : ders.: Die Wendung zum totalen Staat, in: 1988 PB, S. 146-157.
1931 d : ders.: Übersicht über die verschiedenen Bedeutungen und Funktionen der innerstaatlichen Neutralität des Staates, in: 1988 PB, S. 158-161.
1931 e : ders.: Die staatsrechtliche Bedeutung der Notverordnung, insbesondere ihrer Rechtsgültigkeit, in: 1985 VA, S. 235-262.
1931 f : ders.: Freiheitsrechte und institutionelle Garantien der Reichsverfassung, in: 1985 VA, S. 140-173.
1932 a : ders.: Grundrechte und Grundpflichten, in: 1985 VA, S. 181-231.
1932 b : ders.: Völkerrechtliche Formen des modernen Imperialismus, in: 1988 PB, S. 162-180.
1932 c : ders.: Schlußrede vor dem Staatsgerichtshof in Leipzig in dem Prozeß Preußen contra Reich, in: 1988 PB, S. 180-184.
1932 d : ders.: Die Vereinigten Staaten von Amerika und die völkerrechtlichen Formen des modernen Imperialismus, Königsberger Vortrag vom 20. Februar 1932, in: Königsberger Auslandsstudien, Bd. 8.
1933 BdP : ders.: Der Begriff des Politischen, Hamburg 1933.
1933 SBV : ders.: Staat - Bewegung - Volk, Hamburg 1933.
1933 a : ders.: Die Stellvertretung des Reichspräsidenten, in: 1985 VA, S. 351-358.
1933 b : ders.: Weiterentwicklung des totalen Staates in Deutschland, in: 1985 VA, S. 359-366. (und in: 1988 PB, S. 185-190.)
1933 c : ders.: Machtpositionen des modernen Staates, in: 1985 VA, S. 367-371.
1933 d : ders.: Das gute Recht der deutschen Revolution, in: Münchner Neueste Nachrichten, Nr. 151 vom 3. Juni 1933.
1933 e : ders.: Die deutschen Intellektuellen, in: Münchner Neueste Nachrichten, Nr.194 vom 18. Juli 1933.
1933 f : ders.: Rückblick auf ein Jahr deutscher Politik, in: Münchner NeuesteNachrichten, Nr. 205 vom 29. Juli 1933.
1933 g : ders.: Das Gesetz zur Behebung der Not von Volk und Reich, in: Deutsche Juristen-Zeitung, 38. Jg.(1933), Heft 7, Sp. 455-458.
1933 h : ders.: Reich - Staat - Bund, in: 1988 PB, S. 190-198.
1933 i : ders.: Der Neubau des Staats- und Verwaltungsrechts, in: Deutscher Juristentag 1933. 4. Reichstagungdes Bundes Nationalsozialistischer Deutscher Juristen e.V. . Ansprachen und Fachvorträge, S. 242-252.

1934 3A : ders.: Über die drei Arten rechtswissenschaftlichen Denkens, Hamburg1934.

1934 NV : ders.: Nationalsozialismus und Völkerrecht, Berlin 1934.

1934 SZ : ders.: Staatsgefüge und Zusammenbruch des zweiten Reiches, Hamburg1934.

1934 a : ders.: Der Weg des deutschen Juristen, in: Deutsche Juristen-Zeitung, 39. Jg. (1934), Heft 11, Sp. 691-698.

1934 b : ders.: Besprechung von: Ulrich Scheidtmann, Der Vorbehalt beim Abschluß völkerrechtlicher Verträge, in: Deutsche Juristen-Zeitung, 39. Jg. (1934), Heft 20, Sp. 1286f.

1934 c : ders.: Unsere geistige Gesamtlage und unsere juristische Aufgabe, in: Zeitschrift der Akademie für deutsches Recht, 1. Jg. (1934), S. 11f.

1934 d : ders.: Der Führer schützt das Recht, in: 1988 PB, S. 199-203.

1935 a : ders.: Über die innere Logik der Allgemeinpakte auf gegenseitigem Beistand, 1988 PB, S. 204-209.

1935 b : ders.: Kodifikation oder Novelle?, in: Deutsche Juristen-Zeitung, 40. Jg. 1935), Heft 15/16, Sp. 919-925.

1935 c : ders.: Die Verfassung der Freiheit, in: Deutsche Juristen-Zeitung, 40. Jg. (1935), Heft 19, Sp. 1133-1135.

1936 a : ders.: Die geschichtliche Lage der deutschen Rechtswissenschaft, in: Deutsche Juristen-Zeitung, 41. Jg. (1936), Heft 1, Sp. 15-21.

1936 b : ders.: Die siebente Wandlung des Genfer Völkerbundes, in: 1988 PB, S.210-213.

1936 c : ders.: Vergleichender Überblick über die neueste Entwicklung des Problems der gesetzgeberischen Ermächtigungen; Legislative Delegationen, in: 1988 PB, S. 214-229.

1936 d : ders.: Über die neuen Aufgaben der Verfassungsgeschichte, in: 1988 PB, S. 229-234.

1936 e : ders.: Sprengung der Locarno-Gemeinschaft durch Einschaltung der Sowjets, in: Deutsche Juristen-Zeitung, 41. Jg. (1936), Heft 6, Sp. 336-341.

1936 f : ders.: Faschistische und nationalsozialistische Rechtswissenschaft, in:Deutsche Juristen-Zeitung, 41. Jg. (1936), Heft 10, Sp. 619f.

1936 g : ders.: Die deutsche Rechtswissenschaft im Kampf gegen den jüdischenGeist, in: Deutsche Juristen-Zeitung, 41. Jg. (1936), Heft 20, Sp. 1193-1199.

1936 h : ders.: Die nationalsozialistische Gesetzgebung und der Vorbehalt des ordre public im internationalen Privatrecht, in: Zeitschrift der Akademie für Deutsches Recht, 3. Jg. (1936), Heft 4, S. 204-211.

1936 i : ders.: Politik, in: 1995 SGN, S. 133-137.

1936 j : ders.: Die Ära der integralen Politik, in: Schmittiana III 1991, S. 11-16.

1937 a : ders.: Der Staat als Mechanismus bei Hobbes und Descartes, in: Archiv für Rechts- und Sozialphilosophie, Bd. 30 (1937), Heft 4, S. 622-632.

1937 b : ders.: Totaler Feind, totaler Krieg, totaler Staat, in: 1988 PB, S. 235-239.

1937 c : ders.: Der Begriff der Piraterie, in: 1988 PB, S. 240-243.

1938 a : ders.: Über das Verhältnis der Begriffe Krieg und Feind, in: 1988 PB, S.244-251.

1938 b : ders.: Das neue Vae Neutris!, in: 1988 PB, S. 251-255.

1938 c : ders.: Völkerrechtliche Neutralität und völkische Totalität, in: 1988 PB,S. 255-260.

1938 d : ders.: Eine Tischrede, in: Schmittiana V 1996, S. 9-12.

1939 a : ders.: Über die zwei großen Dualismen des heutigen Rechtssystems, in:1988 PB, S. 261-271.

1939 b : ders.: Neutralität und Neutralisierungen, in: 1988 PB, S. 271-295.

1939 c : ders.: Führung und Hegemonie, in: Schmollers Jahrbuch für Gesetzgebung, Bd. 63 (1939), S. 513-520.

1939 d : ders.: Großraum gegen Universalismus, in: 1988 PB, S. 295-302.

1940 VG : ders.: Völkerrechtliche Großraumordnung mit Interventionsverbotraumfremder Mächte, Berlin/Leipzig/Wien 1940.

1940 a : ders.: Über das Verhältnis von Völkerrecht und staatlichem Recht, in: Zeitschrift der Akademie für Deutsches Recht, 7. Jg. (1940), S. 4-6.

1940 b : ders.: Das allgemeine deutsche Staatsrecht als Beispiel rechtswissenschaftlicher Systembildung, in: Zeitschrift für die gesamte Staatswissenschaft, Bd. 100, (1940), S. 5-24.

1940 c : ders.: Die Raumrevolution. Durch den totalen Krieg zu einem totalen Frieden, in: Das Reich, 19. 09. 1940.

1940 d : ders.: Die Auflösung der europäischen Ordnung im international law, in: Deutsche Rechtswissenschaft, 5. Bd. (1940), S. 267-278.

1940 e : ders.: Raum und Großraum im Völkerrecht, in: Zeitschrift für Völkerrecht, Nr. 24 (1940/41), S.145-179.

1940 f : ders.: Reich und Raum - Elemente eines neuen Völkerrechts, in: Zeitschrift der Akademie für Deutsches Recht, 7. Jg. (1940), H. 13, S. 201-203.

1941 a : ders.: Prolog zu Estudios Políticos , in: Schmittiana III 1991, S. 17f.

1941 b : ders.: Staat als ein konkreter, an eine geschichtliche Epoche gebundener Begriff, in: 1985 VA, S. 375-385.

1941 c : ders.: Das Meer gegen das Land, in: Das Reich vom 9. 3. 1941, Nr 10.

1941 d : ders.: Staatliche Souveränität und freies Meer, in: Das Reich und Europa, hrsg. v. Paul Ritterbusch, Leipzig 1941, S. 91-117.

1941 e : La Mer contre la Terre, in: Cahiers franco allemands 8 (1941), S. 343-349.

1942 a : ders.: Die Formung des französischen Geistes durch den Legisten, in: Deutschland-Frankreich, Vierteljahresschrift des dt. Institutes zu Paris, 1. Jg.(1942), Nr.2, S. 1-30.

1942 b : ders.: Raumrevolution - Vom Geist des Abendlandes, in: Deutsche Kolonialzeitung, 54. Jg. (1942) S. 219ff.

1943 a : ders.: Die Lage der europäischen Rechtswissenschaft, in: 1985 VA, S. 386-429.

1944 a : ders.: Die letzte globale Linie, in: E. Zechlin (Hrsg.), Völker und Meere, Leipzig 1944, S. 342-349.

1944 b : ders.: Donoso Cortés in gesamteuropäischer Interpretation, in: 1950 DC, S.80-114.

1949 a : ders.: Amnestie oder die Kraft des Vergessens, in: 1995 SGN, S. 218f.

1949 b : ders.: Maritime Weltpolitik, in: 1995 SGN, S. 478f.

1950 ECS : ders.: Ex captivitate salus, Köln 1950.

1950 DC : ders.: Donoso Cortés in gesamteuropäischer Interpretation, Köln 1950.

1950 a : ders.: Das Problem der Legalität, in: 1985 VA, S. 440-451.

1950 b : ders.: Drei Stufen historischer Sinngebung, in: Universitas Jahrgang 5 (1950), Heft 8, S. 927-931.

1951 a : ders.: Dreihundert Jahre Leviathan, in: 1995 SGN, S. 152-154.

1951 b : ders.: Justissima tellus - Das Recht als Einheit von Ordnung und Ortung, in: Universitas Jg. 6 (1951), Heft 3, S. 283-290.

1951 c : ders.: Raum und Rom - Zur Phonetik des Wortes Raum, in: Universitas, Jg. 6 (1951), Heft 9, S. 963-967.

1952 a : ders.: Die Einheit der Welt, in: Merkur, 6. Jg. (1952), Heft 1 (Januar), S. 1-11.

1952 b : ders.: Rechtsstaatlicher Verfassungsvollzug, in: 1985 VA, S. 452-488.

1953 a : ders.: Nehmen - Teilen - Weiden. Ein Versuch, die Grundfragen jeder Sozial- und Wirtschaftsordnung vom Nomos her richtig zu stellen, in: 1985 VA, S. 489-504.

1954 a : ders.: Welt großartigster Spannung, in: Merian, 7. Jg, Heft 9 (1954), S. 3-6.

1955 a : ders.: Die geschichtliche Struktur des heutigen Welt-Gegensatzes von Ost und West, in: Freundschaftliche Begegnung, zu Ernst Jüngers 60. Geburtstag, Frankfurt/M. 1955, S. 135-137.

1955 b : ders.: Der neue Nomos der Erde, in: 1995 SGN, S. 513-518.

1957 a : ders.: Die andere Hegel-Linie - Hans Freyer zum 70. Geburtstag, in: Christ und Welt 10 Jg. Nr. 30 vom 25. Juli 1957.

1957 b : ders.: Was habe ich getan? in: Schmittiana V 1996, S. 13-20.

1959 a : ders.: Nomos - Nahme - Name, in: Der beständige Aufbruch, in: Festschrift für Erich Przywara, Nürnberg 1959, S. 92-105.

1959 b : ders.: Die planetarische Spannung zwischen Ost und West und der Gegensatz von Land und Meer, in: Schmittiana III 1991, S. 19-44.

1962 a : ders.: Die Ordnung der Welt nach dem zweiten Weltkrieg. Vortrag von 1962, : Schmittiana II 1990, S. 11-30.

1962 b : ders.: Prolog zu *Diálogus*, in: ders.: Schmittiana V 1996, S. 21-22.

1963 BdP : ders.: Der Begriff des Politischen, Berlin [2]1963 (Text von 1932).

1965 a : ders.: Die vollendete Reformation, in: 1982 L, S. 137-178.

1967 a : ders.: Die Tyrannei der Werte, in: Säkularisation und Utopie, Ernst Forsthoff zum 65. Geburtstag, Stuttgart/Berlin/Köln/Mainz 1967, S. 37-62.

1967 b : ders.: Clausewitz als politischer Denker, in: Der Staat, 6. Bd. (1967), Heft 4,479-502.

1970 VL : ders.: Verfassungslehre, Berlin [5]1970.

1971 a : ders.: Der Begriff des Politischen, Vorwort zur italienischen Ausgabe, 1971, in: Complexio Oppositorum 1988, S. 269-273.

1975 TP : ders.: Theorie des Partisanen, Berlin [2]1975.

1978 a : ders.: Die legale Weltrevolution. Politischer Mehrwert als Prämie auf juristische Legalität und Superlegalität, in: Der Staat,1978, Heft 3, S. 321-339.

1981 LM : ders.: Land und Meer, Köln [3]1981.

1982 PR : ders.: Politische Romantik, Berlin [4]1982.

1982 L : ders.: Der Leviathan in der Staatslehre des Thomas Hobbes. Sinn und Fehlschlag eines politischen Symbols, Köln [2]1982.

1983 a : ders.: Beschleuniger wider Wille oder: Die Problematik der westlichen Hemispäre, in: TUMULT 7, Wetzlar[2]1983, S. 9-14.

1984 RK : ders.: Römischer Katholizismus und politische Form, Köln [3]1984.

1985 VA : ders.: Verfassungsrechtliche Aufsätze aus den Jahren 1924-1954. Materialien zu einer Verfassungslehre, Berlin [2]1985.

1985 PT : ders.: Politische Theologie, Berlin [3]1985.

1985 HV :ders.: Der Hüter der Verfassung, Berlin[3]1985.

1985 GLP : ders.: Die geistesgeschichtliche Lage des heutigen Parlamentarismus, Berlin 61985.

1985 HH : ders.: Hamlet oder Hekuba, Köln [2]1985.

1988 PB : ders.: Positionen und Begriffe im Kampf mit Weimar - Genf - Versailles 1923-1939, Berlin [2]1988.

1988 NE : ders.: Der Nomos der Erde, Berlin [3]1988.

1988 WK : ders.: Die Wendung zum diskriminierenden Kriegsbegriff, Berlin [2]1988.

1988 LL : ders.: Legalität und Legitimität, Berlin [4]1988.

1989 D : ders.: Die Diktatur, Berlin[5]1989.

1989 a : Brief von Carl Schmitt an Hans-Dietrich Sander; in: Der Pfahl III, München 1989, S. 144-147.

1990 PT II : ders.: Politische Theologie II, Berlin[4]1990.

1990 a : ders.: 1907 Berlin, in: Schmittiana I 1990, S. 11-21.

1990 b : ders.: Theodor Däubler, der Dichter des Nordlichts, in: Schmittiana I 1990, 22-39.

1991 VG : ders.: Völkerrechtliche Großraumordnung mit Interventionsverbot raumfremder Mächte, Berlin [2]1991.

1991 G : ders.: Glossarium, Berlin 1991.

1991 TDN : ders.: Theodor Däublers Nordlicht, Berlin [2]1991.
1992 a : ders.: Brief an Alfonso Otero, in: Siebte Etappe, Bonn 1992, S. 119-123.
1993 PF : ders.: Das politische Problem der Friedenssicherung, Wien [2]1993.
1994 GM + GR : ders.: Gespräch über die Macht und den Zugang zum Machthaber + Gespräch über den neuen Raum, Berlin 1994.
1994 AK : ders.: Das international-rechtliche Verbrechen des Angriffskrieges und der Grundsatz Nullum crimen, nulla poena sine lege, Berlin [2]1994.
1995 SGN : ders.: Staat, Großraum, Nomos. Arbeiten aus den Jahren 1916-1969, hrsg. v. Günter Maschke, Berlin 1995.
1995 CS-AM : Carl Schmitt - Briefwechsel mit einem seiner Schüler, hrsg. v. Armin Mohler in Zusammenarbeit mit Irmgard Huhn und Piet Tommissen, Berlin 1995.

Sekundärliteratur

Adam 1990 : Armin Adam, Die Zeit der Entscheidung. Carl Schmitt und die politische Apokalyptik, in: Zeit-Zeichen. Aufschübe und Interferenzen zwischen Endzeit und Echtzeit, hrsg. v. Tholen/Scholl, Weinheim 1990, S. 97-107.
Adam 1991 : ders.: Raumrevolution. Ein Beitrag zur Theorie des totalen Krieges, in: HardWar/SoftWar, hrsg. v. Scherer/Stingelin, München 1991, S. 145-158.
Adam 1992 : ders.: Rekonstruktion des Politischen. Carl Schmitt und die Krise der Staatlichkeit 1912-1933, Weinheim 1992.
Adam 1993 : ders.: Die Bekämpfung des Bösen. Eine Anmerkung zur Lehre vom gerechten Krieg, in: Schuller/Rahden (Hrsg.), Die andere Kraft. Zur Renaissance des Bösen, Berlin 1993, S. 303-310.
Adam 1995 : ders.: Deutscher Patriotismus? Zwei Anmerkungen zur Diskussion über die deutsche Nation, in: Metamorphosen des Politischen. Grundfragen politischer Einheitsbildung seit den 20erJahren, hrsg. v. Andreas Göbel/Dirk van Laak/Ingeborg Villinger, Berlin 1995, S. 287-295.
Adamek 1938 : Josef Adamek, Vom römischen Endreich der mittelalterlichen Bibelerklärer, Diss. München 1938.
Alois Dempf 1992 : Alois Dempf 1891-1982. Philosoph, Kulturhistoriker, Prophet gegen den Nationalsozialismus, hrsg. v. Berning/Meier, Weißenhorn 1992.
Altmann 1988 : Rüdiger Altmann, Analytiker des Interims - Wer war Carl Schmitt, was ist von ihm geblieben?, in: Carl Schmitt 1988, S. 27-36.
Arendt 1991 : Hannah Arendt, Elemente und Ursprünge totaler Herrschaft, München [2]1991.
Arendt 1989 : dies.: Waldemar Gurian, in: dies., Menschen in finsteren Zeiten, München 1989, S. 310-323.
Aretin 1931 : Erwin Freiherr von Aretin, Das mißverstandene Reich, in: Was ist das Reich 1932, 78-82.
Aristoteles 1995 : Aristoteles, Philosophische Schriften 4, Hamburg 1995.
Arnold 1934 : Franz Xaver Arnold, Die Staatslehre des Kardinal Bellarmin. Ein Beitrag zur Rechts- und Staatsphilosophie des konfessionellen Zeitalters, München 1934.
Aron 1985 : Raymond Aron, Erkenntnis und Verantwortung. Lebenserinnerungen, München 1985.
Aubin 1940 : Hermann Aubin, Vom Aufbau des mittelalterlichen Deutschen Reiches, in: Historische Zeitschrift, Bd. 162 (1940), S. 479-508.
Autonomie 1990 : Die Autonomie des Politischen. Carl Schmitts Kampf um einen beschädigten Begriff, hrsg. v. H. G. Flickinger, Weinheim 1990.

Autorenkollektiv Reich : Autorenkollektiv, Artikel ‚Reich', in: Geschichtliche Grundbegriffe. Historisches Lexikon zur politisch-sozialen Sprache in Deutschland, hrsg. v. Conze/Koselleck/Brunner, Stuttgart 1972ff., Bd. 5, S. 423-508.

Autorenkollektiv Staat : Autorenkollektiv, Artikel ‚Staat und Souveränität', in: Geschichtliche Grundbegriffe. Historisches Lexikon zur politisch-sozialen Sprache in Deutschland, hrsg. v. Conze/Koselleck/Brunner, Stuttgart 1972ff., Bd. 6, S. 1-154.

Balke 1990 : Friedrich Balke, Zur politischen Anthropologie Carl Schmitts, in: Autonomie 1990, S. 37-65.

Balke 1992 : ders.: Beschleuniger, Aufhalter, Normalisierer. Drei Figuren der politischen Theorie Carl Schmitts, in: Zeit des Ereignisses - Ende der Geschichte?, hrsg. v. Balke/Méchoulan/Wagner, München1992, S. 209-232.

Balke 1995 : ders.: Das Zeichen des Politischen, in: Metamorphosen des Politischen. Grundfragen politischer Einheitsbildung seit den 20er Jahren, hrsg. v. Andreas Göbel/Dirk van Laak/Ingeborg Villinger, Berlin 1995, S. 249-266.

Balke 1996 : ders.: Der Staat nach seinem Ende. Die Versuchung Carl Schmitts, München 1996.

Ball 1983 : Hugo Ball, Carl Schmitts politische Theologie, in: Fürst 1983, S. 100-115.

Balthasar 1989 : Hans Urs von Balthasar, Der antirömische Affekt, Einsiedeln/Trier [2]1989.

Barion 1984 : Hans Barion, Kirche und Kirchenrecht - Gesammelte Aufsätze, hrsg. v. Werner Böckenförde, Paderborn/München/Wien/Zürich 1984.

Barkai 1995 : Avraham Barkai, Das Wirtschaftssystem des Nationalsozialismus, Frankfurt/M. [3]1995.

Bendersky 1983 : Joseph W. Bendersky, Carl Schmitt - Theorist for the Reich, Princeton 1983.

Bendersky 1987 a : ders.: Carl Schmitt and the Conservative Revolution, in: Telos, A Quarterly of Critical Thought, Number 72, Summer 1987 (Special Issue on Carl Schmitt), S. 27-42.

Bendersky 1987 b : ders.: Carl Schmitt at Nuremberg, in: Telos, A Quarterly of Critical Thought, Number72, Summer 1987 (Special Issue on Carl Schmitt), S. 91-129.

Beneyto 1983 : José María Beneyto, Politische Theologie als politische Theorie. Eine Untersuchung zurRechts- und Staatstheorie Carl Schmitts und zu ihrer Wirkungsgeschichte in Spanien, Berlin1983.

Benjamin 1978 : Walter Benjamin, Ursprung des deutschen Trauerspiels, in: Gesammelte Schriften Bd. I, Frankfurt/M. [2]1978, S. 203-430.

Benjamin 1981 a : ders.: Theorien des deutschen Faschismus. Zu der Sammelschrift Krieg und Krieger. Herausgegeben von Ernst Jünger, in: Gesammelte Schriften Bd. III, Frankfurt/M. 1981, S. 238-250.

Benjamin 1981 b : ders.: Theologische Kritik. Zu Willy Haas, »Gestalten der Zeit«, in: Gesammelte Schriften Bd. III, Frankfurt/M. 1981, S. 275-278.

Benoist 1984 : Alain de Benoist, Aus rechter Sicht. Eine kritische Anthologie zeitgenössischer Ideen, Bd.2, Tübingen 1984.

Bentin 1972 : Lutz-Arwed Bentin, Johannes Popitz und Carl Schmitt. Zur wirtschaftlichen Theorie des totalen Staates in Deutschland, München 1972.

Berber 1942 a : Friedrich Berber, Die Neuordnung Europas und die Aufgabe der aussenpolitischen Wissenschaft, in: Auswärtige Politik Bd. 9 (1942), S. 189-195.

Berber 1942 b : ders.: Der Mythos der Monroedoktrin, in: Auswärtige Politik Bd. 9 (1942), S.287-300.

Berber 1942 c : ders.: Die Entdeckung der neuen Welt und die Entstehung des modernen Vökerrechts, in:Auswärtige Politik Bd. 9 (1942), S. 882-888.

Berber 1942 d : ders.: Epochen europäischer Gesamtordnung, in: Auswärtige Politik Bd. 9 (1942), S. 916-923.

Berlin 1992 : Isaiah Berlin, Joseph de Maistre und die Ursprünge des Faschismus, in: ders.: Das krumme Holz der Humanität. Kapitel der Ideengeschichte, Frankfurt/M. [2]1992, S. 123-221.

Berthold 1993 : Lutz Berthold, Wer hält zur Zeit den Satan auf? Zur Selbstglossierung Carl Schmitts, in: Leviathan, 2/1993, S. 285-299.

Best 1940 : Werner Best, Völkische Großraumordnung, in: Deutsches Recht, Bd. 10 (1940), 1006f.

Best 1941 a : ders.: Nochmals: Völkische Großraumordnung statt: Völkerrechtliche Großraumordnung!, in: Deutsches Recht, Bd. 11 (1941), S. 1533f.

Best 1941 b : ders.: Grundfragen einer deutschen Großraumverwaltung, in: Festgabe für Heinrich Himmler, Darmstadt 1941.

Betz 1962 : Otto Betz, Der Katechon, in: New Testament Studies, Vol. IX (1962/63), S. 276-291.

Bilfinger 1930 : Carl Bilfinger, Betrachtungen über politisches Recht, in: Zeitschrift für ausländisches öffentliches Recht und Völkerrecht, Bd. 1, 1930/31, S. 57-76.

Bilfinger 1938 : ders.: , Völkerbundsrecht gegen Völkerrecht, München 1938.

Bilfinger 1941 : ders.: Bismarcks Souveränitätsbegriff und die Neuordnung Europas, in: Deutsche Rechtswissenschaft, 6. Bd., Heft 3 (1941), S. 169-179.

Blei 1931 : Franz Blei, Ein deutsches Gespräch, in: Neue Schweizer Rundschau, Juli 1931, S. 518-533.

Blei 1988 : ders.: Carl Schmitt, in: Der Pfahl II. Ein Jahrbuch aus dem Niemandsland von Kunst undWissenschaft, München 1988, S. 293-298.

Bodin 1976 : Jean Bodin, Über den Staat, Stuttgart 1976.

Böckenförde 1960 : Ernst-Wolfgang Böckenförde, Der deutsche Katholizismus im Jahre 1933, in: Hochland 53. Jg. (1960/61), S. 215-239.

Böcknförde 1971 a : ders.: Artikel ‚Normativismus', in: Historisches Wörterbuch der Philosophie, hrsg. v.Ritter/Gründer, 1971ff, Bd. 6, Sp. 932f.

Böckenförde 1971 b : ders.: Artikel ‚Ordnungsdenken, konkretes', in: Historisches Wörterbuch der Philosophie, hrsg. v. Ritter/Gründer, 1971ff, Bd. 6, Sp. 1312-1315.

Böckenförde 1983 : ders.: Politische Theorie und politische Theologie, in: Fürst 1983, S. 16-25.

Böckenförde 1988 : ders.: Der Begriff des Politischen als Schlüssel zum staatsrechtlichen Werk Carl Schmitts, in: Complexio 1988, S. 283-299.

Böckenförde 1991 : ders.: Die Entstehung des Staates als Vorgang der Säkularisation, in: Recht, Staat, Freiheit, Frankfurt/M. [2]1991, S. 92-115.

Böckenförde, W. 1984 : Werner Böckenförde, Der korrekte Kanonist. Einführung in das kanonische Denken Hans Barions, in: Barion 1984, S. 1-25.

Böhmert 1940 : Viktor Böhmert, Besprechung von ‚Völkerrechtliche Großraumordnung mit Interventionsverbot für raumfremde Mächte' von Carl Schmitt, in: Zeitschrift für Völkerrecht, 24. Jg., S. 134-140.

Bogner 1930 : Hans Bogner, Die verwirklichte Demokratie. Die Lehren aus der Antike, Hamburg 1930.

Bogner 1931 a : ders.: Der griechische Nomos, in: DVt, 13. Jg. (1931), Oktoberheft, S. 745-752.

Bogner 1931 b : ders.: Die Zersetzung des griechischen Nomos, in: DVt, 13. Jg. (1931), Novemberheft, S. 854-861.

Bollenbeck 1996 : Georg Bollenbeck, Bildung und Kultur. Glanz und Elend eines deutschen Deutungsmusters, Frankfurt/M. 1996.

Bolz 1983 : Norbert Bolz Charisma und Souveränität, in: Fürst 1983, S. 242-262.

Bolz 1989 : ders.: Auszug aus der entzauberten Welt. Philosophischer Extremismus zwischen den Weltkriegen, München 1989.

Borchardt 1932 : Rudolf Borchardt, Das Reich als Sakrament, in: Was ist das Reich? Eine Aussprache unter Deutschen, hrsg. v. Fritz Büchner, Oldenburg 1932, S. 70-78.

Bousset 1895 : Wilhelm Bousset, Der Antichrist in der Überlieferung des Judentums, des neuen Testaments und der alten Kirche. Ein Beitrag zur Auslegung der Apocalypse, Göttingen 1895.

Bracher 1978 : Karl Dietrich Bracher, Der umstrittene Totalitarismus: Erfahrung und Aktualität, in: Manfred Funke (Hrsg.), Totalitarismus. Ein Studien-Reader zur Herrschaftsanalyse moderner Diktaturen, Düsseldorf 1978, S. 81-101.

Bracher 1984 : Karl Dietrich Bracher, Die Auflösung der Weimarer Republik, Düsseldorf 1984.

Braun 1994 : Dietrich Braun, Carl Schmitt und Friedrich Gogarten. Erwägungen zur eigentlich katholischen Verschärfung und ihrer protestantischen Entsprechungen im Übergang von der-Weimarer Republik zum Dritten Reich, in: Verschärfung 1994, S. 203-227.

Bredow 1988 : Wilfried von Bredow/Thomas Jäger, Niemandsland Mitteleuropa. Zur Wiederkehr eines diffusen Ordnungskonzepts, in: Aus Politik und Zeitgeschichte. Beilage zur Wochenzeitung Das Parlament, B 40-41/88 (1988), S. 37-47.

Breuer 1993 : Stefan Breuer, Anatomie der Konservativen Revolution, Darmstadt 1993.

Breuning 1969 : Klaus Breuning, Die Vision des Reiches. Deutscher Katholizismus zwischen Demokratie und Diktatur (1929-1934), München 1969.

Brumlik 1994 : Micha Brumlik, Carl Schmitts theologisch-politischer Antjudaismus, in: Verschärfung 1994, S. 247-256.

Brunner 1965 : Otto Brunner, Land und Herrschaft. Grundfragen der territorialen Verfassungsgeschichte Österreichs im Mittelalter, Darmstadt [5]1965.

Brunner 1984 : Land und Herrschaft. Grundfragen der territorialen Verfassungsgeschichte Österreichs im Mittelalter, Darmstadt [6]1984.

Buber 1962 : Martin Buber, Das dialogische Prinzip, Gerlingen 1962.

Buchheim 1960 : Hans Buchheim, Der deutsche Katholizismus im Jahre 1933. Eine Auseinandersetzung mit Ernst-Wolfgang Böckenförde, in: Hochland, 53. Jg. (1960/61), S. 497-515.

Büchner 1932 : Fritz Büchner, Das Reich als Raum und Geschichte, in: Was ist das Reich? Eine Aussprache unter Deutschen, hrsg. v. Fritz Büchner, Oldenburg 1932, S. 7-12.

Bülow 1941 : Friedrich Bülow, Großraumwirtschaft, Weltwirtschaft und Raumordnung, Leipzig 1941.

Bürger 1986 : Peter Bürger, Carl Schmitt oder die Fundierung der Politik auf Ästhetik, in: Zerstörung, Rettung des Mythos durch Licht, hrsg. v. C. Bürger, Frankfurt/M. 1986, S. 170-176.

Bullock : Alan Bullock, Hitler und Stalin. Parallele Leben, Berlin [x]o. J.

Busek 1995 : Erhard Busek, Akzente mitteleuropäischer Gegenwartsgestaltung, in: Mitteleuropa 1995, S. XIII-XVII.

Cacciari 1995 : Massimo Cacciari, Gewalt und Harmonie. Geo-Philosophie Europas, München 1995.

Carl Schmitt 1988 : Carl Schmitt und die Liberalismuskritik, hrsg. v. Hansen/Lietzmann, Opladen 1988.

Carozzi 1996 : Claude Carozzi, Weltuntergang und Seelenheil. Apokalyptische Visionen im Mittelalter, Frankfurt/M. 1996.

Clauss 1939 : Max Clauss, Die Wiedergeburt des Reiches, Berlin 1939.

Cohn 1988 : Norman Cohn, Das neue irdische Paradies. Revolutionärer Millenarismus und mystischer Anarchismus im mittelalterlichen Europa, Reinbek [3]1988.

Complexio 1988 : Complexio Oppositorum. Über Carl Schmitt, hrsg. v. Helmut Quaritsch, Berlin 1988.

Costamagna 1941 : Carlo Costamagna, Autarkie und Ethnarkie in der Völker- und Staatsrechtslehre derNeuordnung, in: Zeitschrift der Akademie für Deutsches Recht, Jg. 8, Heft 13 (Juli 1941), S. 201-203.

Cullmann 1966 : Oscar Cullmann, Der eschatologische Charakter des Missionsauftrages und des apostolischen Selbstbewußtseins bei Paulus. Untersuchung zum Begriff des Katechon in 2. Thess. 2, 6-7, in: ders.: Vorträge und Aufsätze, Tübingen 1966, S. 305-336.

Däubler 1919 : Theodor Däubler, Hymne an Italien, Leipzig 1919.

Daitz 1940 a : Werner Daitz, Das neue Europa, seine Lebenseinheit und Rechtsordnung, in: Deutsches Recht, 10. Jg. (1940), Heft 49, S. 2081-2084.

Daitz 1940 b : ders: Autarkie als Lebens- und Wirtschaftsordnung, in: Nationalsozialistische Monatshefte, Folge 128 (Dezember1940), S. 739-746.

Daitz 1941 a : ders.: Das Reich als europäischer Ordnungsgedanke, in: Berliner Monatshefte, Oktober 1941.

Daitz 1941 b : ders.: Echte und unechte Großräume. Gesetze des Lebensraumes, in: Reich - Volksordnung - Lebensraum, Bd. 2 (1941), S. 75-96.

Daitz 1943 : ders.: Lebensraum und gerechte Weltordnung. Grundlagen einer Anti-Atlantik-Charta, Amsterdam 1943.

Dannemann 1985 : Gerhard Dannemann, Legale Revolution, Nationale Revolution. Die Staatsrechtslehre zum Umbruch von 1933, in: Ernst W. Böckenförde, Staatsrecht und Staatsrechtslehre im Dritten Reich, Heidelberg 1985, S. 3-22.

Dempf 1929 : Alois Dempf, Sacrum Imperium. Geschichts- und Staatsphilosophie des Mittelalters und derpolitischen Renaissance, München/Berlin 1929.

Dempf 1972 : ders.: Reichskunst und konservative Ästhetik, in: Rekonstruktion des Konservatismus, hrsg. v. Gerd-Klaus Kaltenbrunner, Freiburg 1972, S. 541-559.

Diener 1939 : Roger Diener, Reichsproblem und Hegemonie, in: Deutsches Recht, Bd. 9 (1939), S. 561-566.

Diener 1940 : ders.: Reichsgründung-Reichsgestaltung-Reichserneuerung, in: Zeitschrift für Politik, 31.Bd., Heft 12, S. 739-754.

Diener 1941 : ders.: Reichsverfassung und Großraumverwaltung im Altertum, in: Reich - Volksordnung - Lebensraum, Bd. 1 (1941), S. 177-229.

Diener 1943 a : ders.: Besprechung von Carl Schmitts ‚Land und Meer', in: Reich - Volksordnung - Lebensraum, Bd. 5 (1943), S. 363ff.

Diener 1943 b : ders.: Das Reich im Weltanschauungskampf und Theoriestreit, in: Reich - Volksordnung - Lebensraum, Bd. 6 (1943), S. 216-352.

Diener 1943 c : ders.: Schrifttumsübersicht zur Großraumlehre, in: Reich - Volksordnung - Lebensraum, Bd. 6 (1943), S. 565-567.

Diesel 1932 : Eugen Diesel, Deutschland als nationaler Prozeß, in: Was ist das Reich 1932, S. 34-40.

Diner 1993 : Dan Diner, Weltordnungen. Über Geschichte und Wirkung von Recht und Macht, Frankfurt/M. 1993.

Diószegi 1995 : István Diószegi, Die Reaktion Ungarns auf die deutschen Mitteleuropa-Konzeptionen, in: Mitteleuropa 1995, S. 63-65.

Disraeli 1904 : Benjamin Disraeli, Tancred or: The New Crusade, London und Edinburgh 1904.

Diwald 1978 : Hellmut Diwald, Geschichte der Deutschen, Frankfurt/M./Berlin/Wien 1978.

Donoso 1989 a : Juan Donoso Cortés, Schreiben an Seine Eminenz, Herrn Kardinal Fornari, über das Wesen und den Ursprung der schwersten Irrtümer unserer Zeit, in: ders.: Werke in zwei Bänden, Bd. I, hrsg. v. Günter Maschke, Berlin 1989, S. 300-320.

Donoso 1989 b : ders.: Essay über den Katholizismus, den Liberalismus und den Sozialismus, in: ders.: Werke in 2 Bänden, Bd. 1, hrsg. v. Günter Maschke, Weinheim 1989, S. 1-279.

Ebeling 1992 : Frank Ebeling, Karl Haushofer und die deutsche Geopolitik 1919-1945. Lehre, Raumdenken und Großraumvorstellung, Diss., Hannover 1992.

Eckrich 1937 : Frieda Eckrich, Die Idee des Reiches in der nationalpolitischen Literatur seit Beendigung des Weltkrieges, Diss. Saarbrücken 1937.

Eck 1940 : Otto Eck, Urgemeinde und Imperium, Gütersloh 1940.

Eichhorn 1994 : Mathias Eichhorn, Es wird regiert! Der Staat im Denken Karl Barths und Carl Schmitts in den Jahren 1919 bis 1938, Berlin 1994.

Elias 1993 : Norbert Elias, Über den Prozeß der Zivilisation. Soziogenetische und psychogenetische Untersuchungen, Frankfurt/M. [18]1993.

Emig 1940 : Kurt Emig, Rezension von Völkerrechtliche Großraumordnung.... von C.S., in: Archiv des öffentlichen Rechts, Bd. 31 (1940), S. 194-197.

Epirrhosis 1968 : Epirrhosis. Festgabe für Carl Schmitt, hrsg. v. Barion/Böckenförde/Forsthoff/Weber, Berlin 1968.

Eschmann 1939 : Ernst Wilhelm Eschmann, Die beiden Europa, in: Das 20. Jahrhundert, April 1939, S. 5-12.

Eschweiler 1933 a : Carl Eschweiler, Zehn Gebote und Naturgesetz, in: DVt Jg. 15 (1933), S. 53ff.

Eschweiler 1933 b : ders.: Die Grenze der Staatsgewalt, in: Münchner Neueste Nachrichten, Nr. 198 vom 22. 7. 1933.

Eschweiler 1933 c : ders.: Von der Weltanschauung, in: Münchner Neueste Nachrichten, Nr. 217 vom 10. August 1933.

Eschweiler 1933 d : ders.: Die Kirche im neuen Reich, in: DVt 1933 (Bd. I), S. 451-458.

Evola 1942 : Julius Evola, Reich und Imperium als Elemente der neuen europäischen Ordnung, in: Europäische Revue Bd. 18 (1942), S. 69-75.

Faber 1975 : Richard Faber, Die Verkündigung Vergils. Zur Kritik der Politischen Theologie, Hildesheim 1975.

Faber 1979 : ders.: Abendland. Ein politscher Kampfbegriff, Hildesheim 1979.

Faber 1981 : ders.: Roma Aeterna. Zur Kritik der Konservativen Revolution , Würzburg 1981.

Faber 1983 : ders.: Von der Erledigung jeder politischen Theologie zur Konstitution Politischer Polytheologie, in: Fürst 1983, S. 85-99.

Faber 1987 : ders.: Großraumordnung. Das imperialistische Friedenskonzept Carl Schmitts, in: Friedensinitiative Philosophie. Um Kopf und Kragen, hrsg. von Christoph Schulte, Neuwied 1987.

Faber 1994 : ders.: Carl Schmitt, der Römer, in: Die eigentlich katholische Verschärfung.... - Konfession, Theologie und Politik im Werk Carl Schmitts, hrsg. v. Bernd Wacker, München 1994, S. 257-278.

Fenske 1996 : Fenske/Mertens/Reinhard/Rosen, Geschichte der politischen Ideen von der Antike bis zurGegenwart, Frankfurt/M. 1996.

Fest 1993 : Joachim C. Fest, Hitler, Frankfurt/M./Berlin [x]1993.

Festschrift 1994 : Festschrift für Carl Schmitt. dargebracht von Freunden und Schülern, hrsg. v. Barion/Forsthoff/Weber, Berlin [3]1994.

Feuerbach 1988 : Jean-Louis Feuerbach, La théorie du Grossraum chez Carl Schmitt, in: Complexio 1988, S. 401-418.

Fichte 1971 a : Johann Gottlieb Fichte, Der geschlossene Handelsstaat. Ein philosophischer Entwurf als Anhang zur Rechtslehre und Probe einer künftig zu liefernden Politik, in: Fichtes Werke, Bd. III, Berlin [2]1971, S. 387-513.

Fichte 1971 b : Johann Gottlieb Fichte, Reden an die deutsche Nation, in: Fichtes Werke Bd. VII, Berlin [2]1971, S. 257-499.

Fijalkowski 1958 : Jürgen Fijalkowski, Die Wendung zum Führerstaat. Ideologische Komponenten in der politischen Philosophie Carl Schmitts, Köln und Opladen 1958.

Firsching 1995 : Horst Firsching, Am Ausgang der Epoche der Staatlichkeit? Ernst Forsthoffs Sicht der Bundesrepublik Deuthschland als paradigmatischer Staat der Industriegesellschaft, in: Metamorphosen des Politischen. Grundfragen politischer Einheitsbildung seit den 20er Jahren, hrsg. v. Andreas Göbel/Dirk van Laak/Ingeborg Villinger, Berlin 1995, S. 203-218.

Flickinger 1990 a : Hans-Georg Flickinger, Einleitung, in: Autonomie 1990, S. 1-13.

Flickinger 1990 b : ders.: Mythos der Souveränität und Souveränität des Mythos, in: Autonomie 1990, S. 67-79.

Forschbach 1984 : Edmund Forschbach, Edgar J. Jung. Ein konservativer Revolutionär - 30. Juni 1934, Pfullingen 1984.

Forsthoff 1933 : Ernst Forsthoff, Der totale Staat, Hamburg 1933.

Forsthoff 1938 : ders.: Die Verwaltung als Leistungsträger, Stuttgart und Berlin 1938.

Forsthoff 1971 : ders.: Der Staat der Industriegesellschaft, München 1971.

Fraenkel 1974 : Ernst Fraenkel, Der Doppelstaat, Frankfurt/M./Köln 1974.

Frantz 1857 : Constantin Frantz, Vorschule zur Physiologie der Staaten, Berlin 1857.

Franzen 1992 : Hans Franzen, Im Wandel des Zeitgeistes 1931-1991. Euphorien, Ängste, Herausforderungen, München 1992.

Frese 1971 : J. Frese, Artikel ‚Bewegung, politische‘, in: Historisches Wörterbuch der Philosophie, hrsg. v. Ritter/Gründer, Darmstadt 1971ff., Bd. 1, Sp. 880-882.

Freyer 1925 : Hans Freyer, Der Staat, Leipzig 1925.

Freyer 1940 : ders.: Besprechung von ‚Positionen und Begriffe‘ von Carl Schmitt, in: Deutsche Rechtswissenschaft, 5. Bd. (1940), S. 261-266.

Freyer 1948 : ders.: Weltgeschichte Europas, I. Bd., Wiesbaden und Stuttgart 1948.

Freyer 1954 : ders.: Weltgeschichte Europas, II. Bd., Wiesbaden und Stuttgart 1954.

Freytagh-Loringhoven 1941 : Axel Freiherr von Freytagh-Loringhoven, Völkerrechtliche Neubildungen im Kriege, Hamburg 1941.

Fritzsche 1976 : Klaus Fritzsche, Politische Romantik und Gegenrevolution. Fluchtwege in der Krise derbürgerlichen Gesellschaft: Das Beispiel des »Tat« Kreises, Frankfurt/M. 1976.

Fuhrmann 1996 : Manfred Fuhrmann, Rom in der Spätantike. Porträt einer Epoche, Reinbek ²1996.

Fürst 1983 : Der Fürst dieser Welt. Carl Schmitt und die Folgen, hrsg. v. J. Taubes, München/Paderborn/Wien/Zürich 1983.

Fueyo 1968 : Jesús Fueyo, Die Idee der auctoritas: Genesis und Entwicklung, in: Epirrhosis 1968, S. 213-235.

Fukuyama 1992 : Francis Fukuyama, The end of history and the last man, London ⁵1992.

Ganzer 1941 : Karl Richard Ganzer, Das Reich als europäische Ordnungsmacht, Hamburg ²1941.

Gess 1996 : Brigitte Gess, Die Totalitarismuskonzeption von Raymond Aron und Hannah Arendt, in: Hans Maier, (Hrsg.), Totalitarismus und Politische Religionen. Konzepte des Diktaturvergleichs, Paderborn/München/Wien/Zürich 1996, S. 264-274.

Getzeny 1932 a : Heinrich Getzeny, Wir Katholiken und die gegenwärtigen politischen Kämpfe, in: Schönere Zukunft, 8. Jg. (1932), Nr. 6, S. 125-127.).

Getzeny 1932 b : ders.: Wie weit ist die politische Theologie des Reiches heute noch sinnvoll?, in: Hochland, 30. Jg. (1932/33), Bd. II, S. 556-558.

Getzeny 1933 : ders.: Politische Theologie des Reiches, in: Schönere Zukunft Nr. 51 vom 17. September 1933, S. 1230-1232.

Gierke 1868 : Otto von Gierke, Das deutsche Genossenschaftsrecht, 4 Bde., Berlin 1868-1913.

Goebbels 1948 : Joseph Goebbels, Tagebücher aus den Jahren 1942/43 mit anderen Dokumenten, hrsg. v. Lochner, Zürich 1948.

Goedecke 1951 : Paul Goedecke, Der Reichsgedanke im Schriftum von 1919-1935, Diss. Marburg 1951.

Goez 1958 : Werner Goez, Translatio Imperii. Ein Beitrag zur Geschichte des Geschichtsdenkens und der politischen Theorien im Mittelalter und in der frühen Neuzeit, Tübingen 1958.

Gogarten 1932 : Friedrich Gogarten: Politische Ethik. Versuch einer Grundlegung, Jena 1932.

Gogarten 1988 : ders., Gehören und Verantworten - Ausgewählte Aufsätze, Tübingen 1988.

Gollwitzer 1972 : Heinz Gollwitzer, Geschichte des weltpolitischen Denkens, Bd.I, Göttingen 1972 und Bd. II, Göttingen 1982.

Gottfried 1987 : Paul Gottfried, The Nouvelle Ecole of Carl Schmitt, in: Telos, A Quarterly of Critical Thought, Number 72, Summer 1987 (Special Issue on Carl Schmitt), S. 202-204.

Graml 1966 : Hermann Graml, Die außenpolitischen Vorstellungen des deutschen Widerstandes, in: Der deutsche Widerstand gegen Hitler, hrsg. v. Walter Schmitthenner/HansBuchheim, Köln/Berlin 1966, S. 15-72.

Greiffenhagen 1986 : Martin Greiffenhagen, Das Dilemma des Konservatismus in Deutschland, Frankfurt/M. 1986.

Grewe 1939 : Wilhelm G. Grewe: Der Reichsbegriff im Völkerrecht, in: Monatshefte für auswärtige Politik, 1939, S. 798-802.

Grewe 1983 : ders.: Was ist klassisches, was ist modernes Völkerrecht? in: Böhm/Lüdersen/Ziegler (Hrsg.), Idee und Realität des Rechts in der Entwicklung internationaler Beziehungen. Festgabe für Wolfgang Preiser, Baden-Baden 1983, S. 111-131.

Grewe 1988 : ders., Epochen der Völkerrechtsgeschichte, Baden-Baden [2]1988.

Grimm 1932 : Hans Grimm, Besprechung des Aufsatzes von Fritz Büchner ‚Das Reich als Raum und Geschichte', in: Was ist das Reich 1932, S. 13-19.

Groh 1998 : Ruth Groh, Arbeit an der Heillosigkeit der Welt. Zur politisch-theologischen Mythologie und Anthropologie Carl Schmitts, Frankfurt/M. 1998.

Grosche 1933 : Robert Grosche, Die Grundlagen einer christlichen Politik der deutschen Katholiken, in: Die Schildgenossen, 13. Jg. (1933), S. 36-52.

Gross 1994 : Raphael Gross, Politische Polykratie 1936. Die legendenumwobene SD-Akte Carl Schmitt, in: Tel Aviver Jahrbuch für deutsche Geschichte, Bd. 23 (1994), S. 115-143.

Grossheutschi 1996 : Felix Grossheutschi, Carl Schmitt und die Lehre vom Katechon, Berlin 1996.

Gruchmann 1962 : Lothar Gruchmann, Nationalsozialistische Großraumordnung. Die Konstruktion einer deutschen Monroedoktrin , Stuttgart 1962.

Gruchmann 1988 : ders.: Justiz im Dritten Reich 1933-1940. Anpassung und Unterwerfung in der Ära Gürtner, München 1988.

Grünewald 1982 : E. Grünewald, Ernst Kantorowicz und Stefan George, Wiesbaden 1982.

Günther 1930 : Albrecht Erich Günther, Die Krise des Konservatismus, in: DVt, 12. Jg. (1930), S. 900-905.

Günther 1931 : ders.: Der Endkampf zwischen Autorität und Anarchie, in: DVt, 13. Jg. (1931), Heft 1, S. 11-20.

Günther 1932 : ders.: Der Ludus de Antichristo, ein christlicher Mythos vom Reich und dem deutschen Herrscheramte, in: Der fahrende Gesell 20. Jg. (1932), S. 67-75.

Günther 1933 : ders.: Die Deutschen und das Reich, in: Europäische Revue, 9. Jg, April 1933, S. 210ff.

Günther 1934 a : ders.: Der Staatsfeind, in: in: DVt, 16. Jg. (1934), S. 46ff.

Günther 1934 b : ders.: Gesetzesstaat und Führerstaat, in: DVt, 16. Jg. (1934), S. 446.

Günther, G. 1929 : Gerhard Günther, Die Heiligung des Staates, in: Deutsches Volkstum, April 1929.

Günther, G. 1932 : ders.: Das werdende Reich. Reichsgeschichte und Reichsreform, Hamburg 1932.

Günther G. 1970 : ders.: Der Antichrist. Der staufische Ludus de Antichristo, Hamburg 1970.

Gürke 1935 : Norbert Gürke, Volk und Völkerrecht, Tübingen 1935.

Gurian 1932 : Waldemar Gurian: Um des Reiches Zukunft. Nationale Wiedergeburt oder politische Reaktion?, Freiburg/Bg. 1932 (unter dem Pseudonym Walter Gerhart).

Gurian 1934 : ders., Entscheidung und Ortung, in: Schweizerische Rundschau, 34. Jg. (1934), Heft 7, S. 566-577 (unter dem Pseudonym Paul Müller).

Hachmeister 1998 : Lutz Hachmeister, Der Gegnerforscher. Die Karriere des SS-Führers Franz Alfred Six, München 1998.

Haffner 1993 : Sebastian Haffner, Anmerkungen zu Hitler, Frankfurt/M. [x]1993.

Hahn 1939 : Georg Hahn, Grundfragen europäischer Ordnung - Ein Beitrag zur Neugestaltung der Völkerrechtslehre, Berlin/Wien 1939.

Hamann 1996 : Brigitte Hamann, Hitlers Wien. Lehrjahre eines Diktators, München 1996.

Hanák 1995 : Péter Hanák, Warum sind die Donau-Föderationspläne nicht gelungen? , in: Mitteleuropa 1995, S. 141-149.

Hansen 1988 : Klaus Hansen, Feindberührungen mit versöhnlichem Ausgang - Carl Schmitt und der Liberalismus, in: Carl Schmitt 1988, S. 9-14.

Haselsteiner 1995 : Horst Haselsteiner, Mitteleuropa und das Gestaltungsprinzip Föderalismus, in: Mitteleuropa 1995, S.XIX-XXVII.

Hassel 1964 : Ulrich von Hassel, Vom anderen Deutschland. Aus den nachgelassenen Tagebüchern 1938-1944, Frankfurt/M. 1964.

Hauriou 1965 : Maurice Hauriou, Die Theorie der Institution, hrsg, v. Roman Schnur, Berlin 1965.

Haushofer, A. 1930 : Albrecht Haushofer, Mitteleuropa und der Anschluß, in: Kleinwaechter-Paller, Die Anschlußfrage, 1930.

Haushofer, A. 1935 : ders.: Zur Problematik des Raumbegriffes, aus: Schriften zur Geopolitik, Heft 2, 1935.

Haushofer 1942 : Karl Haushofer, Die Vielerlei der Ost-Begriffe, in: Zeitschrift für Geopolitik, 19. Jg. (1942), Heft 3, S. 144-147.

Hedemann 1941 : Justus Wilhelm Hedemann, Der Großraum als Problem des Wirtschaftsrechts, in: Deutsche Rechtswissenschaft, 6. Bd., Heft 3 (1941), S. 180-203.

Hefele 1927 : Hermann Hefele, Zum Problem einer Politik aus dem katholischen Glauben, in: Abendland, April 1927, S. 195-197.

Hegel 1991 : G. W. F. Hegel, Phänomenologie des Geistes, Frankfurt/M. [3]1991 (Suhrkamp-WerkausgabeBd. 3).

Hegel 1992 : ders.: Vorlesungen über die Philosophie der Geschichte, Frankfurt/M. [3]1992 (Suhrkamp-Werkausgabe Bd. 12).

Hegel 1993 : ders., Grundlinien der Philosophie des Rechts, Frankfurt/M. [3]1993 (Suhrkamp-Werkausgabe Bd. 7).

Heiber 1966 : Helmut Heiber, Walter Frank und sein Reichsinstitut für Geschichte des neuen Deutschlands, Stuttgart 1966.

Hennig 1990: Eike Hennig, Carl Schmitts Legalität und Legitimität: Die politische Dezision im Jahr 1932, in: Autonomie 1990, S. 129-142.

Hepp 1971 : Robert Hepp, Artikel ‚Nomos', in: Historisches Wörterbuch der Philosophie, hrsg. v. Ritter/Gründer, Darmstadt 1971ff., Bd. 6, Sp. 893-895.

Herbert 1996 : Ulrich Herbert, Best. Biographische Studien über Radikalismus, Weltanschauung und Vernunft 1903-1989, Bonn 1996.

Herbst 1982 : Ludolf Herbst, Der Totale Krieg und die Ordnung der Wirtschaft. Die Kriegswirtschaft im Spannungsfeld von Politik, Ideologie und Propaganda 1939-1945, Stuttgart 1982.

Hermand 1988 : Jost Hermand, Der alte Traum vom neuen Reich. Völkische Utopien und Nationalsozialismus, Frankfurt/M. 1988.

Herzstein 1982 : Robert Edwin Herzstein, When Nazi Dreams come true, London 1982.

Heuss 1963 : Theodor Heuss, Erinnnerungen 1905-1933, Tübingen 1963.

Heydte 1989 : Friedrich Freiherr von der Heydte, Völkerrecht gestern und heute, in: Im Dienst an der Gemeinschaft. Festschrift für Dietrich Schindler, hrsg. v. Haller/Klöz/Müller/Thürer, Basel/Frankfurt/M. 1989, S. 97-108.

Hieronymus 1936 : Hieronymus, Ausgewählte Schriften, II. Band, München 1936.

Hilberg 1990 : Raul Hilberg, Die Vernichtung der europäischen Juden, Frankfurt/M. [3]1990.

Hirst 1987 : Paul Hirst, Carl Schmitts Decisionism, in: Telos, A Quarterly of Critical Thought, Number 72,Summer 1987 (Special Issue on Carl Schmitt), S. 15-26.

Hobbes 1991 a : Thomas Hobbes, Leviathan, Cambridge 1991.

Hobbes 1991 b : Thomas Hobbes, Behemoth oder das Lange Parlament, Frankfurt/M. 1991.

Höffner 1972 : Joseph Höffner, Kolonialismus und Evangelium. Spanische Kolonialethik im Goldenen Zeitalter, Trier [2]1972.

Hoensch 1995 : Jörg K. Hoensch, Nationalsozialistische Europapläne im Zweiten Weltkrieg. Versuch einer Synthese, in: Mitteleuropa 1995, S.307-325.

Hoffmann 1985 : Peter Hoffmann, Widerstand - Staatsstreich - Attentat. Der Kampf der Opposition gegen Hitler, München 1985.

Hofmann 1992 : Hasso Hofmann, Legalität gegen Legitimität. Der Weg der politischen Philosophie Carl Schmitts, Berlin [2]1992.

Höhn 1935 : Reinhard Höhn, Der individualistische Staatsbegriff und die juristische Staatsperson, Berlin 1935.

Höhn 1941 : ders.: Großraumordnung und völkisches Rechtsdenken, in: Reich - Volksordnung - Lebensraum, 1. Bd. (1941), S. 256-288.

Höhn 1942 : ders.: Reich, Großraum, Großmacht, Darmstadt 1942.

Höhne o. J. : Heinz Höhne, Der Orden unter dem Totenkopf. Die Geschichte des SS, Gütersloh [2]o.J.

Holczhauser 1989 : Vilmos Holczhauser, Souveränität und konkrete Ordnung. Carl Schmitts Verhältnis zum Pluralismus, in: Dritte Etappe, Bonn 1989, S. 31-42.

Holczhauser 1990 : ders: Konsens und Konflikt - Die Begriffe des Politischen bei Carl Schmitt, Berlin 1990.

Huber 1941 a : Ernst Rudolf Huber, Bau und Gefüge des Reiches, in: Deutsche Rechtswissenschaft Bd. 6 (1941), S. 22-32.

Huber 1941 b : ders.: Positionen und Begriffe - Eine Auseinandersetzung mit Carl Schmitt, in: Zeitschrift für die gesamte Staatswissenschaft, Bd. 101 (1941), S. 1-44.

Huber 1941 c : ders.: Großraum und völkerrechtliche Neuordnung, in: Straßburger Monatshefte, 5. Jg., Heft 11, S. 744-748.

Huber 1941 d : ders.: Herrschaft und Führung, in: Deutsches Recht, 11. Jg. (1941), Heft 39, S. 2017-2024.

Huber 1941 e : ders.: Begriff und Wesen der Verwaltung, in: Geist der Zeit, Bd. 19 (1941), S. 287-294.

Huber 1942 : ders.: Reich, Volk und Staat in der Reichsrechtswissenschaft des 17. und 18. Jahrhunderts, in: Zeitschrift für die gesamte Staatswissenschaft 102 (1942), S. 593-627.

Huber 1960 : ders.: Deutsche Verfassungsgeschichte seit 1789, Bd. I, Stuttgart 1960.

Huber 1988 : ders.: Carl Schmitt in der Reichskrise der Weimarer Endzeit, in: Complexio 1988, S. 33-50.

Hürten 1969 : Heinz Hürten, Deutsche Briefe 1934-1938. Ein Blatt der katholischen Emigration, 2 Bde, Mainz 1969.

Hürten 1972 : ders.: Waldemar Gurian. Ein Zeuge der Krise unserer Welt in der ersten Hälfte des 20. Jahrhunderts, Mainz 1972.

Hürten 1996 : ders.: Waldemar Gurian und die Entfaltung des Totalitarismusbegriffs , in: Hans Meier, (Hrsg.), Totalitarismus und Politische Religionen. Konzepte des Diktaturvergleichs, Paderborn/München/Wien/Zürich 1996, S. 59-70.

Huntington 1996 : Samuel P. Huntington, Der Kampf der Kulturen. Die Neugestaltung der Weltpolitik im 21. Jahrhundert, München/Wien [4]1996.

Hüsmert 1990 : Ernst Hüsmert, Die letzten Jahre von Carl Schmitt, in: Schmittiana I 1990, S. 40-54.

Ipsen 1932 : Gunther Ipsen, Das Erbe des Reiches, in: Was ist das Reich 1932, S. 58-66.

Jacobsen 1979 : Hans-Adolf Jacobsen, Karl Haushofer - Leben und Werk, Boppard am Rhein 1979.

Jäger 1997 : Lorenz Jäger, Hugo Ball und Carl Schmitt: Grüner König, in: FAZ v. 26. 03. 1997.

Jahrreiß 1942 : Hermann Jahrreiß, Wandel der Weltordnung. Zugleich eine Auseinandersetzung mit der Völkerrechtslehre von Carl Schmitt, in: Zeitschrift für öffentliches Recht, Bd. 21, Heft 5 (1942), S. 513-536.

Jünger 1942 : Ernst Jünger, Blätter und Steine, Leipzig [2]1942.

Jünger 1981 : ders.: Der Arbeiter. Herrschaft und Gestalt, Stuttgart [x]1981.

Jünger 1982 a : ders.: Sämtliche Werke IV, Siebzig Verweht I, Stuttgart 1982.

Jünger 1982 b : ders.: Sämtliche Werke V, Siebzig Verweht II, Stuttgart 1982.

Jung 1933 : Edgar Julius Jung, Sinndeutung der deutschen Revolution, Oldenburg 1933.

Kaiser 1965 : Joseph H. Kaiser: Exposé einer pragmatischen Theorie der Planung, in: ders. (Hrsg.), Planung I. Recht und Politik der Planung in Wirtschaft und Gesellschaft, Baden-Baden 1965, S. 11-34.

Kaiser 1968 : ders., Europäisches Großraumdenken. Die Steigerung geschichtlicher Größen als Rechtsproblem, in: Epirrhosis 1968, S. 529-548.

Kaiser 1988 : ders.: Konkretes Ordnungsdenken, in: Complexio 1988, S. 319-331.

Kamlah 1934 : Wilhelm Kamlah, Der Ludus de Antichristo, in: Historische Vierteljahresschrift 28 (1934), S. 72-87.

Kantorowicz 1991 : Ernst Kantorowicz, Kaiser Friedrich der Zweite, Stuttgart [8]1991.

Kaufmann 1988 : Mathias Kaufmann, Recht ohne Regel? Die philosophischen Prinzipien in Carl Schmitts Staats- und Rechtslehre, Freiburg/München 1988.

Keinhorst 1993 : Willi Keinhorst, Wilhelm Stapel - Ein evangelischer Journalist im Nationalsozialismus. Gratwanderer zwischen Politik und Theologie, Frankfurt/M. u.a. 1993.

Kempf 1954 : Friedrich Kempf S.J., Papsttum und Kaisertum bei Innozenz III. Die geistigen und rechtlichen Grundlagen seiner Thronstreitpolitik, Rom 1954.

Kempski 1942 : Jürgen v. Kempski, Panamerika - Das Ende einer Illusion, in: Auswärtige Politik Bd. 9 (1942), S. 876-882.

Kempski 1943 : ders.: Hegemonie der Großmächte?, in: Auswärtige Politik Bd. 10 (1943), S. 737f.

Kempski 1992 : ders.: Recht und Politik. Studien zur Einheit der Sozialwissenschaft (Schriften 2), Frankfurt/M. 1992.

Kennedy 1988 : Ellen Kennedy, Politischer Expressionismus: Die kulturkritischen und metaphysischen Ursprünge des Begriffs des Politischen von Carl Schmitt, in: Complexio 1988, S. 233-251.

Kepel 1991 : La revanche de Dieu. Inerview with Gilles Kepel, in: Géopolitique, N°33, S. 13-17.

Kern 1954 : Fritz Kern, Gottesgnadentum und Widerstandsrecht im frühen Mittelalter. Zur Entwicklungsgeschichte der Monarchie, Darmstadt [2]1954.

Kesting 1954 : Hanno Kesting, Utopie und Eschatologie, in: Archiv f. Rechts- und Sozialphilosophie, Heft 2/1954, S. 202-230.

Kesting, M. 1994 : Marianne Kesting, Begegnungen mit Carl Schmitt, in: Schmittiana IV, hrsg. v. P. Tommissen, Berlin 1994, S. 93-118.

Keßler 1967 : Heinrich Keßler, Wilhelm Stapel als politischer Publizist, Nürnberg 1967.

Kettenacker 1989 : Lothar Kettenacker, Der Mythos vom Reich, in: Mythos und Moderne, hrsg. v. Bohrer, Frankfurt/M. 1989, S. 261-289.

Kimminich 1993 : Otto Kimminich, Einführung in das Völkerrecht, Tübingen und Basel [5]1993.

Kjellén 1918 : Rudolf Kjellén, Die Ideen von 1914. Eine weltgeschichtliche Perspektive, Leipzig 1918.

Klein 1932 : Tim Klein, Geschichte und Zukunft des Reiches, in: Was ist das Reich 1932, S. 19-24.

Klemperer 1961 : Klemens v. Klemperer, Konservative Bewegungen zwischen dem Kaiserreich und dem Nationalsozialismus, München/Wien 1961.

Kluke : Paul Kluke, Nationalsozialistische Europaideologie, in: Vierteljahreshefte für Zeitgeschichte, III, 3, S. 240-275.

Kodalle 1973 : Klaus Michael Kodalle, Politik als Macht und Mythos. Carl Schmitts Politische Theologie, Stuttgart 1973.

Kodalle 1990 : ders.: Zwischen politischen Mythen und gesellschaftlichen Grundwerten. Carl Schmitts Anstöße und gegenwärtige Debatte über Zivilreligion, in: Die Autonomie 1990, S. 81-96.

Köhler 1995 : Otto Köhler, Unheimliche Publizisten. Die verdrängte Vergangenheit der Medienmacher, München 1995.

Koellreutter 1933 a : Otto Koellreutter, Volk und Staat in der Verfassungskrise. Zugleich eine Auseinandersetzung mit der Verfassungslehre Carl Schmitts, Berlin 1933.

Koellreutter 1933 b : ders.: Grundriß der Allgemeinen Staatslehre, Tübingen 1933.

Koellreutter 1935 : ders.: Volk und Staat in der Weltanschauung des Nationalsozialismus, Berlin 1935.

Koellreutter 1938 : ders: Leviathan und totaler Staat, in: Reichsverwaltungsblatt, Bd. 59, Nr. 38, S. 803-807.

Koenen 1995 a : Andreas Koenen, Der Fall Carl Schmitt - Sein Aufstieg zum Kronjuristen des Dritten Reiches , Darmstadt 1995.

Koenen 1995 b : ders.: Visionen vom Reich. Das politisch-theologische Erbe der Konservativen Revolution, in: Metamorphosen des Politischen. Grundfragen politischerm Einheitsbildung seit den 20er Jahren, hrsg. v. Andreas Göbel/Dirk van Laak/Ingeborg Villinger, Berlin 1995, S. 53-74.

Köster 1971 : Werner Köster, Artikel ‚Raum, politischer', in: Historisches Wörterbuch der Philosophie, hrsg. v. Ritter/Gründer, Darmstadt 1971ff., Bd. 8, Sp. 122-131.

Kojève : Alexandre Kojève, Das lateinische Reich. Skizze einer Doktrin der französischen Politik, in: TUMULT Franzosen, Wien o. Jahresangabe, S. 92-122.

Kondylis 1986 : Panajotis Kondylis, Konservativismus. Geschichtlicher Gehalt und Untergang, Stuttgart 1986.

Kondylis 1992 : ders.: Planetarische Politik nach dem Kalten Krieg, Berlin 1992.

Konrad, R. 1964 : Robert Konrad, De ortu et tempore Antichristi. Antichristvorstellung und Geschichtsbild des Abtes Adso von Montier-en-Der, Kallmünz 1964.

Konrad 1995 : Helmut Konrad, Linksgerichteter Widerstand und Mitteleuropa 1939-1941, in: Mitteleuropa 1995, S. 359-368.

Korff 1974 : Friedrich Wilhelm Korff, Anmerkungen zu Carl Schmitt. Karl Löwith in memoriam, in: Neue Deutsche Hefte 141, Jg. 21 (1974), H. 1, S. 3-30.

Korff 1980 : ders.: Besprechung von ‚Die Tyrannei der Werte' von Carl Schmitt, in: Criticón 58, März/April 1980, S. 97f.

Koselleck 1968 : Reinhart Koselleck: Vergangene Zukunft der frühen Neuzeit, in: Epirrhosis 1968, S. 549-566.

Koselleck 1975 : ders.: Zur historisch-politischen Semantik asymetrischer Gegenbegriffe, in: Positionen der Negativität - Poetik und Hermeneutik VI, hrsg. v. Harald Weinrich, München 1975, S. 65-104.

Koselleck 1992 : ders.: Kritik und Krise, Frankfurt/M. [8]1992.

Kracauer 1990 : Siegfried Kracauer, Aufruhr der Mittelschichten. Eine Auseinandersetzung mit dem Tat- Kreis, in: ders.: Schriften Bd. 5.2, Frankfurt/M. 1990, S.405-424.

Krausnick 1985 : Helmut Krausnick, Hitlers Einsatzgruppen. Die Truppen des Weltanschuungskrieges 1938-1942, Frankfurt/M. [2]1985.

Krauss 1932 : Günther Krauss, Der Begriff des Politischen, in: DVt Dezember 1932, H. 1, S. 959-964; neugedruckt in: Dritte Etappe, Bonn 1989, S. 101-108 (unter dem Pseudonym Clemens Lang).

Krauss 1933 : ders.: Die katholische Kirche und das Volk der Deutschen, in: DVt 1933 (Bd. II), S. 1036-1047 (unter dem Pseudonym Clemens Lang).

Krauss 1934 : ders.: Der dreigliedrige Aufbau der katholischen Kirche, in: DVt 1934 (Bd. I), S. 446-455 (unter dem Pseudonym Clemens Lang).

Krauss 1986 a : ders.: Erinnerungen an Carl Schmitt - Teil 1, in: Criticon, 16. Jg. (1986), Nr. 95, S. 127-130.

Krauss 1986 b : ders.: Erinnerungen an Carl Schmitt - Teil 2, in: Criticon, 16. Jg. (1986), Nr. 96, S. 180-186.

Krauss 1990 a ; ders.: Erinnerungen an Carl Schmitt - Teil 3, in: Schmittiana I, hrsg. v. P. Tommissen, Brüssel 1990, S. 55-69.

Krauss 1990 b : ders.: Erinnerungen an Carl Schmitt - Teil 4 + Teil 5, in: Schmittiana II, hrsg. v. P. Tommissen, Brüssel 1990, S. 72-111.

Krauss 1991 : ders.: Erinnerungen an Carl Schmitt: Nachträge, in: Schmittiana III, hrsg. v. P. Tommissen, Brüssel 1991, S. 45-51.

Krauss 1996 : ders.: Carl Schmitt und die Weimarer Reichsverfassung. Eine Betrachtung zum 11. Juli 1953, in: Schmittiana V 1996, S. 315-319.

Kren 1995 : Jan Kren, Das Integrationsproblem in Ostmtteleuropa zwischen den beiden Weltkriegen, in: Mitteleuropa 1995, S.153-164.

Kritisches Wörterbuch 1988 : Kritisches Wörterbuch der Französischen Revolution, hrsg. v. Furet/Ozouf, 2 Bände, Frankfurt /M. 1988.

Kröger 1988 : Klaus Kröger, Bemerkungen zu Carl Schmitts Römischer Katholizismus und politische Form , in: Complexio 1988, S. 159-165.

Kröll 1995 : Friedhelm Kröll, Das Verhör. Carl Schmitt in Nürnberg, Nürnberg 1995.

Krüger 1941 : Herbert Krüger, Der Raum als Gestalter der Innen- und Außenpolitik, in: Reich - Volksordnung - Lebensraum, 1. Bd. (1941), S. 77-176.

Krüger, P. 1995 : Peter Krüger, Wirtschaftliche Mitteleuropapläne in Deutschland zwischen den Weltkriegen, in: Mitteleuropa 1995, S. 283-303.

Küchenhoff 1944 : Günther Küchenhoff, Großraumgedanke und völkische Idee im Recht, in: Zeitschrift für ausländisches öffentliches Recht und Völkerrecht, Bd. 12 (1944), S. 36-82.

Kühlmann 1994 : Wilhelm Kühlmann, Im Schatten des Leviathan - Carl Schmitt und Konrad Weiß, in: Verschärfung 1994, S. 89-114.

Kuehnelt-Leddin 1987 : Erik von Kuehnelt-Leddihn, Nation und Reich, in: Criticón 103, September/Oktober 1987, S. 215-218.

Kural 1995 : Václav Kural, Von Masaryks »Neuem Europa« zu den Grossraumplänen Hitler-Deutschlands, in: Mitteleuropa 1995, S. 351-357.

Laak 1993 : Dirk van Laak, Gespräche in der Sicherheit des Schweigens - Carl Schmitt in der politischen Geistesgeschichte der frühen Bundesrepublik, Berlin 1993.

Laak 1995 : ders.: Die fehlende Staatsidee. Eine Dokumentation von Martin Draths unvollendeter Abrechnung mit dem Begriff des Politischen , in: Metamorphosen des Politischen. Grundfragen politischer Einheitsbildung seit den 20er Jahren, hrsg. v. Andreas Göbel/Dirk van Laak/Ingeborg Villinger, Berlin 1995, S. 219-232.

Laclau 1991 : Ernesto Laclau, Hegemonie und radikale Demokratie. Zur Dekonstruktion des Marxismus, Wien 1991.

Lacoste 1990 : Yves Lacoste, Geographie und politisches Handeln. Perspektiven einer neuen Geopolitik, Berlin 1990.

Langendorf 1989 : Jean-Jacques Langendorf, Pamphletisten und Theoretiker der Gegenrevolution 1789-1799, München 1989.

Langhans-Ratzburg 1931 : Manfred Langhans-Ratzburg, Die großen Mächte, München/Berlin 1931.

Langhans-Ratzburg 1932 : ders.: Geopolitik und Geojurisprudenz, Jena 1932.

Lauermann 1988 : Manfred Lauermann, Versuch über Carl Schmitt im Nationalsozialismus, in: Carl Schmitt 1988, S. 37-51.

Lauermann 1990 : ders.: Begriffsmagie. Positionen und Begriffe als Kontinuitätsbehauptung - Bemerkungen anläßlich der Neuauflage 1988, in: Autonomie 1990, S. 97-127.

Lauermann 1992 : ders.: Nation - ein dilatorischer Kampfbegriff bei Carl Schmitt, in: Welche Geschichte wählen wir?, hrsg. v. Grunenberg, Hamburg 1992, S. 66-80.

Lauermann 1993 : ders.: Carl Schmitt - jenseits biographischer Mode. Ein Forschungsbericht 1993, in: Verschärfung 1994, S. 295-319.

Laufer 1961 : Heinz Laufer, Das Kriterium des politischen Handelns, München 1961.

Laufer 1962 : ders.: Homo Homini Homo. Das anthropologische Glaubensbekenntnis eines Doktrinärs, in: Politische Ordnung und menschliche Existenz. Festgabe für Eric Voegelin zum 60. Geburtstag, hrsg, v. Dempf/Arendt/Engel-Janosi, München 1962, S. 320-342.

Legaz 1994 : Luis Legaz y Lacambra, Völkerrechtsgemeinschaft, Ideologie, Utopie und Wirklichkeit, in: Festschrift 1994, S. 123-143.

Lege 1985 : Joachim Lege, Neue methodische Positionen in der Staatsrechtslehre und ihr Selbstverständnis, in: Ernst W. Böckenförde, Staatsrecht und Staatsrechtslehre im Dritten Reich, Heidelberg 1985, S. 23-43.

Lehnert 1996 : Detlef Lehnert, Die Weimarer Staatsrechtsdebatte zwischen Legendenbildung und Neubesinnung, in: Aus Politik und Zeitgeschichte (Beilage zur Wochenzeitung Das Parlament), B 51/96 (13. 12. 1996), S. 3-14.

Leibholz 1933 : Gerhard Leibholz, Die Auflösung der liberalen Demokratie in Deutschland und das autoritäre Staatsbild, München und Leipzig 1933.

Leimbach 1965 : Friedrich Leimbach, Christus ohne Dogma, o. Ortsangabe 1965

Lemberg 1995 : Hans Lemberg, Mitteleuropa und Osteuropa, in: Mitteleuropa 1995, S. 213-220.

Lenk 1996 : Kurt Lenk, Parlamentarismuskritik im Zeichen politischer Theologie, in: Aus Politik und Zeitgeschichte (Beilage zur Wochenzeitung Das Parlament), B 51/96 (13. 12. 1996), S. 15-22.

Lessing 1982 : Gotthold Ephraim Lessing, Die Erziehung des Menschengeschlechts, in: Werke in drei Bänden, München/Wien 1982, Bd. III, S, 637-658.

Lethen 1994 : Helmut Lethen, Verhaltenslehren der Kälte. Lebensversuche zwischen den Kriegen, Frankfurt/M. 1994.

Leutzsch 1994 : Martin Leutzsch, Der Bezug auf die Bibel und ihre Wirkungsgeschichte bei Carl Schmitt, in: Verschärfung 1994, S. 175-202.

Linse 1987 : Ulrich Linse, Einige Überlegungen zum Führer- und Reichsmythos der Weimarer Zeit, in: Theokratie, hrsg. v. J. Taubes, München/Paderborn/Wien/Zürich 1987, S. 321-327.

Llanque 1990 : Marcus Llanque, Ein Träger des Politischen nach dem Ende der Staatlichkeit: Der Partisan in Carl Schmitts politischer Theorie, in: Herfried Münkler (Hrsg.), Der Partisan. Theorie, Strategie, Gestalt, Opladen 1990.

Lönne 1986 : Karl Egon Lönne, Politischer Katholizismus im 19. und 20. Jahrhundert, Frankfurt/M. 1986.

Lönne 1994 : ders.: Carl Schmitt und der Katholizismus der Weimarer Republik, in: Verschärfung 1994, S. 11-35.

Loesch 1939 : Karl C. v. Loesch, Rasse, Volk und Raum in der Begriffs- und Wortbildung, in: Zeitschrift der Akademie für Deutsches Recht, Bd. 6 (1939), S. 117-120.

Löwith 1983 : Katl Löwith, Weltgeschichte und Heilsgeschehen, in: Sämtliche Schriften Bd. 2, Stuttgart1983, S. 7-240.

Löwith 1984 : ders.: Der occasionale Dezisionismus von Carl Schmitt, Sämtliche Schriften Bd. 8, Stuttgart 1984, S. 32-71.

Löwith 1989 : ders.: Mein Leben in Deutschland vor und nach 1933, Frankfurt/M. [2]1989.

Lokatis 1992 : Siegfried Lokatis, Hanseatische Verlagsanstalt. Politisches Buchmarketing im »Dritten Reich«, in: Archiv der Geschichte des Buchwesens, Bd. 38, S. 1-189.

Lokatis 1996 : Siegfried Lokatis (Hrsg.), Wilhelm Stapel und Carl Schmitt. Ein Briefwechsel, in: Schmittiana V 1996, S. 27-108.

Lübbe 1963 : Hermann Lübbe, Politische Philosophie in Deutschland. Studien zu ihrer Geschichte, Basel/Stuttgart 1963.

Lübbe 1975 : ders.: Säkularisierung. Geschichte eines ideenpolitischen Begriffs, Freiburg/München 1975.

Lübbe 1983 : ders.: Politische Theologie als Theologie repolitisierter Religion, in: Fürst 1983, S. 45-56.

Ludus 1968 : Ludus de Antichristo, übersetzt v. Rolf Engelsing, Stuttgart 1968.

Lugge 1960 : M. Lugge, »Gallia« und »Francia« im Mittelalter, Bonn 1960.

Luhmann 1995 : Niklas Luhmann, Die Soziologie und der Mensch, in: ders.: Soziologische Aufklärung 6, Opladen 1995, S. 265-274.

Maier 1996 : Hans Maier, »Totalitarismus« und »Politische Religionen« Zwei Konzepte des Diktaturvergleichs, in: ders. (Hrsg.), Totalitarismus und Politische Religionen. Konzepte des Diktaturvergleichs, Paderborn/München/Wien/Zürich 1996, S. 233-250.

Mallmann 1940 a : Walter Mallmann, Völkisches Denken und Raumdenken in der Staatslehre, in: Geistige Arbeit, 7. Jg. (1940), Nr. 17.

Mallmann 1940 b : ders.: Positionen und Begriffe im Kampf um das Reich, in: Geistige Arbeit, 7. Jg. (1940), Nr. 24.

Mallmann 1943 : ders.: Zur Weiterentwicklung der Großraumlehre, in: Geistige Arbeit, 10. Jg. (1943), Nr. 6.

Marquard 1983 : Odo Marquard, Aufgeklärter Polytheismus - auch eine politische Theologie, in: Der Fürst dieser Welt. Carl Schmitt und die Folgen, hrsg. v. J. Taubes, München/Paderborn/Wien/Zürich 1983, S. 77-84.

Maschke 1986 : Günter Maschke, Carl Schmitt in Europa. Bemerkungen zur italienischen, spanischen und französischen Nekrologdiskussion, in: Der Staat, Bd 25 (1986), S. 575-599.

Maschke 1987 a : ders.: Der Tod des Carl Schmitt, Wien 1987.

Maschke 1987 b : ders.: Sterbender Konservativismus und Wiedergeburt der Nation, in: Der Pfahl I, München 1987, S. 359-371.

Maschke 1988 a : ders.: Das Amt Rosenberg gegen Carl Schmitt. Ein Dokument aus dem Jahre 1937, in: Zweite Etappe, Bonn 1988, S. 96-111.

Maschke 1988 b : ders.: Drei Motive des Anti-Liberalismus Carl Schmitts, in: Carl Schmitt 1988, S. 55-79.

Maschke 1989 : ders.: La rappresentazione cattolica - Carl Schmitts Politische Theologie im Blick auf italienische Beiträge, in: Der Staat, Heft 4, 1989, S. 557-575.

Maschke 1990 : ders.: Dreimal Halley! Hommage à Ernst Jünger, in: Fünfte Etappe, Mai 1990, S. 13-26.

Maschke 1994 : ders.: Freund und Feind - Schwierigkeiten mit einer banalité supérieure. Zur neueren Carl Schmitt-Literatur,in: Der Staat, Bd. 33 (1994), S. 286-305.

Maschke 1995 : ders.: Carl Schmitt in den Händen der Nicht-Juristen. Zur neueren Literatur, in: Der Staat 34. Bd. , Heft 1 (1995), S. 104-129.

Matis 1995 : Herbert Matis, Wirtschaftliche Mitteleuropa-Konzeptionen in der Zwischenkriegszeit, in: Mitteleuropa 1995, S. 229-255.

Maunz 1941 : Theodor Maunz, Verfassung und Organisation im Großraum, in: Deutsche Verwaltung, Bd. 18 (1941), S. 456-459.

Maunz 1942 : ders.: Der Raum als Gestalter der Wirklichkeit, in: : Deutsche Verwaltung, Bd. 19 (1942), S. 493-495.

Mehring 1989 : Reinhard Mehring, Pathetisches Denken - Carl Schmitts Denkweg am Leitfaden Hegels: Katholische Grundstellung und antimarxistische Hegelstrategie, Berlin 1989.

Mehring 1992 : ders.: Carl Schmitt zur Einführung, Hamburg 1992.

Mehring 1994 : ders.: Geist gegen Gesetz. Carl Schmitts Destruktion des positiven Rechtsdenkens, in: Verschärfung 1994, S. 229-245.

Meier, C. 1988 : Christian Meier, Zu Carl Schmitts Begriffsbildung - Das Politische und der Nomos, in: Complexio 1988, S. 537-556.

Meier 1988 : Heinrich Meier, Carl Schmitt, Leo Strauß und Der Begriff des Politischen. Zu einem Dialog unter Abwesenden. Stuttgart 1988.

Meier 1994 : ders.: Die Lehre Carl Schmitts. Vier Kapitel zur Unterscheidung Politischer Theologie und Politischer Philosophie, Stuttgart 1994.

Messerschmidt 1994 : Rolf Messerschmidt, Nationalsozialistische Raumforschung und Raumordnung aus der Perspektive der ‚Stunde Null', in: Prinz/Zitelmann (Hrsg.) Nationalsozialismus und Modernisierung, Darmstadt ^{2}1994, S. 117-138.

Meuter 1991 : Günter Meuter: Zum Begriff der Transzendenz bei Carl Schmitt, in: Der Staat, 30. Bd., S. 483-512.

Meuter 1994 : ders: Der Katechon. Zu Carl Schmitts fundamentalistischer Kritik der Zeit, Berlin 1994.

Meuter 1995 : ders.: Die zwei Gesichter des Leviathan. Zu Carl Schmitts abgründiger Wissenschaft vom Leviathan , in: Metamorphosen des Politischen. Grundfragen politischer Einheitsbildung seit den 20er Jahren, hrsg. v. Andreas Göbel/Dirk van Laak/Ingeborg Villinger, Berlin 1995, S. 95-116.

Meuter 1996 : ders.: Bataille statt Debatte. Zu Carl Schmitts Metaphysik des Politischen und des Liberalen, in: Aus Politik und Zeitgeschichte (Beilage zur Wochenzeitung Das Parlament), B 51/96 (13. 12. 1996), S. 23-33.

Meyer, H. C. 1955 : Henry C. Meyer, Mitteleuropa in German Thought and Action 1815-1945, The Hague 1955.

Meyer 1993 : Martin Meyer, Ende der Geschichte?, München 1993.

Michel 1926 : Ernst Michel, Politik aus dem Glauben, Jena 1926.

Miethke 1987 : Jürgen Miethke, Das Reich Gottes als politische Idee im späteren Mittelalter, in: Theokratie, hrsg. v. Jakob Taubes, Müchen/Paderborn/Wien/Zürich 1987, S. 267-278.

Miethke 1988 : Jürgen Miethke/Arnold Bühler, Kaiser und Papst im Konflikt. Zum Verhältnis von Staat und Kirche im späten Mittelalter, Düsseldorf 1988.

Miethke 1993 : Jürgen Miethke, Der Weltanspruch des Papstes im späten Mittellater. Die politische Theorie der Traktate De Potestate Papae, in: Pipers Handbuch der Politischen Ideen, München 1993, S. 351-445.

Mirgeler 1932 : Albert Mirgeler, Das Reich und seine Verneiner, in: Was ist das Reich 1932, S. 40-47.

Mirgeler 1933 a : ders.: Gesetz, Reich und Reformation, in: DVt Jg. 15 (1933), S. 189-194.

Mirgeler 1933 b : ders.: Der Raum als geschichtliche Macht, in: Europäische Revue, Juli 1933, S. 390ff.

Mirgeler 1933 c : ders.: Der Nationalsozialismus als Ausdruck der politischen Landschaften des Reiches, in: DVt Jg. 15 (1933), S. 797-806.

Mirgeler 1961 : ders.: Rückblick auf das abendländische Christentum, Mainz 1961.

Mitrovic 1995 : Andrej Mitrovic, Die Zentralmächte, Mitteleuropa und der Balkan, in: Autorenkollektiv, Mitteleuropa-Konzeptionen in der ersten Hälfte des 20. Jahrhunderts, Wien 1995, S. 39-62.

Mitteleuropa 1995 : Autorenkollektiv, Mitteleuropa-Konzeptionen in der ersten Hälfte des 20. Jahrhunderts, Wien 1995.

Moeller 1932 : Arthur Moeller van den Bruck, Das dritte Reich, Hamburg [3]1932.

Moeller 1933 : ders.: Das ewige Reich, hrsg. v. H. Schwarz, Breslau 1933.

Mohler 1955 : Armin Mohler, Begegnungen bei Ernst Jünger - Fragmente einer Ortung, in: Freundschaftliche Begegnung, zu Ernst Jüngers 60. Geburtstag, Frankfurt/M. 1955, S. 196-206.

Mohler 1978 : ders.: Der Fall Giselher Wirsing, in: ders.:Tendenzwende für Fortgeschrittene, München 1978, S. 146-155.

Mohler 1986 : ders.: Links-Schmittisten, Rechts-Schmittisten und Establishment-Schmittisten, in: Criticón 98, November/Dezember 1986, S. 265-267.

Mohler 1988 : ders.: Carl Schmitt und die Konservative Revolution , in: Complexio 1988, S. 129-151.

Mohler 1990 : ders.: Fukuyama und kein Ende, in: Criticón 118, März/April 1990, S. 89- 91; 89.

Mohler 1994 : ders.: Die Konservative Revolution in Deutschland 1918-1932 - Ein Handbuch, Darmstadt [4]1994.

Mommsen 1995 : Wolgang Mommsen, Die Mitteleuropaidee und die Mitteleuropaplanungen im Deutschen Reich vor und während des Ersten Weltkrieges, in: Mitteleuropa 1995, S. 3-24.

Monotheismus 1978 : Monotheismus als politisches Problem?, hrsg. v. Alfred Schindler, Gütersloh 1978.

Müller 1965 : Carl Franz Müller, Konrad Weiß - Dichter und Denker des Geschichtlichen Gethsemane, Freiburg (Schweiz) 1965.

Müller, G. 1997 : Guido Müller, Der Publizist Max Clauss, in: Blomert/Eßlinger/Giovanini, Heidelberger Sozial- und Staatswissenschaften. Das Institut für Sozial- und Staatswissenschaften zwischen 1918 und 1958, Marburg 1997, S. 369-409.

Müller-Mertens 1970 : Eckard Müller-Mertens, Regnum Teutonicum - Aufkommen und Verbreitung der deutschen Reichs- und Königsauffassung, Wien/Köln/Graz 1970.

Münkler 1989 : Herfried Münkler, Das Reich als politische Vision, in: Macht des Mythos - Ohnmacht derVernunft?, hrsg. v. P. Kemper, Frankfurt/M. 1989, S. 336-358.

Münkler 1996 : ders.: Reich, Nation, Europa. Modelle politischer Ordnung, Weinheim 1996.

Muth, H. 1940 : Heinrich Muth, Reich und Führung, in: Deutsches Recht, 10. Bd. (1940), S. 1913-1916.

Muth 1923 : Karl Muth, Die politische Idee des Katholizismus, in: Hochland, 21. Jg., Oktober 1923, S. 96-100.

Muth 1932 : ders.: Das Reich als Idee und Wirklichkeit einst und jetzt, in: Hochland, 30. Jg. 1932/33, S. 481-492.

Mutz 1990 : Ulrich Mutz, Wager - Vaihinger - Schmitt. Musik, Mythos, Maßnahme, in: Fünfte Etappe, Bonn 1990, S. 68-82.

Nachlass 1993 : Nachlass Carl Schmitt, Verzeichnis des Bestandes im Nordrhein-Westfälischen Hauptstaatsarchivs, bearbeitet v. Laak/Villinger, Siegburg 1993.

Naumann 1964 : Friedrich Naumann, Werke Bd. 4, Schriften zum Parteiwesen und zum Mitteleuropaproblem, hrsg. v. Theodor Schieder, Köln und Opladen 1964.

Neske 1985 : Ingeborg Neske, Die spätmittelalterliche deutsche Sibyllenweissagung, 1985.

Neulen 1987 : Hans Werner Neulen, Europa und das Dritte Reich. Einigungsbestrebungen im deutschen Machtbereich 1939-45, München 1987.

Neumann 1988 : Franz Neumann, Behemoth - Struktur und Praxis des Nationalsozialismus 1933-1944, Frankfurt/M. [3]1988.

Neumann, V. 1988 : Volker Neumann, Die Wirklichkeit im Lichte der Idee, in: Complexio 1988, S. 557-575.

Neurohr 1957 : Jean F. Neurohr, Der Mythos vom Dritten Reich. Zur Geistesgeschichte des Nationalsozialismus, Stuttgart 1957.

Nichtweiß 1994 a : Barbara Nichtweiß, Erik Peterson - Neue Sicht auf Leben und Werk, Freiburg 1994.

Nichtweiß 1994 b : dies.: Apokalyptische Verfassungslehren. Carl Schmitt im Horizont der Theologie Erik Petersons, in: Verschärfung 1994, S. 37-64.

Nicoletti 1988 : Michele Nicoletti, Die Ursprünge von Carl Schmitts Politischer Theologie , in: Complexio 1988, S. 109-128.

Niekisch 1980 : Ernst Niekisch, Das Reich der niederen Dämonen , Berlin [2]1980.

Noack 1993 : Paul Noack, Carl Schmitt, Berlin 1993.

Nolte 1984 : Ernst Nolte, Der Faschismus in seiner Epoche. Action française - Italienischer Faschismus - Nationalsozialismus, München 1984.

Nyssen 1988 : Wilhelm Nyssen, Carl Schmitt, der schlechte, unwürdige und doch authentische Fall eines christlichen Epimetheus , in: Complexio 1988, S. 181-192.

Ors 1989 : Alvaro d'Ors, Carl Schmitt in Compostela, in: Vierte Etappe, Bonn 1989, S. 60-75.

Otero 1968 : Alfonso Otero, Die Eigenständigkeit der plenitudo potestatis in den spanischen Königreichen des Mittelalters, in: Epirrhosis 1968, S. 597-616.

Otto 1960 : Otto Bischof von Freising, Chronik oder die Geschichte der zwei Staaten, Darmstadt 1960.

Over 1975 : Over en in zake Carl Schmitt, hrsg. v. P. Tommissen, Brüssel 1975.

Palaver 1996 : Wolgang Palaver, Das Arcanum in der Politik. Carl Schmitts Verteidigung der Geheimpolitik, in: Theologisch-Praktische Quartalsschrift, 2/1996, 114. Jg., S. 152-167.

Pasquino 1988 : Pasquale Pasquino, Die Lehre vom pouvoir constituant bei Emanuel Sieyès und Carl Schmitt, in: Complexio 1988, S. 371-385.

Pattloch 1961 : Paul Pattloch, Recht als Einheit von Ordnung und Ortung: Ein Beitrag zum Rechtsbegriff in Carl Schmitts Nomos der Erde, Aschaffenburg 1961.

Petersen 1978 : Jens Petersen, Die Entstehung des Totalitarismusbegriffes in Italien, in: Manfred Funke (Hrsg.), Totalitarismus. Ein Studien-Reader zur Herrschaftsanalyse moderner Diktaturen, Düsseldorf 1978, S. 105-128.

Petersen 1996 : ders.: Die Geschichte des Totalitarismusbegriffs in Italien, in: Hans Maier (Hrsg.), Totalitarismus und Politische Religionen. Konzepte des Diktaturvergleichs, Paderborn/München/Wien/Zürich 1996, S. 15-35.

Peterson 1951 : Erik Peterson, Der Monotheismus als politisches Problem, in: Theologische Traktate, München 1951, S. 45-147.

Peterson 1983 : ders.: Kaiser Augustus im Urteil des antiken Christentums, in: Fürst 1983, S. 174-180.

Picker 1993 : Henry Picker, Hitlers Tischgespräche im Führerhauptquartier, Frankfurt/M./Berlin 1993.

Plaschka 1995 : Richard G. Plaschka, Von Nationalen zu übernationalen Konzeptionen, in: Mitteleuropa 1995, S. IX-XII.

Plenge 1915 : Johann Plenge, Der Krieg und die Volkswirtschaft, Münster 1915.

Plessner 1981 : Helmuth Plessner, Über das gegenwärtige Verhältnis zwischen Krieg und Frieden (1939/40), in: Gesammelte Schriften Bd. V, Frankfurt/M. 1981, S. 235-257.

Plessner 1982 : ders.: Die verspätete Nation. Über die Verführbarkeit bürgerlichen Geistes, in: Gesammelte Schriften Bd. VI, Frankfurt/M. 1982.

Po-chia Hsia 1998 : Ronnie Po-chia Hsia, Gegenreformation. Die Welt der katholischen Erneuerung 1540-1770, Frankfurt/M. 1998.

Pöpping 1997 : Dagmar Pöpping, Giselher Wirsings Zwischeneuropa. Ein deutsches Föderationsmodell zwischen Ost und West, in: Blomert/Eßlinger/Giovanini, Heidelberger Sozial- und Staatswissenschaften. Das Institut für Sozial- und Staatswissenschaften zwischen 1918 und 1958, Marburg 1997, S. 349-368.

Pohrt 1989 : Wolfgang Pohrt, Die Banalität als Offenbarung. Über Carl Schmitt, in: ders.: Ein Hauch von Nerz. Kommentare zur chronischen Krise, Berlin 1989, S. 48-52.

Poliakov 1989 : Léon Poliakov/Joseph Wulf, Das Dritte Reich und seine Denker. Dokumente und Berichte, Wiesbaden [2]1989.

Port 1925 : Hermann Port, Römischer Katholizismus und politische Form. Eine Betrachtung über die religiösen Grundlagen der Politik und Wirtschaft, in: Gelbe Hefte, 2. Jg. (1925), S. 451-456.

Preuß, H. 1906 : Hans Preuß, Die Vorstellungen vom Antichrist, Leipzig 1906.

Preuß 1986 : Ulrich K. Preuß, Zum Begriff des Politischen bei Carl Schmitt, in: Zerstörung, Rettung des Mythos durch Licht, hrsg. v. C. Bürger, Frankfurt/M. 1986, S. 147-159.

Preuß 1995 : ders.: Die Weimarer Republik - ein Laboratorium für neues verfassungsrechtliches Denken, in: Metamorphosen des Politischen. Grundfragen politischer Einheitsbildung seit den 20er Jahren, hrsg. v. Andreas Göbel/Dirk van Laak/Ingeborg Villinger, Berlin 1995, S. 177-187.

Quaritsch 1970 : Helmut Quaritsch, Staat und Souveränität, Frankfurt/M. 1970.

Quaritsch 1991 : ders.: Positionen und Begriffe Carl Schmitts, Berlin [2]1991.

Quervain 1931 : Alfred de Quervain, Die theologischen Voraussetzungen der Politik, Berlin 1931.

Rabe 1972 : Horst Rabe, Artikel ‚Autorität', in: Geschichtliche Grundbegriffe. Historisches Lexikon zur politisch-sozialen Sprache in Deutschland, hrsg. v. Conze/Koselleck/Brunner, Stuttgart 1972ff., Bd. 1, S. 382-406.

Raithel 1988 : Andreas Raithel, La recherche de la neutralité. Zur Politischen Romantik Carl Schmitts, in: Erste Etappe, Bonn 1988, S. 54-62.

Raithel 1993 : ders.: (unter dem Pseudonym Kentaro Moto), Konservativ-revolutionäres coming-out, in: 9. Etappe, Bonn 1993, S. 108-122.

Reck Malleczewen 1932 : Friedrich Reck-Malleczewen, Vom Reich der Deutschen, in: Was ist das Reich 1932, S. 53-58.

Redaktion 1971 : Redaktion des Historischen Wörterbuchs der Philosophie: Artikel ‚Nomokratie', in: Historisches Wörterbuch der Philosophie, hrsg. v. Ritter/Gründer, 1971ff, Bd. 6, Sp. 889-891.

Reibstein 1957 : Ernst Reibstein, Völkerrecht. Eine Geschichte seiner Ideen in Lehre und Praxis, 2 Bde, Freiburg/München 1957 + 1963.

Reichhold 1940 : Ludwig Reichhold, Die Schicksalsstunde des Westens. Eine politische Wertung der kolonialen Frage, Hamburg 1940.

Rein 1943 : Adolf Rein, Europa und das Reich. Betrachtungen zur Geschichte der europäischen Ordnung, Essen 1943.

Reisner 1932 : Erwin Reisner, Das Reich als Verheißung, in: Was ist das Reich 1932, S. 90-96.

Rietzschel 1988 : Thomas Rietzschel, Theodor Däubler. Eine Collage seiner Biographie, Leipzig 1988.

Ritterbusch 1939 : Paul Ritterbusch, Die Aufgabe der Wissenschaft im Kampfe um eine neue europäische Ordnung, in: Raumforschung und Raumordnung, 3. Jg. (1939), Heft 10, S. 489-493.

Ritterbusch 1942 : ders.: Wissenschaft im Kampf um Reich und Lebensraum, Stuttgart 1942.

Rogge 1939 : Heinrich Rogge, Wandlungen der Monroe-Doktrin (Monroe-Doktrin und Weltordnung II), Geist der Zeit 17 (1939), S. 452-457.

Rogge 1941 a : ders.: Neuordnung der Welt im Dreimächtepakt und die Revisionsfeindschaft der USA, in: Geist der Zeit 19 (1941), S. 54-58.

Rogge 1941 b : ders.: Lebensraum und Großraum als völkische Begriffe, in: Geist der Zeit 19 (1941), S. 116-121.

Rogge 1941 c : ders.: Großmachtverträge udn Staatengleichheit, in: Geist der Zeit 19 (1941), S. 254-258.

Rogge 1941 d : ders.: Reich und Völkerrecht, in: Geist der Zeit 19 (1941), S. 320-324.

Rohan 1937 a : Karl Anton Prinz Rohan, Grundfragen der Neugestaltung Mitteleuropas, in: DVt 1937, (Bd. I), S. 259-268.

Rohan 1937 b : ders.: Rede eines Mitteleuropäers an Engländer, in: DVt 1937, (Bd. II), S. 621-629.

Romano 1975 : Santi Romano, Die Rechtsordnung, hrsg. v. Roman Schnur, Berlin 1975.

Rüthers 1990 : Bernd Rüthers, Carl Schmitt im Dritten Reich, München ^{2}1990.

Rüthers 1994 : ders.: Entartetes Recht. Rechtslehren und Kronjuristen im Dritten Reich, München 1994.

Rumpf 1943 : Helmut Rumpf, Mitteleuropa. Zur Geschichte und Deutung eines politischen Begriffs, in: Historische Zeitschrift, Bd. 165, (1943) Heft 3, S. 510-527.

Rumpf 1953 : ders.: Der Nomos der Erde und der Geist des Völkerrechts, in: Archiv des Völkerrechts (1953/54), Bd. 4, S. 189-197.

Rumpf 1972 : ders.: Carl Schmitt und Thomas Hobbes. Ideelle Beziehungen und strukturelle Bedeutung mit einer Abhandlung über: Die Frühschriften Carl Schmitts, Berlin 1972.

Sackur 1898 : Ernst Sackur, Sybillinische Texte und Forschungen. Pseudomethodius, Adso und die tiburtinische Sibylle, Halle 1898.

Sanuy 1996 : Ignacio Maria Sanuy, Europa, Spanien und Carl Schmitt, in: Schmittiana V 1996, S. 23-26.

Schaefer 1985 : Alisa Schaefer, Führergewalt statt Gewaltenteilung, in: Ernst W. Böckenförde, Staatsrecht und Staatsrechtslehre im Dritten Reich, Heidelberg 1985, S. 89-105.

Schäfer 1932 : Wilhelm Schäfer, Der Raum des Reiches und der deutsche Staat, in: Was ist das Reich 1932, S. 82-90.

Schauwecker 1932 : Franz Schauwecker, Das Reich als seelische Wirklichkeit, in: Was ist das Reich 1932, S. 47-53.

Schefold 1986 : Dian Schefold, Carl Schmitt und sein Begriff des Politschen, in: Zerstörung, Rettung des Mythos durch Licht, hrsg. v. C. Bürger, Frankfurt/M. 1986, S. 160-169.

Scheidtmann 1934 : Ulrich Scheidtmann, Der Vorbehalt beim Abschluß völkerrechtlicher Verträge, Berlin 1934.

Schellenberg 1985 : Ulrich Schellenberg, Die Rechtsstaatskritik. Vom liberalen zum nationalen und nationalsozialistischen Rechtsstaat, in: Ernst W. Böckenförde, Staatsrecht und Staatsrechtslehre im Dritten Reich, Heidelberg 1985, S. 71-88.

Scheuner 1938 : Ulrich Scheuner, Zur Geschichte der Kolonialfrage im Völkerrecht, in: Zeitschrift für Völkerrecht, Bd. 22 (1938), S. 442ff.

Scheuner 1940 : ders.: Politische Wissenschaft in der Auseinandersetzung um Volk und Raum, in Deutsches Recht, 10. Jg. (1940), Heft 21, S. 850-852.

Scheuner 1975 : ders.: Staatsräson und religiöse Einheit des Staates, in: Staatsräson, hrsg. v. Roman Schnur, Berlin 1975, S. 363-405.

Scheuner 1983 : ders.: Der Staatsgedanke Preußens, Köln/Wien [2]1983.

Schickel 1993 : Joachim Schickel, Gespräche mit Carl Schmitt, Berlin 1993.

Schindler 1983 : Alfred Schindler/Fritjard Scholz, Die Theologie Carl Schmitts, in: Fürst 1983, S. 153-173.

Schmid 1949 : J. Schmid, Der Antichrist und die hemmende Macht, in: Theologische Quartalsschrift 1949, S. 323-343.

Schmid C. 1981 : Carlo Schmid, Erinnerungen, München [2]1981.

Schmid-Noerr 1932 : Friedrich Alfred Schmid-Noerr, Geheimnis des Reiches im europäischen Raum, in: Was ist das Reich 1932, S. 25-33.

Schmidt 1950 : Paul Schmidt, Statist auf diplomatischer Bühne 1923-1945. Erlebnisse eines Chefdolmetschers im Auswärtigen Amt mit den Staatsmännern Europas, Bonn 1950.

Schmidt-Biggemann 1991 : Wilhelm Schmidt-Biggemann, Geschichte als absoluter Begriff. Der Lauf der neueren deutschen Philosophie, Frankfurt/M. 1991.

Schmittiana I 1990 : Schmittiana I, hrsg. v. P. Tommissen, Brüssel 1990.

Schmittiana II 1990 : Schmittiana II, hrsg. v. P. Tommissen, Brüssel 1990.

Schmittiana III 1991 : Schmittiana III, hrsg. v. P. Tommissen, Brüssel 1991.

Schmittiana IV 1994 : Schmittiana IV, hrsg. v. P. Tommissen, Berlin 1994.

Schmittiana V 1996 : Schmittiana V, hrsg. v. P. Tommissen, Berlin 1996.

Schmitz 1994 : Wilhelm Schmitz, Zur Geschichte der Academia Moralis, in: Schmittiana IV 1994, S. 119-156.

Schmoeckel 1994 : Mathias Schmoeckel, Die Großraumtheorie. Ein Beitrag zur Geschichte der Völkerrechtswissenschaft im Dritten Reich, insbesondere der Kriegszeit, Berlin 1994.

Schmoeckel 1996 : ders.: Ortung und Ordnung. Carl Schmitt im Nationalsozialismus, in: Aus Politik und Zeitgeschichte (Beilage zur Wochenzeitung Das Parlament), B 51/96 (13. 12. 1996), S. 35-47.

Schneider 1957 : Peter Schneider, Ausnahmezustand und Norm. Eine Studie zur Rechtslehre von Carl Schmitt, Stuttgart 1957.

Schnur 1983 : Roman Schnur, Land und Meer - Napoleon gegen England. Ein Kapitel der Geschichte internationaler Politik, in: ders., Revolution und Weltbürgerkrieg. Studien zur Ouverture nach 1789, Berlin 1983, S. 33-58.

Schnur 1986 : ders.: Mitteleuropa in preussischer Sicht: Constantin Frantz, in: Der Staat 25 (1986), S. 545-573.

Schnur 1988 : ders.: Aufklärung. Bemerkungen zu einem Sammelband mit Studien über Carl Schmitt, in: Der Staat, Bd. 27 (1988), S. 437-452.

Schnur 1994 : ders.: Die französischen Juristen im konfessionellen Bürgerkrieg des 16. Jahrhunderts, in: Festschrift 1994, S. 179-220.

Schomerus 1933 : Hans Schomerus, Kirche und Reich. Kirche als Reichsstandschaft, in: : DVt 1933, (Bd. II), S. 458-467.

Schramm 1992 : Percy Ernst Schramm, Kaiser, Rom und Renovatio. Studien zur Geschichte des römischen Erneuerungsgedankens vom Ende des Karolingischen Reiches bis zum Investiturstreit, Darmstadt 1992.

Schüddekopf 1960 : Otto-Ernst Schüddekopf, Linke Leute von rechts. Die nationalrevolutionäre Minderheiten und der Kommunismus in der Weimarer Republik, Stuttgart 1960.

Schüßler 1939 : Wilhelm Schüßler, Mitteleuropa als Wirklichkeit und Schicksal, Köln 1939.

Schüßler 1942 : ders.: Vom Reich und der Reichsidee in der deutschen Geschichte, Leipzig und Berlin 1942.

Schwab 1970 : George Schwab, The Challenge of the Exception. An Introduction to the Political Ideas of Carl Schmitt between 1921 and 1936, Berlin 1970.

Schwab 1987 : ders.: Enemy or Foe: A Conflict of Modern Politics, in: Telos, A Quarterly of Critical Thought, Number 72, Summer 1987 (Special Issue on Carl Schmitt), S. 194-201.

Seifert 1996 : Jürgen Seifert, Unterwegs zur Ebene über dem Gegensatz. Anmerkungen zu Dirk van Laak: Gespräche in der Sicherheit des Schweigens, 1993, S. 288-293, in: Schmittiana V 1996, S. 109-150.

Seminar 1977 : Seminar: Die juristische Methode im Staatsrecht, hrsg. v. H.J. Koch, Frankfurt/M. 1977.

Sieferle 1995 : Rolf Peter Sieferle, Die Konservative Revolution und das Dritte Reich , in: Revolution als Mythos, hrsg. v. Harth/Assmann, Frankfurt/M. 1995, S. 178-205.

Sieferle 1995 : ders.: Die Konservative Revolution. Fünf biographische Skizzen, Frankfurt/M. 1995.

Simon 1931 : Paul Simon, Staat und Kirche, in: DVt 1931, S. 576-596.

Smet 1987 : Jan de Smet, Carl Schmitt im Wissenschaftskolleg, in: Criticón 102, Juli/August 1987, S. 167f.

Sohm 1970 : Rudolf Sohm, Kirchenrecht, 2 Bde. Berlin ^{3}1970.

Sombart 1993 : Nicolaus Sombart, Jugend in Berlin 1933-1943. Ein Bericht, Frankfurt/M. ^{3}1993.

Sombart 1996 : ders.: Pariser Lehrjahre 1951-1954, Frankfurt/M. ^{2}1996.

Sombart , W. 1987 : Werner Sombart, Der moderne Kapitalismus, München ^{4}1987.

Sontheimer 1964 : Kurt Sontheimer, Antidemokratisches Denken in der Weimarer Republik, München 1964.

Spahn 1918 : Martin Spahn, Die Großmächte. Richtlinien ihrer Geschichte, Maßstäbe ihres Wesens, Wien und Berlin 1918.

Spahn 1936 : ders.: Für den Reichsgedanken. Historisch-politische Aufsätze 1915-1934, Berlin und Bonn 1936.

Spanner 1942 : Hans Spanner, Großraum und Reich, in: Zeitschrift für öffentliches Recht, Bd. 22 (1942), S. 28-58.

Sprengel 1996 : Rainer Sprengel, Kritik der Geopolitik. Ein deutscher Diskurs 1914-1944, Berlin 1996.

Srbik 1932 : Heinrich Ritter von Srbik, Reichsidee und Staatsidee, in: Was ist das Reich 1932, S. 66-70.

Srbik 1937 : ders.: Mitteleuropa. Das Problem und die Versuche seiner Lösung in der deutschen Geschichte, Weimar 1937.

Stählin 1933 : Wilhelm Stählin, Das Reich als Gleichnis, Münster 1933.

Stählin 1958 a : ders.: Die Gestalt des Antichristen und das Katechon, in: Glaube und Geschichte, Festgabe J. Lortz, Baden-Baden 1958, S. 1-12.

Stählin 1958 b : ders.: Das Spiel vom Antichrist in: Symbolon. Vom gleichnishaften Denken. Zum 75. Geburtstag, hrsg. v. Adolf Köberle, Stuttgart 1958, S. 480-495.

Staff 1984 : Ilse Staff, Zum Begriff der Politischen Theologie, in: Christentum und modernes Recht, hrsg. v. Dilcher/Staff, Frankfurt/M. 1984, S. 182-210.

Staff 1991 : dies.: Staatsdenken im Italien des 20. Jahrhunderts - Ein Beitrag zur Carl Schmitt-Rezeption, Baden-Baden 1991.

Stapel 1928 : Wilhelm Stapel, Fiktionen der Weimarer Verfassung. Versuch einer Unterscheidung der formalen und der funktionalen Demokratie, Hamburg/Berlin/Leipzig 1928.

Stapel 1931 a : ders.: Sechs Kapitel über Christentum und Nationalsozialismus, Hamburg 1931.

Stapel 1931 b : ders.: Versuch einer Metaphysik des Staates, in: DVt Jg. 13 (1931), S. 409ff.

Stapel 1932 a : ders.: Der Reichsgedanke zwischen den Nationen, in: DVt Jg. 14 (Nov. 1932).

Stapel 1932 b : ders.: Der christliche Staatsmann, Hamburg 1932.

Stapel 1933 a : ders.: Die Kirche Christi und der Staat Hitlers, Hamburg 1933.

Stapel 1933 b : ders.: Das Reich. Ein Schlußwort, in: DVt Jg. 15 (1933), S. 181ff.

Steding 1938 : Christoph Steding, Das Reich und die Krankheit der europäischen Kultur, Hamburg 1938.

Steincke 1979 : Heinz Steincke, Landnahme-Maschinenbau-Industrienahme-Machtnahme. Carl Schmitts Nomos der Erde im Völkerrecht des jus publicum europaeum heute, in: Neue Deutsche Hefte Bd. 26 (1979), S. 558-578

Steincke 1982 : ders.: Land und Meer. Die Aktualität Carl Schmitts, in: Neue Deutsche Hefte Bd. 29 (1982), S. 32-49.

Stemeseder 1997 : Heinrich Stemeseder, Der politische Mythos des Antichristen. Eine prinzipielle Untersuchung zum Widerstandsrecht und Carl Schmitt, Berlin 1997.

Stern 1939 : Günther Stern, Rezension von: Christoph Steding, ‚Das Reich und die Krankheit der europäischen Kultur', in: Zeitschrift für Sozialforschung, Bd. 8 (1939), S. 464-469.

Sternthal 1922 : Friedrich Sternthal, Menschen - Ereignisse - Stimmen. Über eine Apologie der römischen Kirche, in: Der neue Merkur, Heft 7 (1922/24), S. 764-768.

Stolleis 1994 : Michael Stolleis, Recht im Unrecht. Studien zur Rechtsgeschichte des Nationalsozialismus, Frankfurt/M. 1994.

Strähle 1997 : Michael Strähle, Der Anspruch auf Bestimmtheit. Carl Schmitts Absolutismus, in: Eickhoff/Korotin (Hrsg.), Sehnsucht nach Schicksal und Tiefe. Der Geist der Konservativen Revolution, Wien 1997, S. 148-165.

Straub 1988 : Eberhard Straub, Der Fall Carl Schmitt. Facetten seines Denkens, in: Die politische Meinung, 33. Jg. (September/Oktober 1988), S. 75-82.

Strauß 1930 : Leo Strauß, ‚Die Religionskritik Spinozas als Grundlage seiner Bibelwissenschaft. Untersuchungen zu Spinozas Theologisch-Politischem Traktat', Berlin 1930

Strauß 1988 :ders.: Anmerkungen zu Carl Schmitt, Der Begriff des Politischen, zuerst erschienen im Archiv für Sozialwissenschaften und Sozialpolitik, Tübingen 67. Bd., Heft 6, August/September 1932, S. 732-749; neugedruckt in: Heinrich Meier 1988, S. 99-125.

Strobel 1961 : August Strobel, Untersuchungen zum eschatolgischen Verzögerungsproblem auf Grund der spätjüdisch-urchristlichen Geschichte von Habakuk 2,2ff.,Leiden/Köln 1961.

Stuckart 1941 : Wilhelm Stuckart, Die Neuordnung der Kontinente und die Zusammenarbeit auf dem Gebiete der Verwaltung, in: Reich - Volksordnung - Lebensraum, Bd. 1 (1941), S. 3-28.

Suppan 1995 : Arnold Suppan, Mitteleuropa-Konzeptionen zwischen Restauration und Anschluss, in: Mitteleuropa 1995, S.171-197.

Talmon 1952 : Jacob Laib Talmon, The Origins of Totalitarian Democracy, New York 1952.

Talmon 1960 : ders.: Political Messianism. The romantic phase, New York 1960.

Taubes 1983 : Jacob Taubes, Statt einer Einleitung: Leviathan als sterblicher Gott, in: Der Fürst dieser Welt. Carl Schmitt und die Folgen, hrsg. v. J. Taubes, München/Paderborn/Wien/Zürich 1983, S. 9-15.

Taubes 1987 : ders.: Ad Carl Schmitt. Gegenstrebige Fügung, Berlin 1987.

Taubes 1993 : ders.: Die Politische Theologie des Paulus, München 1993.

Teichert 1984 : Eckart Teichert, Autarkie und Großraumwirtschaft in Deutschland 1930-1939. Außenwirtschaftspolitische Konzeptionen zwischen Wirtschaftskrise und Zweitem Weltkrieg, München 1984.

Tertullian 1952 : Tertullian, Apologeticum - Verteidigung des Glaubens, München 1952.

Tilgner 1966 : Wolfgang Tilgner, Volksnomostheologie und Schöpfungsglaube, Göttingen 1966.

Tilitzki 1992 : Christian Tilitzki, Carl Schmitt - Staatsrechtslehrer in Berlin. Einblicke in seinenWirkungsbereich anhand der Fakultätsakten 1934-1944, in: Siebte Etappe, Bonn 1992, S. 62-117.

Tilitzki 1994 : ders.: Carl Schmitt an der Handels-Hochschule Berlin 1928-1933, in: Schmittiana IV 1994, S. 157-202.

Tommissen 1968 : Piet Tommissen, Ergänzungsliste zur Carl-Schmitt-Bibliographie vom Jahre 1959, in: Epirrhosis 1968, S. 739-778.

Tommissen 1975 : ders.: Carl Schmitt - metajuristisch betrachtet. Seine Sonderstellung im katholischen Renouveau des Deutschlands der Zwanziger Jahre, in: Criticon Jg. 30 (Juli/August 1975), S. 177-184.

Tommissen 1988 : ders.: Bausteine zu einer wissenschaftlichen Biographie (1888-1933), in: Complexio 1988, S. 71-100.

Tommissen 1990 : ders.: Bemerkungen zum Verhör Carl Schmitts durch Ossip K. Flechtheim, in: Schmittiana II, hrsg. v. P. Tommissen, Brüssel 1990, S. 142-148.

Tommissen 1994 a : ders.: Carl-Schmitt-Bibliographie, in: Festschrift für Carl Schmitt. dargebracht von Freunden und Schülern, hrsg. v. Barion/Forsthoff/Weber, Berlin 1994, S. 273-330.

Tommissen 1994 b : ders.: Ernst Jünger und Carl Schmitt: Zwischenbilanz, in: 10. Etappe, Bonn 1994, S. 16-28.

Tommissen 1996 : ders.: Neue Bausteine zu einer wissenschaftlichen Biographie Carl Schmitts, in: Schmittiana V 1996, S. 151-224.

Treitinger 1938 : Otto Treitinger, Die oströmische Kaiser- und Reichsidee und ihre Gestaltung im höfischen Zeremoniell, Jena 1938

Triepel 1974 : Heinrich Triepel, Die Hegemonie, Aalen ²1974 (Neudruck des Ausgabe Stuttgart 1943).

Trilling 1980 : Wolgang Trilling, Der zweite Brief an die Thessalonicher, Zürich/Einsiedeln/Köln...., 1980.

Troeltsch 1912 : Ernst Troeltsch, Die Soziallehren der christlichen Kirchen und Gruppen, Bd. 1, Tübingen 1912.

Troeltsch 1925 a : ders.: Die Ideen von 1914, in: ders.: Deutscher Geist und Westeuropa. Gesammelte kulturphilosophische Aufsätze und Reden, hrsg. v. Hans Baron, Tübingen 1925, S. 31-58.

Troeltsch 1925 b : ders.: Naturrecht und Humanität in der Weltpolitik, in: ders.: Deutscher Geist und Westeuropa. Gesammelte kulturphilosophische Aufsätze und Reden, hrsg. v. Hans Baron, Tübingen 1925, S. 3-27.

Tucker 1988 : Bernhard Tucker, Der Ausnahmezustand. An den Grenzen von Aufklärung und Liberalismus, in: Carl Schmitt 1988, S. 93-105.

Ulmen 1987 a : G. L. Ulmen, American Imperialism and International Law: Carl Schmitt on the US in World Affairs, in: Telos, A Quarterly of Critical Thought, Number 72, Summer 1987 (Special Issue on Carl Schmitt), S. 43-72.

Ulmen 1987 b : ders.: Return of the Foe, in: Telos, A Quarterly of Critical Thought, Number 72, Summer 1987 (Special Issue on Carl Schmitt), S. 187-193.

Ulmen 1988 : ders.: Politische Theologie und politische Ökonomie - Über Carl Schmitt und Max Weber, in: Complexio Oppositorum, hrsg. v. H. Quaritsch, Berlin 1988, S. 341-365.

Ulmen 1991 : ders.: Politischer Mehrwert. Eine Studie über Max Weber und Carl Schmitt, Weinheim 1991.

Vergil 1987 : Vergil, Werke in einem Band (Übertragung von Dietrich Ebener), Berlin (Ost), [2]1987.

Verortung 1990 : Verortung des Politischen. Carl Schmitt in Plettenberg, hrsg. v. der Stadt Plettenberg, Hagen 1990.

Verschärfung 1994 : Die eigentlich katholische Verschärfung.... - Konfession, Theologie und Politik im Werk Carl Schmitts, hrsg. v. Bernd Wacker, München 1994.

Vesting 1995 : Thomas Vesting, Die permanente Revolution. Carl Schmitt und das Ende der Epoche der Staatlichkeit, in: Metamorphosen des Politischen. Grundfragen politischer Einheitsbildung seit den 20er Jahren, hrsg. v. Andreas Göbel/Dirk van Laak/Ingeborg Villinger, Berlin 1995, S. 191-202.

Viesel 1988 : Hansjörg Viesel, Jowohl der Schmitt. Zehn Briefe aus Plettenberg, Berlin 1988.

Voegelin 1991 : Eric Voegelin, Die neue Wissenschaft der Politik. Eine Einführung, München [4]1991.

Voegelin 1993 : ders.: Die politischen Religionen, München [2]1993.

Völker 1967 : Karl-Heinz Völker, Die deutsche Luftwaffe 1933-1945, Stuttgart [2]1967.

Vogel 1934 : Walther Vogel, Politische Geographie und Geopolitik (1909-1934), in: Geographisches Jahrbuch, Bd. 49, 1934, S. 79-325.

Vondung 1988 : Klaus Vondung, Apokalypse in Deutschland, München 1988.

Vorwerk 1933 : Friedrich Vorwerk, Reich/Staat/Nation, in: Münchner Neueste Nachrichten, Nr. 152 vom 4./5. Juni 1933.

Wacker 1994 a : Bernd Wacker, Die Zweideutigkeit der katholischen Verschärfung - Carl Schmitt und Hugo Ball, in: Verschärfung 1994, S. 123-145.

Wacker 1994 b : ders.: Carl Schmitts Katholizismus und die katholische Theologie nach 1945, in: Die eigentlich katholische Verschärfung.... - Konfession, Theologie und Politik im Werk Carl Schmitts, hrsg. v. Bernd Wacker, München 1994, S. 279-294.

Wadstein 1896 : Ernst Wadstein, Die eschatologische Ideengruppe: Antichrist - Weltsabbat - Weltende und Weltgericht, in den Hauptmomenten ihrer christlich-mittelalterlichen Gesamtentwicklung, Leipzig 1896.

Wagner 1991 : Gerhard Wagner, Gesellschaftstheorie als politische Theologie? Zur Kritik und Überwindung der Theorien normativer Integration, Berlin 1991.

Walkenhaus 1997 : Ralf Walkenhaus, Totalität als Anpassungskategorie. Eine Momentaufnahme der Denkentwicklung von Carl Schmitt und Ernst Rudolf Huber, in: Totalitarismus. Eine Ideengeschichte des 20. Jahrhunderts, hrsg. v. Walkenhaus/Söllner/Wieland, Berlin 1997.

Wallersterin 1992 : Immanuel Wallerstein, Geopolitics and geoculture. Essays on the changing world-system, Cambridge 1992.

Walther 1976 : Helmut G. Walther, Imperiales Königtum, Konziliarismus und Volkssouveränität. Studien zu den Grenzen des mittelalterlichen Souveränitätsgedankens, München 1976.

Walther, M. 1994 : Manfred Walther, Carl Schmitt contra Baruch Spinoza oder Vom Ende der Politischen Theologie, in: Spinoza in der europäischen Geistesgeschichte, hrsg. v. Schoeps/Walther, Berlin 1994, S. 422-441.

Walz 1941 : Gustav Adolf Walz, Staatsvolk und Urvolk, in: Zeitschrift für Völkerrecht, Bd. 25 (1941), S. 1-44.

Walz 1942 : ders.: Völkerrechtsordnung und Nationalsozialismus. Untersuchungen zur Erneuerung des Völkerrechts, München 1942.

Warnach 1968 : Walter Warnach, Justitia- ein Gedicht von Konrad Weiß, in: Epirrhosis 1968, S. 727-737.

Was ist das Reich 1932 : Was ist das Reich? Eine Aussprache unter Deutschen, hrsg. v. Fritz Büchner, Oldenburg 1932.

Was wir 1932 : Was wir vom Nationalsozialismus erwarten: Zwanzig Antworten,hrsg. v. Albrecht Erich Günther, Heilbronn 1932.

Weber 1980 : Max Weber, Wirtschaft und Gesellschaft. Grundriss der verstehenden Soziologie, Tübingen [7]1980.

Wehberg 1927 : Hans Wehberg, Das Genfer Protokoll betreffend die friedliche Erledigung internationaler Streitigkeiten, Berlin 1927.

Wehberg 1932 : ders.: Hat Japan durch die Besetzung der Mandschurei das Völkerrecht verletzt?, in: Die Friedenswarte 32 (1932), S. 1ff.

Wehberg 1941 : ders.: Universales oder europäisches Völkerrecht?, in: Die Friedenswarte 41 (1941), Nr. 4, S. 157-166.

Weiß 1927 : Konrad Weiß, Das gegenwärtige Problem der Gotik, Augsburg 1927.

Weiß 1932 : ders., Der christliche Staatsmann. Zu Wilhelm Stapels neuem Buche, in: Münchner Neueste Nachrichten vom 3. Mai 1932.

Weiß 1933 : ders.: Der christliche Epimetheus, o.O. 1933.

Weiß o.Z. : ders.: Zum geschichtlichen Gethsemane, o. Orts- und Zeitangabe (Privatdruck nach der Ausgabe Mainz 1919).

Weiß 1994 : ders.: Die politische Spannung von Inbegriff und Geschichte, neu gedruckt in: Verschärfung 1994, S. 115-122.

Weizsäcker 1950 : Viktor Weizsäcker, Der Gestaltkreis, Stuttgart [2]1950.

Wendland 1933 : Heinz-Dietrich Wendland, Staat und Reich, in: Die Nation vor Gott, hrsg. v. Künneth/Schreiner, Berlin 1933.

Wendland 1934 : ders.: Reichsidee und Gottesreich, Jena 1934.

Wendt 1993 : Bernd-Jürgen Wendt, Großdeutschland. Außenpolitik und Kriegsvorbereitung des Hitler-Regimes, München [2]1993.

Wenzel 1990 : Uwe Justus Wenzel, Die Dissoziation und ihr Grund. Überlegungen zum Begriff des Politischen, in: Autonomie 1990, S. 13-36.

Westphal 1941 : Otto Westphal, Das Reich - Aufgang und Vollendung, 1. Bd. , Stuttgart 1941.

Wieland 1986 : Claus-Dietrich Wieland, Carl Schmitt in Nürnberg (1947), in: 1999 (1986/87), S. 96-122.

Winkler 1974 : E. Winkler, Artikel ‚Geopolitik', in: Historisches Wörterbuch der Philosophie, Bd. 3, Darmstadt 1974, Sp. 327f.

Wirsing 1932 : Giselher Wirsing, Zwischeneuropa und die deutsche Zukunft, Jena 1932.

Wirsing 1933 : ders.: Deutschland in der Weltpolitik, Jena 1933.

Wirsing 1939 a : ders.: Der Angriff gegen Europa, in: Das 20. Jahrhundert, Mai 1939, S. 65-68.

Wirsing 1939 b : ders.: Wir fordern eine Monroe-Doktrin für Europa!, in: Das 20. Jahrhundert, Juni 1939, S. 129-131.

Wirsing 1940 a : ders.: Englands nächste Kolonie, in: Das 20. Jahrhundert, Januar 1940, S. 517-518.

Wirsing 1940 b : ders.: Ein Weltreich führt Krieg - für 100 Familien, in: Das 20. Jahrhundert, März 1940, S. 607-615.

Wirsing 1940 c : ders.: Das Gesetz des Handelns, in: Das 20. Jahrhundert, Mai 1940, S. 45-46.

Wirsing 1940 d : ders.: Die Westfront entscheidet den Krieg, in: Das 20. Jahrhundert, Juni 1940, S. 89-90.

Wirsing 1940 e : ders.: Die große europäische Revolution, in: Das 20. Jahrhundert, Juli 1940, S. 133-137.

Wirsing 1940 f : ders.: Die Stunde vor dem Fall, in: Das 20. Jahrhundert, August 1940, S. 177-180.

Wirsing 1940 g : ders.: Die sieben Fundamentalsätze der britischen Strategie, in: Das 20. Jahrhundert, September 1940, S. 221-222.

Wirsing 1940 h : ders.: Am Beginn des Empire-Ausverkaufs, in: Das 20. Jahrhundert, Oktober 1940, S. 265-266.

Wirsing 1940 i : ders.: Ordnung der Welt gegen Weltherrschaft, in: Das 20. Jahrhundert, November 1940, S. 309-310.

Wirsing 1940 j : ders.: Gerechtigkeit - statt Legitimität und Imperialismus, in: Das 20. Jahrhundert, Dezember 1940, S. 353-354.

Wirsing 1942 : ders.: Der zweite Weltkrieg, in: Das 20. Jahrhundert, Januar 1942, S. 1-5.

Wirsing 1943 : ders.: Der maßlose Kontinent. Roosevelts Kampf um die Weltherrschaft, Jena 1943.

Wirsing 1944 : ders.: Das Zeitalter des Ikaros. Von Gesetz und Grenzen unseres Jahrhunderts, Jena 1944.

Wirsing 1951 : ders.: Schritt aus dem Nichts. Perspektiven am Ende der Revolutionen, Düsseldorf und Köln 1951.

Wistrich 1993 : Robert Wistrich, Wer war wer im Dritten Reich? Ein biographisches Lexikon, Frankfurt/M. ^{x}1993.

Wolgast 1940 : Ernst Wolgast, Über die Gesetze der auswärtigen Politik und die Machtauffassung der Staaten, in: Zeitschrift für öffentliches Recht, 1940, S. 359-417.

Wolgast 1941 : ders.: Großraum und Reich, in: Zeitschrift für öffentliches Recht, Bd. 21 (1941), S. 20-31.

Wulf 1989 : Joseph Wulf, Das dritte Reich und seine Vollstrecker. Die Liquidation der Juden im Warschauer Ghetto. Dokumente und Berichte, Wiesbaden ^{2}1989.

Zangerle 1933 : Ignaz Zangerle, Zur Situation der Kirche, in: Der Brenner, 14. Folge (1933/34), S. 42-81.

Ziegler 1932 : Heinz O. Ziegler, Autoritärer oder totaler Staat, Tübingen 1932.

Zimmermann 1931 : Friedrich Zimmermann (unter dem Pseudonym Ferdinand Fried), Das Ende des Kapitalismus, Jena 1931.

Unveröffentlichte Quellen

Nordrhein-Westfälisches Hauptstaatsarchiv Düsseldorf (HStAD) RW (Nachlaß Carl Schmitt), Kartons

an C.S. von:

Wilhelm Stapel:

8 / K 144	171 / K 11	426 / K 1
8 / K 178	196 / K 67	455 / K 4
33 / K 42	197 / K 3	456 / K 273
59 / K 101	206 / K 209	475 / K 12
59 / K 128	206 / K 217	220 / K 219
59 / K 129	398 / K 99	220 / K 247
59 / K 169	398 / K 136	323 / K 101
433 / K 90	459 / K 43	323 / K 264

A. E. Günther: RW 265 - 5416-5420
G. Günther: RW 265 - 5421-5429
F. Berber: RW 265 - 1256-1258
V. Böhmert: RW 265 - 1925
W. Daitz: RW 265 - 2739+2740
R. Diener: RW 265 - 2885
A. v. Freythag-Loringhoven: RW 265 - 4329-4342
G. Hahn: RW 265 - 5657-5662
H. Jahrreiß: RW 265 - 6494-6496
P. Ritterbusch: RW 265 - 404 / K 4
H. Rogge: RW 265 - 11712+11713
K. A. Prinz Rohan: RW 265 - 11715-11721
H. Triepel: RW 265 - 16399-16402
G. A. Walz: RW 265 - 17418-17422
G. Wirsing: RW 265 - 18323-18347

von C.S.:

RW 265 – 13006+13007; RW 265 – 13423; RW 265 - 13739-13741

Personenregister